Linda Weigelt

Berührungen und Schule – Deutungsmuster von Lehrkräften

Linda Weigelt

Berührungen und Schule – Deutungsmuster von Lehrkräften

Eine Studie zum Sportunterricht

Bibliografische Information der Deutschen Nationalbibliothek
Die Deutsche Nationalbibliothek verzeichnet diese Publikation in der
Deutschen Nationalbibliografie; detaillierte bibliografische Daten sind im Internet über
<http://dnb.d-nb.de> abrufbar.

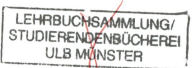

Zugl. Dissertation an der Universität Vechta (2009) unter dem Titel „Deutungsmuster von
Lehrkräften zu Berührungen – eine fallrekonstruktive Studie zum Sportunterricht"

Gutachterin: Prof. Dr. Petra Wolters (Universität Vechta)
Gutachterin: Prof. Dr. Hannelore Faulstich-Wieland (Universität Hamburg)

Forschungsprojekt gefördert durch die Kommission für Frauenförderung und Gleichstellung
(KFG) der Universität Vechta

1. Auflage 2010

Alle Rechte vorbehalten
© VS Verlag für Sozialwissenschaften | Springer Fachmedien Wiesbaden GmbH 2010

Lektorat: Dorothee Koch / Tanja Köhler

Der VS Verlag für Sozialwissenschaften ist eine Marke von Springer Fachmedien.
Springer Fachmedien ist Teil der Fachverlagsgruppe Springer Science+Business Media.
www.vs-verlag.de

Das Werk einschließlich aller seiner Teile ist urheberrechtlich geschützt. Jede Verwertung außerhalb der engen Grenzen des Urheberrechtsgesetzes ist ohne Zustimmung des Verlags unzulässig und strafbar. Das gilt insbesondere für Vervielfältigungen, Übersetzungen, Mikroverfilmungen und die Einspeicherung und Verarbeitung in elektronischen Systemen.

Die Wiedergabe von Gebrauchsnamen, Handelsnamen, Warenbezeichnungen usw. in diesem Werk berechtigt auch ohne besondere Kennzeichnung nicht zu der Annahme, dass solche Namen im Sinne der Warenzeichen- und Markenschutz-Gesetzgebung als frei zu betrachten wären und daher von jedermann benutzt werden dürften.

Umschlaggestaltung: KünkelLopka Medienentwicklung, Heidelberg
Satz: Reiner Schweinlin
Druck und buchbinderische Verarbeitung: STRAUSS GMBH, Mörlenbach
Gedruckt auf säurefreiem und chlorfrei gebleichtem Papier
Printed in Germany

ISBN 978-3-531-17347-4

Dank

Geistige Arbeit stellt bekanntlich einen sozialen Prozess dar, und ich habe von vielen Seiten fachlichen Rat und Unterstützung erhalten. Allen, die an dem vorliegenden Buch und dem dahinter stehenden Forschungsprozess direkt und indirekt Anteil genommen haben, möchte ich deswegen hier danken.

An erster Stelle möchte ich Frau Prof. Dr. Petra Wolters nennen, durch deren Betreuung diese Forschungsarbeit an der Hochschule Vechta überhaupt erst entstanden ist. Ihr soll mein besonderer Dank für die fachliche Unterstützung, die sie mir über die Jahre der Promotion zugutekommen ließ, gelten. Im Entstehungsprozess stand sie mir immer zur Seite, auch wenn die äußeren Umstände sich gerade zu Anfang der gemeinsamen Arbeitszeit organisatorisch schwierig gestalteten. Trotzdem war sie immer ansprechbar für meine Arbeit, vertiefte sich in meine Texte und stand mit mir stets in einem kritischen Meinungsaustausch, der in sehr positiver und motivierender Weise geschah. Ihr großes Engagement in der Betreuung meiner Dissertation war für mich alles andere als selbstverständlich. Ich bin froh, dass gerade sie mich als Doktormutter begleitet hat.

Auch Frau Prof. Dr. Hannelore Faulstich-Wieland, Universität Hamburg, sei an dieser Stelle herzlich dafür gedankt, dass sie sehr offen, interessiert und spontan zustimmte, sich am Promotionsverfahren zu beteiligen. Für die fachlichen Anregungen danke ich ihr, denn durch diese habe ich einige wichtige Impulse gegen Ende der Arbeitsphase erhalten.

Gleiches gilt für Frau Prof. Dr. Karin Flaake, Carl von Ossietzky Universität Oldenburg, die mir nicht nur in ihrem Forschungskolloquium, sondern insbesondere in Gesprächen wegweisende Tipps und grundlegende Anregungen gegeben hat.

Weiterhin gilt mein Dank der Kommission für Frauenförderung und Gleichstellung der Hochschule Vechta, die mich im Rahmen der Graduiertenförderung der Hochschule durch ein zweijähriges Forschungsstipendium unterstützte.

Darüber hinaus möchte ich zahlreichen Kritikerinnen und Kritikern wie auch Helfern und Helferinnen für ihre fachliche Unterstützung, ihre Ideen, Gespräche und Korrekturarbeiten am Manuskript danken: Malwine Seemann und Lalitha Chamakalayil für Fachliches, Stefan Bechheim für Orthografisches sowie Sandro, Syelle und Rüdiger für Emotionales. Auch meine Eltern müssen an dieser Stelle Erwähnung finden, weil sie immer bereit waren, meine Forschungstätigkeiten materiell zu unterstützen, was das Projekt maßgeblich erleichtert und in den Anfangsjahren auch erst realisierbar gemacht hat.

Ich möchte aber noch einmal besonders die Sportlehrkräfte und Schüler/-innen hervorheben, die es mir ermöglicht haben, diese Arbeit zu schreiben, indem sie mir das Vertrauen entgegenbrachten, mich als Gast in ihre Sportstunden mitzunehmen. Ich wünsche mir, dass meine Ausführungen zu den in der vorliegenden Studie thematisierten Berührungen im Sportunterricht in ihrem Sinne sind, und bedanke mich.

Bremen, im Januar 2010 Linda Weigelt

Dieses Buch widme ich Hedwig Curland (†).

Inhalt

1	**Problemaufriss und Aufbau**	13
2	**Berührungen**	17
	2.1 Begriff, Formen und Funktion	17
	2.2 Kategorisierung und Uneindeutigkeit	19
	2.3 Tabuisierung, Ambivalenz und Zivilisation	21
	2.3.1 Tabu und Ambivalenz	22
	2.3.2 Zivilisationsprozess	25
	2.3.3 Grenzüberschreitungen und Diskursivierung	27
	2.3.4 Täterschaft	30
	2.4 Geschlechterkonstruktion	31
	2.5 Lehrkräfte-Schüler/-innen-Interaktion	32
	2.5.1 Leerstelle im Diskurs	33
	2.5.2 Beziehungsebene	35
	2.5.3 Sportunterricht	37
3	**Deutungsmuster und Professionalität**	43
	3.1 Definition Deutungsmuster	43
	3.2 Pädagogische Professionalität und Nähe	47
	3.3 Deutungsmuster und Professionalität: Reflexion	49
4	**Zusammenfassung und Fragestellung**	53
5	**Anlage der empirischen Untersuchung**	57
	5.1 Grundlagen	57
	5.1.1 Forschungsfrage und angemessene Methoden	57
	5.1.2 Qualitätskriterien	59
	5.2 Instrumente	61
	5.2.1 Erstellen von Videodokumenten im Sportunterricht	61
	5.2.2 Problemzentriertes Interview mit Selbstkonfrontation	63
	5.3 Erhebung	66
	5.3.1 Forschungsprozess	66
	5.3.2 Feldzugang	67

	5.3.3	Durchführung Videobeobachtung, Interview und Interviewtranskription	68
5.4		Auswertung	69
	5.4.1	Videosequenzauswahl	69
	5.4.2	Videotranskription	71
	5.4.3	Deutungsmusteranalyse	72

6 Fallstudien 77

- 6.1 Reflektierte Ambivalenz 78
- 6.2 Nichtbetroffenheit 86
  - 6.2.1 Qua Geschlecht nicht betroffen 86
  - 6.2.2 Qua Alter nicht betroffen 93
- 6.3 Nähe 101
  - 6.3.1 Sportkumpel 101
  - 6.3.2 Mütterlichkeit 113
  - 6.3.3 Widersprüchliche Nähewünsche 122
- 6.4 Distanz 133
  - 6.4.1 Vermeidung 133
  - 6.4.2 Zweckorientierung 140
  - 6.4.3 Sachorientierung 149
- 6.5 Zusammenfassung der Fallstudien 157

7 Berührungen als Teil professionellen Lehrkräftehandelns 163

- 7.1 Wahrnehmung von Ambivalenz 164
  - 7.1.1 Alter: Pubertät als Zäsur 164
  - 7.1.2 Geschlecht: Heteronormativität und geschlechtsspezifisch erwartete Verhaltensweisen 167
  - 7.1.3 Sportwelt: Technisierte Körper, implizite Codierungen und konstruierte Gegenwelten 171
- 7.2 Handeln im Sportunterricht 173
  - 7.2.1 Problematische Situationen im Sportunterricht 173
  - 7.2.2 Deutungsmuster und Problembewältigung 174
- 7.3 Beziehungsebene 176
  - 7.3.1 Nähewünsche und Rollendistanz 176
  - 7.3.2 Unterrichtsorganisation und Disziplinierung 178
- 7.4 Konsequenzen für das professionelle Handeln von Lehrkräften 180
  - 7.4.1 Sensibilisierung für den Diskurs über Berührungen und die Beziehungsebene 181
  - 7.4.2 Reflexion der eigenen Einstellung zu Berührungen und die offene Thematisierung 183

8	**Schlussbemerkungen**	187
	8.1 Methodenkritische Reflexion	187
	8.2 Fazit	190
9	**Literaturverzeichnis**	199
10	**Weitere Sequenzbeschreibungen**	211

Abkürzungs- und Symbolverzeichnis

Aufl.	Auflage
bearb.	bearbeitete
bspw.	beispielsweise
ders.	derselbe
dies.	dieselbe
ebd.	eben da
Kap.	Kapitel
I.	Interviewerin
L.	Lehrkraft
L. W.	Linda Weigelt
n.	nach
s.	siehe
S.	Seite
vgl.	vergleiche
vs.	versus
zit.	zitiert
[…]	Einfügung oder Auslassung der Autorin in einem Zitat
…	Redepause der interviewten Lehrkraft

1 Problemaufriss und Aufbau

In der vorliegenden Studie geht es um die Körperberührungen zwischen Lehrkräften und Schülerinnen und Schülern im Sportunterricht.[1] Sich gerade mit den Körperberührungen zu befassen, legt zunächst die Tatsache nahe, dass diese im Sportunterricht nicht selten vorkommen. Von der Hilfestellung beim Geräteturnen über die Bewegungskorrektur mit der Hand bis hin zu aufmunterndem oder lobendem auf die Schulter klopfen und tröstendem Streicheln nach einer Verletzung sind vielfältige Formen – auch in nicht-sportiven Kontexten des Sportunterrichts – denkbar. Körperberührungen werden damit im Vergleich zu anderen Schulfächern oft zum festen Bestandteil vieler Sportstunden.[2]

Eine Thematisierung von körperlichen Berührungen findet in der Erziehungswissenschaft bislang nicht statt, sieht man einmal von schulpädagogischer Ratgeberliteratur ab, die Berührungen im Rahmen von Aspekten zur Körpersprache im Unterricht erwähnt. Ein Grund dafür ist darin zu sehen, dass das Thema von einem gesellschaftlichen Diskurs flankiert wird, der mit Berührungen potenziell körperliche Grenzüberschreitungen und sexuellen Missbrauch in Verbindung bringt. Da die Besprechung des Themas zu stark an eben diesen Diskurs geknüpft ist, herrscht oftmals kein offener Umgang damit, der auch die positiven Aspekte von Berührungen im Rahmen der Lehrkräfte-Schüler/-innen-Beziehung betonen könnte.

Aufgrund dieser engen diskursiven Verknüpfung können Berührungen Sportlehrkräfte während des Unterrichtens in prekäre Situationen bringen. So, wie Berührungen insgesamt kaum erforscht worden sind, ist auch dieser Aspekt bisher keiner Untersuchung unterzogen worden. Vorliegende Beiträge aus der

---

[1] Noch immer gibt es keine Lösung für geschlechtsneutrale Bezeichnungen. Deswegen habe ich die Bindestrichschreibweise (bspw. Schüler/-innen) verwendet, wenn von weiblichen und männlichen Personen gleichermaßen gesprochen wird. Ist von Schülern oder Kollegen die Rede, sind also ausschließlich Jungen beziehungsweise Männer gemeint. Diese deutliche Kennzeichnung ist in der vorliegenden Studie besonders wichtig, weil der Geschlechteraspekt beim Thema Berührungen eine große Rolle spielt, wie sich im Folgenden noch zeigen wird. Nach diesem Grundsatz wurden auch Wörter wie Lehrer/-innen-Schüler/-innen-Beziehung formuliert (vgl. ähnlich Klewin, 2006).
[2] Sicherlich sind Berührungen auch während des Unterrichtens in anderen Fächern beobachtbar. Trotzdem erscheint es vor dem Hintergrund der beschriebenen vielfältigen Berührungskontexte des Sportunterrichts plausibel, ihn im Vergleich zum Beispiel zu einem frontal orientierten klassischen Chemieunterricht im Chemiesaal als berührungsreicher zu beschreiben (siehe auch Kap. 2.5.3).

Sportpädagogik (vgl. Scharenberg, 2003; Schmidt-Sinns, 2004) machen darauf aufmerksam, dass insbesondere männliche Sportlehrkräfte bei der Hilfestellung potenziellen Missbrauchsanschuldigungen ausgesetzt seien. Die Sportlehrkräfte selbst sind dazu noch nicht befragt worden. In der vorliegenden Studie wird das geleistet, indem Deutungsmuster zu Berührungssituationen im Sportunterricht rekonstruiert werden. Zugespitzt formuliert wird der Frage nachgegangen, wie Sportlehrkräfte ihre Schüler/-innen-Berührungen im Unterricht wahrnehmen und auf welche kollektiven Deutungsmuster sie sich dabei beziehen. Spielt die beschriebene diskursive Rahmung, dass Berührungen stark tabuisiert sind, dabei eine Rolle oder werden andere Deutungskontexte von den Lehrkräften als wichtiger erachtet?

Das Selbstverständnis dieser Studie leitet sich dabei weder aus der Aufdeckung von Fehlern einzelner Lehrkräfte ab, noch hat sie im Sinn, Vorwürfe gegenüber individuellem Berührungsverhalten zu tätigen. Vielmehr möchte die Studie den schwierigen Umgang mit Berührungen unter den institutionellen Voraussetzungen von Sportunterricht in der Schule exemplarisch anhand von Unterrichtssituationen darstellen. Diese konkreten Fälle vermögen es, unreflektierte Mechanismen in der Lehrkräfte-Schüler/-innen-Beziehung aufzudecken und dahinter liegende gesellschaftliche Bezugsnormen zu rekonstruieren. Die einzelnen Fälle dienen dazu, verschiedene Umgangsweisen mit Berührungen im Unterricht zu verdeutlichen und zeigen auch, dass der Umgang damit zum Teil ein äußerst schwieriges Unterfangen für Lehrkräfte in der sportunterrichtlichen Alltagspraxis sein kann.

Die vorliegende Studie folgt dem klassischen Aufbau einer empirischen Arbeit. Hermeneutische Erkenntnisleistung soll dabei in folgenden Großabschnitten erbracht werden:

Zunächst wird mit Kapitel 2 und 3 der theoretische Rahmen der Arbeit abgesteckt. Dieser soll der Leserschaft das notwendige theoretische Rüstzeug für die Auseinandersetzung und das Verstehen der empirischen Befunde an die Hand geben. Als Erstes wird der in der Arbeit verwendete Begriff der Berührung definiert, kategorisiert und charakterisiert (Kap. 2.1 und 2.2) – danach erfolgt die Entwicklung der Studien leitenden These, dass Körperberührungen außerhalb bestimmter Kontexte im Alltag tabuisiert sind (Kap. 2.3). Dies geschieht über die Beschreibung verschiedener diskursiver Rahmungen, die das Berührungsthema flankieren und vor dessen Hintergrund die Bedeutsamkeit des Themas ersichtlich wird. Dabei ist ein historischer Einblick in den Diskurs zu Sexualität und deren Tabuisierung genauso vonnöten (Kap. 2.3.1 und 2.3.2) wie in den zu körperlichen Grenzüberschreitungen (Kap. 2.3.3 und 2.3.4). Aus diesem Kapitel geht auch hervor, dass Berührungen ein gegendertes Thema sind. Sie sind mit Zuschreibungen dazu belegt, welches Geschlecht wen nur wie berühren darf, folgt

1 Problemaufriss und Aufbau

man gängigen Meinungen. Will man sein Geschlecht im Sinne einer herkömmlichen weiblichen bzw. männlichen Identität darstellen, so ist man dazu angehalten, diesen Vorstellungen bei Berührungshandlungen auch nachzukommen (Kap. 2.4). Kapitel 2.5 befasst sich mit Berührungen im Rahmen der Lehrkräfte-Schüler/-innen-Interaktion im Unterricht. Hier wird sichtbar, dass Berührungen weitestgehend eine Leerstelle im Diskurs zu nonverbaler Kommunikation bilden, was sich sowohl an vorliegenden körpersoziologischen und erziehungswissenschaftlichen Arbeiten als auch anhand veröffentlichter schulpädagogischer Literatur zur Körpersprache im Unterricht ablesen lässt (Kap. 2.5.1). Trotzdem kommen sie in der Lehrkräfte-Schüler/-innen-Interaktion nicht selten vor. Hier stellt sich die Frage, wie die Beziehung zwischen Lehrkraft und Schülerinnen und Schülern aussehen sollte und welche Rolle Berührungen dabei spielen (Kap. 2.5.2). Wieso Berührungen gerade im beruflichen Alltagshandeln von Sportlehrkräften so bedeutsam sind, dass sich die vorliegende Arbeit explizit damit befasst, geht aus Kapitel 2.5.3 hervor.

Das zweite Theoriekapitel beschäftigt sich mit den Begriffen des Deutungsmusters und der pädagogischen Professionalisierung. Hier wird die dieser Studie zugrunde liegende Definition von Deutungsmustern vorgenommen und einzelne Merkmale des Ansatzes werden erarbeitet (Kap. 3.1). Daraus ergibt sich auch, warum gerade eine Rekonstruktion von Deutungsmustern für das Berührungsthema sinnvoll ist. Die vorliegende Studie diskutiert Berührungen im Rahmen von pädagogischer Professionalität. So wird in Kapitel 3.2 zunächst dargestellt, was unter diesem Begriff zu verstehen ist und wo der Anschluss zum Thema Berührungen zu setzen ist. In Kapitel 3.3 wird aus professionstheoretischer Sicht der Zusammenhang zwischen Deutungsmustern und pädagogischer Professionalität hergeleitet.

Der empirische Teil der Arbeit beginnt mit der Dokumentation des Forschungsprozesses (Kap. 5). Nachdem die Grundlagen der gewählten Methode (Kap. 5.1), die Instrumente (Kap. 5.2) und die Details der Erhebung (Kap. 5.3) und Auswertung (Kap. 5.4) dargestellt werden, folgen neun Fallstudien (Kap. 6.), aus denen Deutungsmuster der Lehrkräfte mit ihren jeweils bedeutsamen Bestandteilen rekonstruiert werden. Bis auf das erste weisen alle Deutungsmuster unterschiedliche Erscheinungsformen im ausgewerteten Interviewmaterial auf. Auf eine solch ausführliche Darstellungsweise der Empirie wird deswegen zurückgegriffen, weil dem in Kapitel 2.5.1 beklagten Mangel sowohl von Studien zu Berührungen im schulischen Kontext als auch dem entsprechenden Fehlen der Lehrkräfteperspektive entgegengewirkt werden soll.

Da fallrekonstruktiven Verfahren die These zugrunde liegt, dass in der Besonderheit des Einzelfalls grundsätzliche verallgemeinerbare Dynamiken stecken (vgl. Wohlrab-Sahr, 1994), werden diese als Ergebnisse in Kapitel 7 herausgearbeitet und theoriegeleitet beschrieben. Dabei werden Schnittstellen des Berührungsthemas mit allgemeinen gesellschaftlichen Entwicklungen deutlich (Kap. 7.1.1/7.1.2). Aus diesem Ergebnisteil geht insbesondere hervor, welche Rolle herkömmliche Männlichkeits- beziehungsweise Weiblichkeitsbilder bei Berührungen spielen (Kap. 7.1.2). Das Besondere an der Wahrnehmung von Berührungen im Kontext Sport (Kap. 7.1.3) und wie problematisch sie trotzdem im Sportunterricht sein können (Kap. 7.2), sind ebenfalls Ergebnisse der Studie. Auch die Bedeutsamkeit von Berührungen im Rahmen der Lehrkräfte-Schüler/-innen-Beziehung (Kap. 7.3) wird erhellt. Aus diesen Ergebnissen wird in Kapitel 7.4 eine Professionalisierungsdiskussion zu Berührungen entfaltet.

Im Schlussteil der Arbeit (Kap. 8.) werden zunächst methodische Gesichtspunkte des Studiendesigns noch einmal einer kritischen Betrachtung unterzogen, die u.a. die Reichweite der Ergebnisse abstecken soll (Kap. 8.1). Am Schluss wird das Wesentliche der Studie zusammengefasst und ein Fazit wird formuliert (Kap. 8.2).

2 Berührungen

Im folgenden Kapitel wird der in der Arbeit verwendete Begriff von Berührungen bestimmt. Danach erfolgt die theoretische Herleitung der Ausgangsthese, dass Berührungen außerhalb ritualisierter Begrüßungskontexte oder privaterer Beziehungen potenziell sexuell konnotiert und damit tabuisiert sind. In diesem Rahmen werden interdisziplinäre Theorieansätze aufgezeigt, die diese Annahme stützen. Über die Rekonstruktion der Diskurse zu Sexualität und sexuellem Missbrauch wird die Bedeutung der Tabuisierung von Berührungen sichtbar. Dabei wird der Frage nachgegangen, warum potenziell Sexualisiertes tabuisiert ist. Es wird verdeutlicht, dass der Diskurs zu sexuellem Missbrauch das Berührungsthema maßgeblich flankiert. Anschließend wird der institutionelle Verweisungszusammenhang Schule beziehungsweise Sportunterricht mit Blick auf die Berührungen dargestellt. Ausgehend vom Forschungsdefizit zur Thematik wird auf Grundlage weniger bestehender sportpädagogischer Beiträge veranschaulicht, dass Schüler/-innen-Berührungen für Sportlehrkräfte ambivalent sein können, da sie potenziell als körperliche Grenzüberschreitungen von Außenstehenden und Schülerinnen oder Schülern selbst gewertet werden können. Die aufgezeigten theoretischen Herleitungen sollen insgesamt den Rekonstruktions- und Interpretationsrahmen der vorliegenden Studie bilden.

2.1 Begriff, Formen und Funktion

Wenn in dieser Studie die Deutungsmuster von Lehrkräften zu Berührungen im Sportunterricht den Forschungsgegenstand darstellen, dann sind mit Berührungen die unmittelbaren Körperkontakte gemeint, die eine physische Verbindung zwischen Lehrkraft und Schülern oder Schülerinnen herstellen und von der Lehrkraft oder den Schülerinnen oder Schülern ausgelöst werden. Berührungen, als Teil des Verständigungsrepertoires nonverbaler Kommunikation, gelten als die ausgeprägteste Form von interpersonaler Nähe und sind nach Michael Argyle (1979) als ursprünglichste aller Kommunikationsformen, auf welche die gesprochene Sprache aufbaut, zu bezeichnen. In der Kommunikationsforschung redet man auch von taktiler Kommunikation, wenn Berührungen gemeint sind, und der Volksmund spricht von der Körpersprache eines Menschen, der auch Berührungen zugeordnet sind. Der taktilen Kommunikation wird im Gegensatz zu anderen Kanälen der Körpersprache von jeher in der Wissenschaft ein geringer Stellenwert beigemessen.[3] In den Klassikern zu nonverbaler Kommunikation (vgl. Ekman & Friesen, 1969; Mehrabian, 1971) finden Berührungen nur am Rande Erwähnung (vgl. auch Riedel, 2008, S. 41).

Die Funktion von Berührungen besteht im Gegensatz zu anderen Kanälen nonverbaler Kommunikation überwiegend darin, Mitteilungen auf der Beziehungsebene, die die Relation zweier Personen zueinander bestimmt, zu übermitteln (vgl. Anders & Weddemar, 2002, S. 27). Bestehende Forschungsbefunde bringen hervor, dass sie Auskunft über Intimität, Zuneigung und Sexualität (Jourard, 1966; Nguyen, Heslin & Nguyen, 1975), Fürsorge und Bindung (vgl. Harlow, 1958) sowie Dominanz, Status und Machtverhältnisse (Heslin & Boss, 1980; Henley, 1991) zwischen Personen geben.[4]

Die Vielfalt zwischenmenschlicher Berührungsformen in unterschiedlichen Alltagssituationen ist beachtlich. Für den Großteil von uns vergeht kein Tag, an dem wir nicht berühren oder berührt werden. Fast täglich begrüßen sich die meisten durch Händeschütteln, Umarmungen nahestehender Personen oder Küssen geliebter Menschen. Das Spektrum von zwischenmenschlichen absichtlichen Berührungsformen ist groß: Vom kumpelhaften auf die Schulter klopfen, über das mütterlich liebevolle Streicheln des Kopfes, ritualisiertes Begrüßen per Handschlag, der Kuss auf den Mund zwischen Verliebten, das von Aggression geleitete Schlagen eines Gegenübers bis hin zur ärztlichen Untersuchung.[5] Ebenso groß ist das Spektrum von unabsichtlichen Berührungen im Alltag: Vom versehentlichen Anrempeln in öffentlichen Verkehrsmitteln, über das unabsichtliche auf den Fuß treten im Vorbeigehen oder Berührungen an diversen Körperstellen im Gedränge dichter Menschenmassen. Wenn ich eingangs schrieb, dass fast jeder von uns täglich berührt wird oder berührt, muss ich auch an eine nicht geringe Anzahl von zum Beispiel älteren alleinstehenden Menschen denken, die ein Berührungsdefizit erfahren und darunter emotional leiden. Aus US-amerikanischen Großstädten kommt in jüngster Vergangenheit eine Entwicklung

---

[3] Kühn (2002, S. 51 ff.; zit. n. Riedel, 2008, S. 41) teilt das Feld der nonverbalen Kommunikation in folgende sieben Bereiche auf: 1.) Mimik (Ausdrucksbewegungen des Gesichts, Blickverhalten), 2.) Gestik, 3.) Körperhaltung und -bewegung, 4.) Proxemik (Höhe, Winkel und Abstand Kommunizierender), 5.) Artefakte (Kleidung, Haare, Make-up), 6.) haptische Kommunikation (Hautreizungen, Berührungen) und 7.) olfaktorische Kommunikation (Geruchsphänomene).
[4] Die Wirkung von Körpersprache ist in populärpsychologischen Veröffentlichungen ein beliebtes Thema. So existiert eine Vielzahl von Büchern in Ratgeberform, die propagieren, wie man seine Körpersprache gewinnbringend einbringen könne, um beispielsweise in Verhandlungen sicherer agieren zu können (vgl. zahlreiche Veröffentlichungen von Molcho, u.a. 2005).
[5] Begrüßungsrituale sind kulturell überformt. Zum Beispiel ist das Küssen der Wange in Frankreich eine gängige Begrüßungsform. In Deutschland ist der Kuss auf die Wange bei der Begrüßung nur bei besser bekannten Menschen zumeist jüngeren Alters üblich.

2.2 Kategorisierung und Uneindeutigkeit

nach Europa, die Kuschelseminare oder Kuschelpartys zelebriert (vgl. Süddeutsche Zeitung, 30.08.2004). Diese Veranstaltungen dienen dazu, Menschen mit einem Berührungsdefizit die nötigen Streicheleinheiten unter Einhaltung klarer Regeln für das Berühren zu verschaffen. Dieses Beispiel verdeutlicht die große Wirkkraft von Berührungen und zeigt, dass sie sogar als etwas Überlebensnotwendiges oder zumindest psychisch über die Maßen Wohltuendes bezeichnet werden können, was auch in entwicklungspsychologischen Untersuchungen betont wird (vgl. Harlow, 1958; Shuter, 1984, S. 61; SWR 2 Interview, 2008).[6] Erste Hinweise dazu lieferte in den 1950er und 1960er Jahren der US-Psychologe und Primatenforscher Harry Harlow. Er zeigte in einem bekannten Experiment, dass ein junger Affe, wenn er nicht bei der Mutter aufwächst, sondern isoliert in einer Kammer mit einer Drahtmutter, einem Affen-Gestell aus Draht, und einem mit Fell oder Frottee überzogenen Drahtmuttergestell, er stets das Frottee-Affen-Gestell wählte. Die Gründe dafür wurden darin verortet, dass das Material, welches sich der Affe durch Berührungen erschloss, Wärme und Weichheit übermittelten, die die Illusion einer Mutter schafften. Diese Experimente verdeutlichten, dass soziale Interaktion und Berührungen innerhalb von Familien grundsätzlich lebensnotwendig sind (vgl. Harlow, 1958).

Es kann festgehalten werden, dass Berührungen in unterschiedlichen sozialen Settings an verschiedenen Körperstellen mit verschiedenen Praktiken, Aufgaben, Intentionen und Botschaften auftreten. Sie werden vom Gegenüber von angenehm bis aufdringlich, helfend oder destruktiv, erniedrigend, verführerisch oder bedrohlich unterschiedlich wahrgenommen (vgl. auch Wagener, 2000, S. 17f.) und bringen Aspekte von Intimität, Fürsorge und Macht hervor. Die Intention der berührenden Person und die Empfindung aufseiten der berührten können dabei unter Umständen weit auseinander liegen.

2.2 Kategorisierung und Uneindeutigkeit

Wie könnten die zahlreichen Erscheinungsformen von Berührungen im Alltag geordnet und nach welchen Gesichtspunkten systematisiert werden? Dazu liefern verschiedene Ansätze Antworten. Ein Ansatz differenziert je nach Beziehungsverhältnis und Rollen der an der Berührung Beteiligten in fünf Bereiche:

---

[6] Um zu verdeutlichen, wie wichtig Berührungen sind, verweist der Haptikforscher Martin Grunwald darauf, dass wenn man einen Fötus etwa in der achten Schwangerschaftswoche im Lippenbereich durch Berührungen reize, dessen Gesamtorganismus entsprechend auf diese Reize mit Bewegungen reagiere. Den Tastsinn, mithilfe dessen der Mensch sich durch Berührungen die Welt erschließt, bezeichnet er als Ursinn. Er besitze wie das Beispiel des Fötus verdeutlicht, individualgeschichtlich die wichtigste Bedeutung vor allen anderen Sinnen und spiele auch nachgeburtlich eine hochdominante Rolle (vgl. SWR Interview, 2008).

„(1) Funktionale professionelle Berührungen (Ärzte, Friseure), (2) soziale höfliche Berührungen (Grüßen und Verabschieden als Ausdruck von Wertschätzung), (3) freundschaftliche Berührungen (finden im Rahmen persönlicher Beziehung und Fürsorge statt), (4) Liebes- und Intimitätsberührungen (zwischen Familienmitgliedern, engen Freunden, Liebespaaren), (5) sexuelle und erregende Berührungen, die für sexuelle Begegnungen vorbehalten sind" (Heslin; zit. nach Thayer, 1988, S. 21).

Mit dieser Kategorisierung wird überwiegend die Intention von Berührungen innerhalb einer spezifischen sozialen Austauschbeziehung beschrieben.

Argyle, dessen Name in den 1970er Jahren maßgeblich für die nonverbale Kommunikationsforschung stand, kategorisiert fünf andere Arten von Berührungen: (1) Schlagen des anderen und Aggressionshandlungen, (2) Streicheln, Liebkosen und Festhalten als (a) elterliches oder allgemein fürsorgliches Verhalten, (b) als sexuelle Handlung, (3) Berührungen in Zusammenhang mit Begrüßungs- oder Abschiedszeremonien (z. B. Händeschütteln oder Umarmungen), (4) Festhalten als kameradschaftlicher Ausdruck. Dies kann durch verschieden starken Druck und verschiedene Berührungsstellen unterschiedliche kommunikative Funktionen erfüllen, beispielsweise andere beruhigen, Angst ausdrücken oder den Wunsch nach Intimität mitteilen, (5) Berührungen, die dazu dienen, die Bewegung des anderen zu beeinflussen, z. B. jemanden an der Hand oder am Arm führen, oder jemandem helfen, schwierige Bewegungen auszuführen (zit. n. Heinemann, 1976, S. 53).

Was haben die angeführten Kategorisierungsbestrebungen mit den Themen leitenden Berührungen im Sportunterricht dieser Studie zu tun? Sowohl in der in Kapitel 1.1 vorgenommenen Beschreibung unterschiedlicher Berührungen wie auch in den beiden hier angeführten Kategorisierungen wird deutlich, wie stark die genannten Berührungsformen bereits auf individuellen Interpretationen beruhen. Wenn in 1.1 vom kumpelhaften auf die Schulter klopfen die Rede ist oder Argyle schreibt, dass Berührungsformen wie Streicheln und Liebkosen elterlich, fürsorglich oder sexuell von der berührenden Person gemeint sein können, dann wird der Berührung damit bereits eine subjektive Bedeutung zugeschrieben. Dass diese zunächst den konventionellen Ausdrucksgehalten dieser Formen von Berührungen entsprechen, scheint nachvollziehbar. Die Kategorisierungsansätze vernachlässigen jedoch den bereits angesprochenen Aspekt der Uneindeutigkeit beziehungsweise Doppeldeutigkeit von Berührungen. So, wie ein stärkeres kumpelhaftes auf die Schulter klopfen gemeint ist, muss es nicht auch zwangsläufig beim Gegenüber ankommen. Dieses könnte sich davon bedroht oder auch belästigt fühlen und die Berührung nicht als eindeutig freundschaftlich wahrnehmen. Neben der Beziehung der Berührenden und dem Situationskontext der Berührungen gilt es auch, die vorhandene emotionale Stimmung des Gegenübers einzuschätzen. Trotzdem gibt es noch immer einen Moment der Uneindeutigkeit bei der Berührung einer Person, der nicht abgeschätzt werden kann, auch wenn man sich noch so gut kennt und die Situation noch so eindeutig zu sein scheint. Dieser Umstand trägt als einer von mehreren Faktoren, die im Laufe dieses Theorierahmens noch herausgearbeitet werden, erstens zur möglichen Entstehung von Ambivalenz in Berührungssituationen bei. Da der Begriff der Ambivalenz in der Folge noch häufig vorkommen wird, soll er hier konkreter umrissen werden. Lexikalische Definitionen von Ambivalenz umschreiben die Bedeutung des Begriffs mit Zwiespältigkeit, Doppeldeutigkeit und einem Spannungszustand zwischen zwei Bedeutungen, derer man sich nicht sicher ist. Für die in der vorliegenden Arbeit thematisierten Berührungssituationen impliziert das, dass bei Berührungen außerhalb ritualisierter Kontexte oder privaterer Beziehungen nicht immer klar sein kann, dass die Berührung keine körperliche Grenzüberschreitung darstellt. Matthias Riedel (2008, S. 14) resümiert hierzu, dass die Schwierigkeit, eine Berührung einem eindeutigen Kontext zuzuordnen, dafür verantwortlich sei, sie latent mit dem Verdacht einer erotisch-sexuellen Motivation zu versehen. Die gesellschaftliche Legitimation von Berührungen wechsle deswegen je nach Situationskontext und Beziehungsbeschaffenheit erheblich. In Partnerschaften würden Berührungen gesellschaftlich meist gänzlich legitimiert. Aber schon in Freundschafts- und Verwandtschaftsbeziehungen könne eine engere Umarmung ambivalente Gefühle hervorrufen (vgl. ebd.).

2.3 Tabuisierung, Ambivalenz und Zivilisation

In diesem Kapitel wird die Brücke geschlagen zwischen der Tabuisierung von Berührungen und ihrer daraus resultierenden möglichen Sexualisierung. Weil Berührungen außerhalb der bereits beschriebenen Kontexte potenziell sexualisiert sind, erzeugen sie in nicht wenigen Fällen die eben definierte Ambivalenz sowohl bei Berührten als auch bei Berührenden. Zur Herleitung dieser These wird auf den gesellschaftlichen Zivilisationsprozess in Anlehnung an Elias zurückgegriffen, der eine mögliche theoretische Fundierung aus soziologischer Perspektive zur Erklärung der Tabuisierung von offener Körperlichkeit und damit auch Berührungen bietet. Weiter wird der Diskurs zu körperlichen Grenzüberschreitungen entfaltet und welche Rolle Männer dabei spielen.

2.3.1 Tabu und Ambivalenz

In Kapitel 2.2 ist die Rede davon ist, dass Berührungen außerhalb ritualisierter Begrüßungskontexte oder privaterer Beziehungen sich in einer Wahrnehmungszone abspielen, in der nicht eindeutig klar ist, ob eine Berührung für die berührte Person angenehm ist und nicht in einem grenzüberschreitenden, möglicherweise sexuellen Kontext gedeutet wird. Diese Ambivalenz wird nach gängigen Vorstellungen in heterosexuellen Berührungssituationen besonders virulent, obwohl es keine wissenschaftlichen Studien gibt, die für heterosexuelle Berührungen eine besondere Nähe zu potenziell sexuellen Berührungen ausmachen würden.

Finden Berührungen jedoch in ritualisierten Interaktionskontexten wie der Begrüßung statt, so gilt das in der so genannten westlichen Gesellschaft als übliches und angemessenes Verhalten im Rahmen der Normen und Regelungen für körperliches Verhalten in Interaktion mit einem Gegenüber.[7] Innerhalb verschiedener Kulturen existieren homogene Vorstellungen darüber, welche Berührungsformen in welchen Beziehungen angemessen beziehungsweise unangemessen sind und ein/e Jede/r halte sich daran, da sein/ihr Körperkontakt sonst falsch interpretiert werden könnte (vgl. Thayer, 1988, S. 21).[8] Mütter könnten ihre Babys beispielsweise am gesamten Körper, auch im Schambereich, berühren, ohne dass ihre Berührungen in die Nähe sexueller Berührungen gerückt würden. Mit Eintritt in die Pubertät erhielten Berührungen zwischen Kindern und Erwachsenen dann aber eine potenzielle sexualisierte Konnotation, was auch die

---

[7] An dieser Stelle ist zunächst eine knappe, vom Erkenntnisinteresse geleitete, Konkretisierung des Ritualbegriffs vonnöten. Aus soziologisch orientierten Ritualtheorien geht hervor, dass Riten als regulierte symbolische „Ausdrücke bestimmter Gefühlshaltungen" (Streck, 1987, S. 181 f.), die das Verhalten in Begegnung mit anderen Individuen regulieren, gelten. Rituale vermitteln geltende moralische Vorstellungen innerhalb von Gesellschaften und tragen und repräsentieren ihre soziale Ordnung. Douglas spricht auch von der „solidaritätsstiftenden Funktion" (Douglas, 1974, S. 81). Rituale tragen in diesem Sinne dazu bei „[...] ein bestimmtes Wertesystem innerhalb der Gruppe durchzusetzen [...]" (ebd., S. 79). Damit sind Rituale neben der Sprache „Medien der Kontrolle" (ebd., S. 83) . Sie haben also eine kommunikative Funktion, die darin besteht, dem Individuum moralisch geltende Gesellschaftsvorstellungen zu übermitteln (vgl. Barnard & Spencer, 1996, S. 490).

[8] Schmauch (1996, S. 289) zu interkulturellen Aspekten von Berührungen: Im so genannten westlichen Kulturkreis würde körperlicher Nähe und Berührungen eher aus dem Weg gegangen. Besonders auffallend sei das für die frühe Kindheit und in gleichgeschlechtlichen Beziehungen. Genannte Bereiche würden sich beispielsweise in afrikanischen Kulturen viel sinnlicher, näher, vielfältiger und erotischer gestalten. Die bipolaren Kulturdifferenzen bezüglich Berührungen, die Schmauch hier aufzeigt, sind für mich, so pauschal formuliert, nicht nachvollziehbar. Kritisch muss hier sicherlich bewertet werden, dass durch einseitige Zuschreibungen ein stereotypes Bild afrikanischer Kulturen im Vergleich zu westlichen entworfen wird. Wenn über eine Kulturspezifität von Berührungsnormen gesprochen wird, dann muss das intersektional gedacht werden, zum Beispiel in Verknüpfung mit sozialen Aspekten, Geschlecht oder Lebensalter.

2.3 Tabuisierung, Ambivalenz und Zivilisation

Berührungen in der Eltern-Kind-Beziehung maßgeblich einschränke (vgl. Ellegring, 2004, S. 48). Zur potenziell sexualisierten Konnotation von Berührungen außerhalb der eben beschriebenen Kontexte gibt es einige ältere Studien aus der angloamerikanischen psychologischen Forschung: Sidney M. Jourard (vgl. 1966, S. 223) entwickelte, basierend auf einer Fragebogenstudie zur Körperzugänglichkeit, ein Modell, in dem er bestimmte Körperzonen mit bestimmten Konnotationen versah. Er fragte danach, an welchen vorgegebenen Körperzonen seine Probandinnen und Probanden von nahestehenden Personen (Mutter, Vater, engste/r gleich und gegengeschlechtliche/r Freund/in) berührt werden würden und umgekehrt. Daraufhin attestierte er bestimmten Körperzonen eine eindeutige sexuelle Konnotation; z. B. Berührungen im Intimbereich der Personen, die exklusiv der Beziehungspartnerin oder dem Beziehungspartner vorbehalten seien. Etwas später schrieb Desmond Morris (zit. nach Henley, 1991, S. 146) körperlichen Berührungen im Allgemeinen eine Gleichsetzung mit sexuellen Berührungen zu, weswegen auch nonsexuellen Berührungen aus dem Weg gegangen werde. Die sexuelle Konnotation von Berührungen entstamme der zunehmenden Überbevölkerung in Großstädten, die dazu geführt habe, dass Körperkontakt eher vermieden werde. Das habe im westlichen öffentlichen Alltagsleben die Tabuisierung und das Berührverbot einander fremder Menschen bewirkt.[9]

Körperberührungen sind der am meisten reglementierte und kontrollierte Kommunikationskanal (vgl. Thayer, 1988, S. 21) und unterliegen in der so genannten westlichen Gesellschaft einem strikten Reglement, welches festschreibt, innerhalb welcher Art von Beziehungskonstellationen bestimmte Berührungen nur möglich sind.[10] Neben dem Berührverbot bestehen gleichzeitig Berührgebo-

---

[9] Die Bewertung der Studien von Morris und Jourard erscheint nach heutigen wissenschaftlichen Maßstäben nicht unumstritten. Für Jourard wird dabei die Frage formuliert, inwiefern eine Studie, die schon so alt ist und lediglich in einer studentischen Population in den USA durchgeführt wurde, auf heutige Verhältnisse übertragbar beziehungsweise generalisierbar ist (vgl. Riedel, 2008, S. 46). Trotzdem wird in der vorliegenden Studie Bezug darauf genommen, da Jourard einer der ersten war, der die grundsätzliche potenzielle sexuelle Konnotation von Berührungen aufzeigte.

[10] Es gibt eine Reihe von älteren psychologischen Arbeiten, die verdeutlichen, dass Berührgebote und -verbote wie alle anderen Muster nonverbaler Kommunikation in hohem Maße kulturabhängig sind. Hall (1976) entwickelte aus ethnografischen Untersuchungen die These, dass Bewohnerinnen und Bewohner Nordeuropas, Nordamerikas und Asiens im Vergleich zu denen aus arabischen Ländern, Lateinamerika und Südeuropa sich weniger berühren würden. Vor allem unter Erwachsenen sei Körperkontakt in den letztgenannten Gesellschaften stark eingeschränkt und nur innerhalb von Beziehungen zwischen Ehepartnern, mit Kindern im Alter bis zu 12 Jahren und mit Verwandten sowie Freundinnen und Freunden zwecks Begrüßung und Abschied erlaubt. Auch Montagu (1971, zit. n. Sader, 1993, S. 38) macht auf die Existenz kulturspezifischer Regeln für Nähe, Distanz und Körperkontakt aufmerksam. Beim Begrüßen und Verabschieden seien Anfassen, Umarmen oder Berührung der Gesichter bei einigen Völkern obligatorisch. Bei anderen hingegen gelte bereits ein Händedruck als unerwünscht, da eine körperliche Minimaldistanz dabei unterschritten werde. Trotz ihrer Umstrit-

te, wie z. B. bei der Begrüßung. Auch hier wird je nach Beziehungsbeschaffenheit der sich Begrüßenden oder gesellschaftlichem Kontext, in dem die Begrüßung stattfindet, differenziert in Berührung per Händeschütteln, Handkuss, Wangenkuss, inniger Umarmung oder Kuss auf den Mund.

Um ein tieferes Verständnis für die in diesem Kapitel entfaltete These, dass Berührungen außerhalb bestimmter Kontexte potenziell sexuell konnotiert und damit tabuisiert sind (vgl. auch Langer, 2008, S. 266), bedarf es noch einer kurzen Konkretisierung des Tabubegriffs, bevor gesellschaftstheoretisch nachgezeichnet werden soll, warum sexuell Konnotiertes mit einem Tabu belegt ist.[11] Das Wort „tapu" entstammt dem Polynesischen und gilt als ältester ungeschriebener Gesetzeskodex der Menschheit (vgl. Freud, 1940, S. 27). Zum einen bedeutet tabuisiert „heilig, geweiht" (Kerscher, 1985, S. 107), zum anderen „unheimlich, gefährlich, verboten" (ebd.). Tabus konkretisierten sich in der polynesischen Gesellschaft in sozialen Verboten hinsichtlich bestimmter Verhaltensweisen und Personen wie auch individueller Meidungsgebote. So existieren Berührungsverbote in Bezug auf Gegenstände, die heilig oder unrein sind.

Spätere sozial- und kulturpsychologische Ansätze arbeiteten heraus, dass das Besondere an dem polynesischen Tabubegriff darin liegt, dass das Tabu sowohl soziale wie auch individuelle Aspekte umfasst. Der Tabubegriff ist unmittelbar mit der herrschenden gesellschaftlichen Ordnung verbunden. Aus dieser Perspektive können Tabus auch als Mittel der sozialen Kontrolle gesehen werden. Weiterführenden Theorien zufolge werden im Tabu gesellschaftlich kritische Situationen „institutionalisiert". Tabus dienen als Orientierungshilfe des Sozialbewusstseins einer Gesellschaft (vgl. Streck, 1987, S. 218-220). Die Freudsche Trieblehre würde das Tabu als „ein uraltes Verbot, von außen (von einer Autorität) aufgedrängt und gegen die stärksten Gelüste des Menschen gerichtet" (Freud, 1980, S. 326; zit. n. Weidmann, 1996, S. 56) begreifen. Es gilt kollektiv als unanzweifelbar. Fasst man die aufgezeigten Ansätze zusammen, steht Tabu also für etwas, das „die jeweiligen körperlich verinnerlichten gesellschaftlichen Werte vermittelt" (Guzy, 2008, S. 17).

Unterscheiden lassen sich folgende Tabutypen (vgl. Schröder, 1997, S. 6): Objekttabus (tabuisierte Gegenstände, Institutionen und Personen) und Tattabus (tabuisierte Handlungen). Beide werden begleitet und abgesichert durch Kom-

---

tenheit weisen Arbeiten dieser Art auf gewisse Tendenzen bezüglich Berührungen und Kulturspezifität hin (vgl. auch Fußnote 8).

[11] Die hier vorgenommenen sehr knappen vom Erkenntnisinteresse geleiteten Ausführungen zu einem schillernden Begriff der Kulturwissenschaften spiegeln eine ganz bestimmte Perspektive auf den Tabu-Begriff, der so nicht universell gültig ist, wider. Zur vertieften Auseinandersetzung verweise ich deswegen beispielsweise auf Mary Douglas (1974) oder Lidia Guzy (2008).

2.3 Tabuisierung, Ambivalenz und Zivilisation

munikationstabus (tabuisierte Themen), Worttabus (tabuisierter Wortschatz) und Bildtabus (tabuisierte Abbildungen). Kommunikations-, Wort- und Bildtabus werden des Weiteren gestützt durch: Gedankentabus (tabuisierte Vorstellungen) und Emotionstabus (tabuisierte Emotionen). Das vorliegende Thema der Berührungen wird den Tattabus zugeordnet. Hierein fallen Berührungsverbote im Hinblick auf eine reale Berührung und auch im Sinne symbolischer Berührung durch Worte und Bilder. So sind Berührungen, die außerhalb bereits aufgezeigter Kontexte potenziell sexuell konnotiert sind, gesellschaftlich auch tabuisiert. Das Sprechen von Lehrkräften über Schüler/-innen-Berührungen kann aufgrund der im Problemaufriss dieser Arbeit (vgl. Kap. 1) aufgezeigten engen Verknüpfung zwischen Berührungen und körperlichen Grenzüberschreitungen auch als Kommunikationstabu charakterisiert werden, denn man spricht im Allgemeinen nicht über ein Thema, das derart belegt ist.

Dem gegenüber steht aber auch ein für die vorliegende Studie wichtiger Ansatz, der funktional-professionelle Berührungen, wie beispielsweise kosmetische, medizinisch-therapeutische, religiös-spirituelle oder sportliche, vom Generalverdacht sexuell motivierter Berührungen ausnimmt. Den Grund dafür macht Riedel (vgl. 2008, S. 14) darin fest, dass die Berührungshandlungen von „Berufsberührenden", wie physiotherapeutischem, ärztlichem oder kosmetischem Personal vorgenommen würden. Damit würden Berührungen in diesen Kontexten einer großen sozialen Normierung und Rationalisierung unterliegen, was ihnen den Charakter eines „unverfänglichen Tuns" (ebd.) verleihe. Dennoch bleibt an dieser Stelle fraglich, ob Berufsberührende das auch so sehen oder trotz zugeschriebener gesellschaftlicher Legitimation Ambivalenz empfinden. Und genau dieser Frage geht die vorliegende Studie nach, indem sie berufsberührende Sportlehrkräfte dazu befragt.

2.3.2 Zivilisationsprozess

Um weiter zu klären, warum sexuell Konnotiertes und in diesem Zusammenhang auch Berührungen an sich tabuisiert sind, erfolgt in diesem Kapitel eine weiter gefasste gesellschaftstheoretische Nachzeichnung dieser These.[12]

Bei der Beantwortung der aufgeworfenen Frage kommen aus soziologischer Perspektive unterschiedliche Zugänge infrage. Davon soll hier einer genauer aufgezeigt werden: der so genannte Zivilisationsprozess, der die von Michel

---

[12] Wenn im Folgenden von Sexualität die Rede ist, dann ist damit „[...] eine historische Konstruktion, die eine Reihe unterschiedlicher biologischer und mentaler Möglichkeiten, wie Geschlecht, Identität, biologische Differenzen, generatives Vermögen, Bedürfnisse, Begehren und Phantasien miteinander verknüpft [...]", gemeint (Weeks, 1986; zit. n. Ott, 2000, S. 192).

Foucault (1977) benannte „Repressionshypothese", stützt. Diese besagt, dass sich die Geschichte der Sexualität nur über den Wandel ihrer Unterdrückungsmechanismen erschließen lasse (vgl. Bauer, 2002, S. 36). Dieser Ansatz bezieht sich auf die Argumentation, dass sich im Verlauf der europäischen Geschichte ein gesellschaftlicher Wandel von einer sexuellen Freizügigkeit im Mittelalter hin zur bürgerlichen Sexualunterdrückung vollzogen hat (vgl. Foucault, 1977) und in diesen zivilisationstheoretischen Kontext lässt sich auch die Tabuisierung von frei ausgelebter Körperlichkeit und damit auch von zwischenmenschlichen Berührungen einordnen.

Der Zivilisationsprozess habe, so der Körpersoziologe Norbert Elias (vgl. 1969), im Zeitalter der Industrialisierung eine sexualfeindliche Einstellung des aufstrebenden Bürgertums geformt. Die Zeit davor, das ausgehende Mittelalter, sei wesentlich sinnfreudiger und offener im Umgang mit der eigenen Körperlichkeit, dem Ausdruck von Emotionen und Sexualität gewesen (vgl. Van Ussel, 1970; zit. n. Wrede, 2000, S. 32f.). Daraus lässt sich erschließen, dass der Umgang mit Berührungen demzufolge ebenfalls weniger reglementiert abgelaufen sein muss. Der offenere Umgang mit Körperlichkeit habe sich unter anderem dadurch ausgedrückt, dass beispielsweise mit Nacktheit auch in der Öffentlichkeit viel freier umgegangen worden sei. Der Zivilisationsprozess habe dann eine zunehmende Tabuisierung, Verdrängung und schamhafte Besetzung körperlicher und sexueller Bedürfnisse mit sich gebracht (vgl. ebd.).[13] Konzepte zur Sexualitätsgeschichte, wie das von Elias, fußen auf der Triebkontrolle und werden auch als gesellschaftliche Trieblehren bezeichnet. Diese sehen in der Sexualität des Menschen und damit einhergehend auch im freien Umgang mit Körperlichkeit etwas Triebhaftes, Unbezähmbares als Gegenspieler zu sozialen und kulturellen Prozessen (vgl. Eder, 1994, S. 16; vgl. auch Schetsche & Lautmann, 1995 oder Taeger, 1999).

Jos van Ussel (1970; zit. n. Wrede, 2000) beschreibt den Zivilisationsprozess auch als „Modernisierungs- beziehungsweise Verbürgerlichungsprozess". Er stellt ab dem 16. Jahrhundert die Ausformung eines neuen Menschtyps fest. Dieser habe sich vor allem durch folgende Faktoren herausgebildet: die in dieser Zeit aufkommende Etablierung der industriellen Wirtschafts- und Sozialordnung und die damit verbundenen ansteigenden Bevölkerungszahlen, die Verstädterung und Industrialisierung, fremdbestimmte Arbeit sowie rationale Lebensführung. Der neue Menschentyp sei zudem durch besondere Leistungsfähigkeit im Beruf und eine sexualfeindliche Einstellung gekennzeichnet gewesen. Der Körper habe „ökonomischen Wert" erhalten, denn die menschliche Arbeitskraft wurde als

---

[13] Es gibt auch andere Ansätze, die betonen, dass nicht erst durch den Zivilisationsprozess Formen sittlicher Körperdisziplin und Berührungstabus aufgekommen seien, sondern man diese bereits in traditionalen und archaischen Kulturen aufgefunden habe (vgl. Hitzler & Honer, 2005, S. 366).

2.3 Tabuisierung, Ambivalenz und Zivilisation

knappes Produktionsgut und „Faktor im Wettbewerb der Nationen" entdeckt (Duden, 1987, S. 26). Spontane Emotionen oder Körperäußerungen wie zwischenmenschliche Berührungen seien zugunsten von Selbstdisziplinierungsformen (Triebregulierung, Affektkontrolle) unterdrückt worden – Sexualität sei zwar aus der Öffentlichkeit verdrängt worden, habe jedoch gleichzeitig einen immer größeren Raum eingenommen, da immer mehr Verhaltensweisen (u.a. Berührungen), Worte und Körperteile sexualisiert und demzufolge dem Verbotenen zugewiesen worden seien. Aus diesem zivilisationstheoretischen Gesamtkontext kann auch der Tabuisierungsdiskurs um Berührungen historisch entfaltet werden.

2.3.3 Grenzüberschreitungen und Diskursivierung

Wie schon mehrfach kurz erwähnt, sind Berührungen, insbesondere zwischen Erwachsenen und Kindern, außerhalb eines elterlichen Settings potenziell gerahmt vom Diskurs zu grenzüberschreitenden, sexualisierten Berührungen. Ulrike Schmauch beschreibt, dass das Thema des sexuellen Kindesmissbrauchs in den letzten Jahren Konjunktur gehabt habe und durch massenmediale Darstellungen einer Art Hysterisierung unterlegen gewesen sei. Parallel zu einer „Hyper-Publizität" (Schmauch, 1996, S. 287) stellt sie eine starke Tabuisierung des Darübersprechens im Alltag und Angstreaktionen vor allem für das Handeln von Beschäftigten in sozialen Berufen fest. Insbesondere in Bereichen der öffentlichen Erziehung werde sexueller Missbrauch von Kindern oft mit Ohnmacht verhandelt. Auch Schmidt beschreibt die Thematisierung sowohl im öffentlichen als auch im wissenschaftlichen Diskurs als katastrophal: „Der Grat zwischen Verharmlosung und Hysterisierung ist außerordentlich schmal" (Schmidt, 1996, S. 100). Sexuelle Gewalt an Kindern werde zuweilen verharmlost und unterschätzt. Auf der anderen Seite existiere eine zweite Seite des Diskurses, die anfällig mache für „[...] eine ganz und gar phantastische Welt, in der die Sexualität der Feind Nummer eins im Leben der Kinder (und Frauen) ist" (Rutschky, 1992, S. 40; zit. n. Schmidt, 1996, S. 100).

Unter Zuhilfenahme einer erneuten gesellschaftstheoretischen Perspektive kann auch der Tabuisierungsdiskurs um Berührungen zwischen Erwachsenen und Kindern und dem Darübersprechen betrachtet werden. Hier hilft Michel Foucault mit seinem diskursanalytischen Zugang zu Sexualität allgemein weiter. Für Foucault ist nicht das Verschweigen oder Verdrängen von Sexualität an sich ausschlaggebend, sondern vielmehr dessen Diskursivierung. Er argumentierte, dass im 18. und 19. Jahrhundert eine vorher nie da gewesene Beschäftigung mit dem Thema Sexualität stattgefunden habe. Sex habe sich für das Bürgertum zunehmend in eine Richtung entwickelt, die „es mehr als alles andere beunruhigt und beschäftigt hat, (die) all seine Sorgen in Anspruch genommen hat und (die) es in einer Mischung aus Angst, Neugier, Ergötzen und Fieber kultiviert hat" (Foucault, 1977). So zeichnen die modernen Gesellschaften für ihn nicht dadurch aus „dass sie den Sex ins Dunkel verbannen, sondern dass sie unablässig von ihm sprechen und ihn als das Geheimnis geltend machen" (Foucault, ebd., S. 49). Er spricht von einer „diskursiven Explosion" (ebd., S. 27) und konstatiert, dass man ein System zur Produktion von Diskursen über den Sex installiert habe. Sexualität sei zu etwas geworden, das verwaltet und nutzbar gemacht werden musste – sie wurde zum „Feld des Politischen" (Foucault, ebd., S. 37; zit. n. Bauer, 2002, S. 20). Innerhalb dieses Feldes würden humanwissenschaftliche Diskurse (zum Beispiel pädagogische, juristische oder medizinische), normierende Körperpraktiken, sexualpolitische Bewegungen und bevölkerungspolitische Interessen wirken (vgl. Bauer, 2002, S. 20).

Neben dieser historischen gesellschaftstheoretischen Perspektive kann auch in jüngerer Zeit eine erneute Pathologisierung von Sexualität und allem, was damit zu tun hat, festgestellt werden. Volkmar Sigusch konstatiert, dass Sexualität durch die Missbrauchsthematik mit Schlagworten wie Übergriffigkeit, Gewaltanwendung und Vergewaltigung negativ bewertet würde. Sie sei zur „[...] Quelle und [L. W.: zum] Tatort von Unfreiheit, Ungleichheit und Aggression diskursiviert" worden (vgl. 2005, S. 29). Er macht dafür den politischen Feminismus der frühen 1980er Jahre verantwortlich (vgl. auch Janssen, 2008). Angst-, Ekel-, Scham- und Schuldgefühle seien im Umgang mit Sexualität betont worden (vgl. ebd., S. 32). Insbesondere der Mann sei in diesem Kontext zum Täter ernannt worden. Der politische Feminismus machte damit jedoch auf etwas aufmerksam, was vorher verschwiegen wurde.

Diese „Gewaltdebatte" (Schmidt, 1996, S. 9) brachte einen neuen „Sexualkodex" (ebd.) hervor. Öffentlich wurde so viel wie nie zuvor über Sexualität im Kontext von Gewalt gesprochen. Das habe nicht mehr nur für die heterosexuelle Beziehung zwischen Mann und Frau gegolten, sondern auch für die Eltern-Kind-Beziehung (Inzest), Erwachsene-Kinder/Jugendliche (Pädophilie) und die Kind-Kind-Beziehung. Massenmediale Darstellungen trugen zusätzlich zur sprunghaften Verbreitung der Gewaltdebatte bei.

In diesem Zusammenhang muss jedoch noch die Frage geklärt werden, wann eine Berührung zum sexuellen Missbrauch wird.[14] Gilt erst der Vollzug des

---

[14] Die Definition der Bezeichnung sexueller Missbrauch fällt bereits angesichts der vielen synonym in der Alltags- und Wissenschaftssprache verwendeten Termini schwer. In themenrelevanter Literatur stößt man zum Beispiel auf die Bezeichnungen sexuelle Belästigung, sexueller Übergriff, sexuelle Ausbeutung, sexuelle Gewalt, Seelenmord und noch viele mehr. Dirk Bange bezeichnet es als Illusion, den Begriff sexueller Missbrauch präzise und einheitlich zu erfassen (vgl. 2002, S. 47).

2.3 Tabuisierung, Ambivalenz und Zivilisation

Geschlechtsakts gegen den Willen des Opfers als sexueller Missbrauch oder zählen auch Blicke, Pfiffe, Berührungen bestimmter Körperteile oder anzügliche Bemerkungen über Figur und Aussehen dazu? Die Klärung dieser Frage steht in engem Zusammenhang damit, wie sexuelle Handlungen definiert werden. Vorliegende Beiträge verwenden entweder enge oder weite Definitionen (vgl. Brockhaus & Kolshorn, 1993, S. 22). Bei Untersuchungen, die sich ersterer Definition zuordnen lassen, muss unmittelbarer Körperkontakt vorliegen, um von einer sexuellen Handlung sprechen zu können. Weite Definitionen begreifen auch „Non-Kontakt"-Handlungen (ebd.), wie anzügliche Blicke und Pfiffe als solche, da diese Handlungen im westlichen gesellschaftlichen Verständnis eindeutig sexuell besetzt seien. Neben dem Klassifikationssystem in enge und weite Formen sexueller Handlungen wird auch unterschieden zwischen normativen, klinischen und Forschungsdefinitionen sexuellen Missbrauchs.[15] Auf die feministische, machttheoretische Definition, als eine Variante einer normativen Definition, soll hier expliziter eingegangen werden, da sie, um im Terminus eng und weit zu bleiben, die weiteste Definition liefert. Zunächst betont sie den Aspekt der männlichen Dominanz in Täterkreisen und spricht deswegen in der Regel von der Frau als Opfer und dem Mann als Täter. Dieser Umstand sei Ausdruck patriarchaler Gesellschaftsstrukturen und einseitiger Machtverteilung zugunsten des Mannes. Feministischen Definitionen zufolge sind alle Formen sexueller Handlungen, die Frauen und Mädchen zu Sexualobjekten, über die der Mann frei verfügen kann, reduzieren, sexuelle Gewalt (vgl. Bange, 2002, S. 49).

„Sexuelle Gewalt kann sehr viel Verschiedenes sein. Ich sehe es immer als ein Kontinuum, auf dessen einer Seite die scheinbar harmlose, liebevolle Berührung steht und auf der anderen Seite die vollzogene Vergewaltigung. Dazwischen ist alles möglich, was der Körper eines Mädchens zulässt und die Phantasie eines Mannes hervorbringt" (Kavemann, 1991, S. 10; zit. n. Amann & Wipplinger, 1997, S. 26f.).

Gabriele Amann und Rudolf Wipplinger (1997, S. 27) stellen fest, dass feministische Definitionen, wie die von Barbara Kavemann (vgl. 1991, S. 10), die Bestimmung eines sexuellen Missbrauchs in die Hand der persönlichen Empfindung der betroffenen Frau gebe. Sprechen enge Definitionen davon, dass sexueller Missbrauch erst vorliegt, wenn Genitalien berührt werden, ist bei der feministischen Definition bereits von sexuellem Missbrauch die Rede, wenn die Hand auf dem bekleideten Po von der Berührten selbst als Missbrauch empfunden wird.

---

[15] Präzise Beschreibungen der verschiedenen Formen siehe Bange (2002, S. 49) wie auch Amann & Wipplinger (1997, S. 20-31).

2.3.4 Täterschaft

Aus quantitativen Befunden geht hervor, dass Männer eher Täter und Frauen Opfer sexuellen Missbrauchs sind. Unter den Tätern sexuellen Kindesmissbrauchs befinden sich z. B. lediglich 10 Prozent Frauen im Gegensatz zu 90 Prozent Männern (Kavemann, 1998; zit. n. Heiliger & Engelfried, 1995, S. 14). Anita Heiliger und Constance Engelfried attestieren Männern dabei aus einer sozialisationstheoretischen Perspektive heraus eine potenzielle Täterschaft. Potenzielle Täterschaft werde oftmals falsch verstanden, nämlich in dem Sinne, dass jeder Mann oder Junge ein Täter sei. Die These wolle aber lediglich ausdrücken, dass Männer in ihrer Sozialisation das Reaktionsmuster und die Legitimation von sexuellen Übergriffen auf Mädchen und Frauen früh erlernen würden (vgl. Heiliger und Engelfried, 1995, S. 15). Die männliche Sozialisation sei so beschaffen, dass sexuelle Gewalt gegen Frauen aus einem traditionellen, patriarchal orientierten Männlichkeitsverständnis, zu dem Gewalt als symbolischer Ausdruck von Männlichkeit gehöre, hervorgehe.[16] Sexuelle Übergriffe von Jungen und Männern seien im Wesentlichen nicht sexuell motiviert, sondern Ausdruck eines Machtbedürfnisses, das sexuell ausgelebt werde. Sie wiesen auf einen hohen Erwartungsdruck auf Jungen und Männer hin, der ihnen qua Geschlecht eine höhere Stellung gegenüber Mädchen und Frauen zuschreibe, die sich auch auf körperlicher Ebene vollziehe. Frauen und Mädchen seien in diesem Zusammenhang für sie verfügbar und über andere zu verfügen, gehöre zum männlichen Rollenverhalten (vgl. ebd., S. 209f.; vgl. auch Smaus, 2003, S. 117).

Sexualität werde bei Jungen häufig konditioniert und funktionalisiert, um Macht über andere Menschen, vorzugsweise den als unterlegen suggerierten Mädchen und Frauen, herzustellen. Dadurch erhielten sie Anerkennung, da sie mit diesem Verhalten den Vorstellungen von herkömmlicher Männlichkeit entsprächen. Dabei handele es sich um eine früh einsetzende und gesellschaftlich geförderte Sexualisierung von Bedürfnissen bei Jungen und Männern. Insbesondere die Wünsche nach Nähe, Intimität und Körperlichkeit, gekoppelt mit der Gleichsetzung von Männlichkeit und Sexualitätsausübung, würden den sexuellen Übergriff zum effektivsten Instrument, sich männlich und damit überlegen zu fühlen, werden lassen. Das korrespondiere mit der im traditionalen Weiblichkeitskonzept enthaltenen Hilflosigkeit, Wehrlosigkeit und Verletzlichkeit wie auch gegenüber männlichen Herrschaftsansprüchen mit der Ausübung von sexualisierten Unterwerfungsritualen (vgl. ebd., S. 212f.).

---

[16] In der Männlichkeitsforschung hat eine Entpatriarchalisierung von Männlichkeit längst stattgefunden, die sie vom stark unter Druck setzenden Mythos zwanghafter Überlegenheitsdemonstration befreit (vgl. Baurmann, 1993).

Die Wissenschaft scheint die gängige Verknüpfung zwischen heterosexueller Berührungssituation und einer Grenzüberschreitung durch den Mann bereits überwunden zu haben. So werden auch homoerotische Konstellationen bzw. Frauen als Täterinnen und Jungen als Opfer mitgedacht. Trotzdem erscheint die eben beschriebene Verknüpfung im Alltag über die Maßen stabil zu sein.

2.4 Geschlechterkonstruktion

Wie bereits dem vorhergehenden Kapitel entnehmbar, vollzieht sich Geschlechtsdarstellung auch auf der körperlich habituellen Ebene. Im Rahmen eines Verständnisses, dass das biologische Geschlecht als sozial überformt versteht, gilt der Körper als zentraler Schauplatz der Geschlechterkonstruktion. Candace West und Don H. Zimmermann (vgl. 1991) sprechen in diesem Zusammenhang von *doing gender*, also der aktiven Herstellung des eigenen Geschlechts in Alltagshandlungen, Interaktionen und durch symbolische Repräsentationen. Mit Pierre Bourdieu, der auf den Körper als vorreflexiven „Speicher" der symbolischen Repräsentationen der Geschlechterordnung aufmerksam machte (vgl. Bourdieu, 1997, S. 167), wird auch der Zusammenhang von Berührungen und Geschlechterkonstruktion ersichtlich. Berührungen sind mit geschlechterstereotypen Zuschreibungen belegt, die für Frauen und Männer ein unterschiedliches Berührungsverhalten implizieren. Wollen Frauen und Männer diesen herkömmlichen Geschlechterbildern entsprechen, dann sind sie dazu angehalten, diese im Alltag selbst hervorzubringen.

Über die Bedeutung von Berührungen für die Herstellung von Männlichkeit äußert sich Jürgen Budde (vgl. 2005, S. 222), der im Rahmen seiner Studie zu Männlichkeitskonstruktionen im gymnasialen Schulalltag darauf verweist, dass unter Jungen und Männern ein Berührungstabu gilt, das zur Konstruktion, also dem *doing*, hegemonialer Männlichkeit beiträgt. Dieser viel zitierte, auf Robert W. Connell zurückreichende Ansatz begreift Männlichkeit als

> „... jene Konfiguration geschlechtsbezogener Praxis [...], welche die momentan akzeptierte Antwort auf das Legitimationsproblem des Patriarchats verkörpert und die Dominanz der Männer sowie die Unterordnung der Frauen gewährleistet [...]" (Connell 1999, S. 98).

Der geschlechtliche Status wird dabei als Kategorie verstanden, die einerseits immer in Relation zum weiblichen Geschlecht und andererseits in Beziehung zu den Mitgliedern der eigenen Geschlechtergruppe erfasst wird und auf Dominanz ausgerichtet ist (vgl. Meuser, 2001, S. 7). Auf der körperlichen Ebene gilt dabei im Gegensatz zum weiblichen Geschlechterstereotyp körperliche Uneingeschränktheit als Merkmal dieser herkömmlichen Art von Männlichkeit. Budde (vgl. 2005, S. 222) macht darauf aufmerksam, dass die körperliche Inszenierung von Jungen nicht nur auf Uneingeschränktheit, sondern genauso auf Distanzierung und einem funktional-technischen Körperverständnis aufgebaut ist. In diesem Rahmen gelten überwiegend harte, mit Gewalt verbundene Berührungen als männlich. Abweichende Körperinszenierungen, wie sanfte oder streichelnde Berührungen und körperlicher Kontakt mit anderen Jungen entsprechen hingegen nicht diesem System und werden unter Männern meist als homosexuelle Handlungen stigmatisiert.

Für Frauen zeichnet sich ein gegensätzliches Bild ab. Gitta Mühlen Achs (vgl. 2003, 121ff.) untersucht Werbefotos von Frauen und Männern im Vergleich zueinander und konstatiert, dass Frauen körperlich begrenzter, disziplinierter und zurückhaltender dargestellt werden. Für Berührungen stellt Eva Breitenbach im Rahmen ihrer Studie zu Mädchenfreundschaften (vgl. 2000) fest, dass für Mädchen sanfte Berührungen Bestandteile in gleichgeschlechtlichen Freundschaften sind (vgl. auch Gilligan et. al. 1990). Körperliche Intimität in Form des zärtlichen Miteinanders, das Anfassen, Umarmungen und Küssen mit einschließt, sind im Rahmen ihrer herkömmlichen Weiblichkeitsrolle, der größere Emotionalität zugeschrieben wird, im Gegensatz zu Jungen und Männern akzeptierte Formen des Umgangs in gleichgeschlechtlichen Freundschaften. Für sie sind es eher die harten körperlichen Berührungen, die nicht zu ihrem geschlechterstereotypen Handlungsrepertoire zählen, wenn es um den Aufbau einer konventionellen weiblichen Identität geht. Auch wenn sich in der Realität Veränderungen in Bezug auf stereotype Geschlechterbilder und auch damit einhergehende Berührungsstereotype abzeichnen, so beeinflussen sie noch immer die Geschlechterkonstruktion in nicht geringem Maße.

2.5 Lehrkräfte-Schüler/-innen-Interaktion

Am Ende des vorangegangenen Kapitels wurde aufgezeigt, dass das Thema Berührungen aufgrund gängiger stereotyper Vorstellungen insbesondere für Männer stark mit dem Diskurs zu körperlichen Grenzüberschreitungen verhaftet ist. Dieser Aspekt wird in diesem Kapitel auf die Schule übertragen. Zunächst wird dazu der Forschungsstand zum Thema Berührungen in der Schule aufgearbeitet, an dessen Ende steht, dass Berührungen im Rahmen von Themen zu Körper und Schule eine Leerstelle bilden. Warum Berührungen gerade im Sportunterricht eine wichtige Rolle spielen und wie ambivalent sie für Sportlehrkräfte sein können, behandelt das darauf folgende Kapitel. Aus den Befunden dieses

Kapitels wird die Relevanz für eine Arbeit, die sich ausschließlich Berührungen im Sportunterricht widmet, ersichtlich.

2.5.1 Leerstelle im Diskurs

„Schule [...]" sei von je her nicht nur eine staatliche Lehranstalt gewesen, „sondern auch eine Veranstaltung der Körper", in der es um Disziplinierung des Schüler/-innenkörpers gehe – so schreiben es Johannes Bilstein und Gabriele Klein (2002, S. 4f.) in ihrem Leitartikel zum Friedrich-Jahresheft Körper. Dem Schüler/-innenkörper werde in der Schule die eigene Regulierung beigebracht. Beispielsweise muss der Körper still auf dem ihm zugewiesenen Platz hinter einem Tisch über Stunden sitzen, er soll in der Sporthalle auf Kommando loslaufen und darf seinen starken Emotionen, insbesondere aber seinen Aggressionen nicht über ungezügelte körperliche Handlungen während des Unterrichts oder auf dem Schulhof Ausdruck verleihen. Theoretiker/-innen und Schulmacher/-innen hätten sich aufgrund der zentralen Rolle des Umgangs mit kindlichen und jugendlichen Körpern in der Schule umfangreich damit befasst, wie diese Körper zu organisieren und zu arrangieren seien. Um sich dem Thema des Körpers in der Schule jedoch zu nähern, muss es von zwei Seiten betrachtet werden. Eine Seite bildet dabei das Reden über den Körper in aktuellen praxisnahen schulpädagogischen Veröffentlichungen, die andere sein wissenschaftliches Erforschen im Zusammenhang mit schulischen Interaktionsprozessen.

Geredet wird über den Körper und seine Körpersprache im schulischen Kontext viel. Seit den 1970er Jahren befasst sich eine große Anzahl praxisnaher schulpädagogischer Veröffentlichungen (vgl. Heinemann, 1976; Ahrend, 1981; Meyer & Paradies, 1997; Heidemann, 1999; Caswell & Neill, 2003, Rosenbusch & Schober, 2004, Nitsche, 2008) damit, wie mittels Körpersprache Unterricht gewinnbringend organisiert werden könnte. Dabei werden Lehrkräfte dazu angehalten, die Körpersprache ihrer Schüler/-innen zu verstehen und ihre eigene gezielt als Steuerungsinstrument von Unterricht zu trainieren und einzusetzen. Oft werden bestimmte Gesten, Mimikelemente oder Aspekte von Proxemik dabei mit einer eindeutigen Bedeutung versehen, die es zu erkennen oder bewusst anzuwenden gelte.[17] Beispielsweise würde ein Sportlehrer, der seinen Unterricht vor der sitzenden Lerngruppe mit dem Rücken angelehnt an der Tür seiner Lehrerumkleidekabine beginne, dadurch eine massive Verteidigungsposition einnehmen, da er scheinbar die Nähe zu seinem persönlichen Raum brauche und er

---

[17] Unter Proxemik wird die Lehre von der Art und Weise, wie sich ein Mensch im Raum bewegt, welchen Raum er in Anspruch nimmt und wie Abstand, Winkel und Höhe zu seinen Kommunikationspartnern und -partnerinnen ausgeprägt sind, verstanden.

durch seine Körperhaltung den Eingang dazu versperrt. Hier fragt der Autor, gegenüber wem die Lehrkraft eine solch starke Verteidigungsposition einnehmen müsse (vgl. Brodbeck, 2002).

Im Gegensatz zu praxisnahen Veröffentlichungen in Ratgeberform liegen wissenschaftliche Studien innerhalb der Teildisziplinen der Erziehungswissenschaft zum Körper und seiner Beteiligung an den Interaktionen zwischen Schülerinnen und Schülern oder Lehrkräften und Schülerinnen und Schülern weniger zahlreich vor. Existieren Interaktionsstudien im Unterricht zwar bereits seit Jahrzehnten, so bildet den Interessenfokus dabei jedoch zumeist das Verbale. Die Beteiligung des Körpers wurde lange Zeit – wenn überhaupt – nur im Nebensatz verhandelt. Hier scheint es in jüngerer Zeit eine Trendwende zu geben. Gerade im Bereich Schule und Geschlechterforschung liegen aktuelle ethnografische Studien vor. Antje Langer (2008) summiert, dass diese auf der theoretischen Grundlage von Ethnomethodologie beziehungsweise Symbolischem Interaktionismus Körperpraktiken von Schülern und Schülerinnen im Spiegel von Prozessen der Geschlechterkonstitution untersuchen (vgl. Breidenstein & Kelle, 1998; Faulstich-Wieland, Weber & Willems, 2004; Güting, 2004; Wagner-Willi, 2005; Budde, 2005; Tervooren, 2006). Diesen Studien ist gemeinsam, dass sie vornehmlich die Lerngruppen in den Blick nehmen. Die Lehrkräfte und ihre Beteiligung an Konstruktionsprozessen bilden bislang Randfiguren (außer bei Budde, Scholand & Faulstich-Wieland, 2008).

Anders bei einem weiteren Projekt: Ein Ansatz, den man mit dem Begriff der erziehungswissenschaftlichen Gestenforschung fassen kann und der kameraethnografisch arbeitet, beschäftigt sich mit dem Körper als zentrales Element in Interaktionsprozessen im Unterricht. In diesem Rahmen stellt sich z. B. das Projekt „Pädagogische Gesten in Schule, Familie, Jugendkultur und Medien" des Berliner Sonderforschungsbereichs „Kulturen des Performativen" der Humboldt-Universität zu Berlin die Frage, welchen Einfluss Gesten bei der Vermittlung konkreter Bildungsinhalte und Handlungsmuster im Klassenraum haben, insbesondere wie Gesten zur Steuerung von Unterricht eingesetzt werden (vgl. Projektbeschreibung, 2008).

Zwar finden direkte Körperberührungen in der einen oder anderen Studie kurz Erwähnung, werden aber nicht unmittelbar thematisiert. In Langers (2008) ethnografischer Studie geht es um die Frage, wie sich das Verhältnis von Körper und Schule wie auch die diskursive Vermittlung dieses Verhältnisses darstellen. Auch sie bemerkt zu Körperberührungen, dass diese eine Leerstelle im Reden über Körperlichkeit in der Schule bildeten. Das drücke sich nicht nur in den Interviews aus, die sie mit Lehrkräften geführt hat, sondern ergebe sich auch aus einer Analyse der bereits erwähnten praxisnahen Literatur zu Körpersprache in der Schule (vgl. Langer, 2008, S. 255-265). Zwar würden Lehrkräfte ihre Schü-

2.5 Lehrkräfte-Schüler/-innen-Interaktion

ler/-innen berühren, um innerhalb der Schulklasse und während des Unterrichts leiser sprechen zu können oder um zu ermahnen und zu sanktionieren – das explizite Darübersprechen und Thematisieren sei jedoch tabuisiert. Dadurch, dass Schüler/-innen oder Beobachter/-innen die Berührung möglicherweise als Grenzüberschreitung wahrnehmen könnten, sei – so Langer – für die Lehrkräfte Vorsicht geboten.

Die vorliegende Studie widmet sich explizit den Körperberührungen zwischen Lehrkräften und Schülerinnen und Schülern, indem sie das Reden über die eigene körperliche Praxis, also die getätigte Schüler/-innen-Berührung in ihr Interessenzentrum stellt und damit eine Forschungslücke verringert.

2.5.2 Beziehungsebene

Wurde in den vorangegangenen Kapiteln dahin gehend argumentiert, dass Berührungen in der Lehrkräfte-Schüler/-innen-Beziehung äußerst prekär sein können, sollen in diesem Kapitel die positiven Aspekte von Berührungen betont werden. Denn trotz der aufgezeigten potenziellen Ambivalenz wäre es nicht erstrebenswert, wenn Lehrkräfte deswegen ihre Schüler/-innen gar nicht mehr berührten, liegen doch ebenso Chancen für die pädagogische Ausgestaltung der Beziehungsebene in Berührungen.

Blickt man zunächst historisch zurück auf die Entwicklung von Berührungen in der Schule und die Beziehungsebene, dann ist für einen weiten Teil von Schulgeschichte ein überwiegend gewaltbesetzter Umgang mit Berührungen in Form von Körperstrafen festzustellen. Durch so genanntes Tatzen mithilfe eines Lineals oder Rohrstocks auf Handteller, Finger oder Fingerspitzen wurden Schüler/-innen lange Zeit für diverse Vergehen von der Lehrkraft bestraft. Dahinter stand ein stark autoritäres Lehrkräftebild, welches Schüler/-innen nicht als Partner/-innen im Bildungsprozess verstand, sondern als Untergeordnete, zu deren körperlicher Züchtigung Lehrkräfte ausdrücklich befugt waren. Körperstrafen verbieten Deutsche Landesschulgesetze seit den 1970er Jahren.[18]

Wurden noch bis in die 1970er Jahren Berührungen im schulischen Kontext also primär mit Körperstrafen assoziiert, markiert ihr Verbot in der Schule den Beginn einer neuen Zeit. Durch den massenmedial geführten Diskurs zu sexuellem Missbrauch wird auch das Thema der Berührungen in der Schule maßgeblich beeinflusst, was Berührungen weitestgehend tabuisiert. Durch neuere Entwicklungen im Rahmen sozialer Modernisierungsprozesse dürfte der Institution Schule erneut ein Einschnitt in puncto Berührungen bevorstehen. Nils Neuber

---

[18] In Bayern wurden entsprechende Gesetze erst in den 1980er Jahren erlassen.

(vgl. 2007, S. 65) stellt fest, dass das Bedürfnis nach emotionaler und körperlicher Nähe auch in der Schule wächst. Da Orte, wie Familie und Liebesverhältnisse, die traditionell für Nähe, Emotionalität und Intimität zuständig sind, zunehmend „brüchig, inkonsistent und hoch störanfällig" geworden sind, verlagert sich die Befriedigung dieser Ansprüche zunehmend auch auf die Schule und die Lehrkräfte-Schüler/-innen-Beziehung.

Schon lange stellt sich die Pädagogik die Frage, wie die Lehrkräfte-Schüler/-innen-Beziehung nicht nur mit Blick auf die von Neuber (vgl. ebd.) auch für die Sportpädagogik angesprochenen aktuellen sozialen Modernisierungstendenzen aussehen soll. Diese Frage wird unter Rückgriff auf verschiedene theoretische Zugänge, die unterschiedlichen gesellschaftliche Realitäten und Veränderungsprozessen geschuldet sind, verschieden beantwortet. Eine Antwort liefert der sicherlich bereits etwas veraltete jedoch sehr traditionelle, der Zeit der Reformpädagogik entsprungene, Ansatz des pädagogischen Bezugs nach Hermann Nohl. Schon dessen gesellschaftliche Wurzel lag in gravierenden Umwälzungsprozessen der Moderne, die schon einmal mit der Auflösung traditioneller Bindungen einhergingen. Reformpädagogische Bestrebungen setzten hier an, indem sie das Individuum in Schutz gegenüber der Tendenz einer gesellschaftlichen Funktionalisierung nahmen. Diese schützende Funktion der Pädagogik mündete in das Konzept des pädagogischen Bezugs zwischen Pädagoge und „Zögling", der vor allem durch eine emotionale Beziehung zwischen beiden gekennzeichnet sein sollte (vgl. Daßler, 1999, S. 83f.). Nohl spricht vom leidenschaftlichen „Verhältnis eines reifen Menschen zu einem werdenden Menschen, um seiner selbst willen, dass er zu seinem Leben und seiner Form komme" (Nohl, 1963). Aufseiten des Pädagogen ist die Liebe zum Kind tragend; der so genannte pädagogische Eros. Diese sinnliche Komponente wurde in der Folge als problematisch empfunden. Nohl selbst grenzt sich jedoch eindeutig von einem sexuellen Verständnis dieser Liebe ab. Im Konzept des pädagogischen Bezugs fließt Liebe zum Zögling auf der einen Seite und die Autorität des Erziehenden auf der anderen Seite, der gesellschaftlich bestimmte Ziele vermittelt, zusammen. Beides auszubalancieren bezeichnet Nohl in Anlehnung an Herbart als „pädagogischen Takt".

Was zu Zeiten Nohl bereits als Ausbalancieren aus persönlichen Beziehungsanteilen einerseits und Wissensvermittlung andererseits bezeichnet wurde, wird auch heute kontrovers diskutiert. Dabei spricht sich eine Seite, die eine „Sozialpädagogisierung" der Lehrkräftetätigkeit ausmachen will, dafür aus, der Lehrkraft eine strikt auf ihre Wissen vermittelnde, unterrichtende Funktion reduzierte Rolle zu zuschreiben (z. B. Giesecke, 1996). Johannes Bastian und Arno Combe (vgl. 2008, S. 246) bewerten beide Positionen als zu kurz gegriffen. Sowohl die Pädagogisierung sozialer Probleme als auch deren Abwehr lösten das

Spannungsfeld aus personenbezogener und gegenstandsbezogener Arbeit, in dem sich Lehrkräfte befinden, nur einseitig auf. Aber genau dieses Spannungsfeld ist es, das neben der Nähe zum Missbrauchsdiskurs auch zum Tragen kommt, wenn über die Berechtigung oder den Stellenwert von Berührungen in der Lehrkräfte-Schüler/-innen-Beziehung diskutiert wird.

Die in Kapitel 2.1 beschriebenen Ergebnisse aus der Entwicklungspsychologie sprechen eine eindeutige Sprache: Berührungen sind elementar und wohltuend. Aber gehören sie deswegen gleich in das nonverbale Repertoire von Lehrkräften? Diese Frage kann und darf genauso wenig einseitig beantwortet werden, wie es die von Bastian und Combe (vgl. ebd.) beklagten Positionen der Sozialpädagogisierung der Lehrkräftetätigkeit beziehungsweise die strikte Orientierung an Wissensvermittlung tun. Genauso wie diese beiden bipolar auseinander liegenden Positionen liegen sicherlich auch die Ansichten in Bezug auf das Berühren von Schülern und Schülerinnen auseinander. Auf der einen Seite kann hier die Argumentation von Wolfgang Anders und Sabine Weddemar (vgl. 2002, S. 15) herangezogen werden. Sie schreiben, dass Erziehung ohne angenehme Körperberührungen undenkbar sei. Denn positiv erlebte Berührungen würden bedeuten, dass man nicht allein sei, sich mit jemandem in Kontakt befinde, und demjenigen vertrauen könne. Ob sie damit auch die schulische Erziehung meinen, geht aus ihren Gedanken nicht hervor. Jedoch sind auch in der Schule Situationen auf der Tagesordnung, in denen Schüler/-innenberührungen angebracht erscheinen würden. Ich denke beispielsweise daran, Anerkennung für tolle Leistungen ausdrücken zu wollen oder eine/-n Schüler/-in auch einmal vorsichtig in den Arm zu nehmen, wenn Trost in einer schwierigen schulischen oder familiären Situation benötigt wird. In diesen Situationen befinden sich Lehrkräfte jedoch auch vor dem Hintergrund der diskursiven Rahmung des Missbrauchs immer in einem Zwiespalt. Dieser besteht zwischen dem reflektierten und dosierten Zulassen von Nähe, ohne dabei eine körperliche Grenzüberschreitung zu begehen, und dem Erfordernis, aus der institutionellen an Unterricht orientierten Rolle heraus Distanz zu wahren. Schließlich muss Schülerinnen und Schülern ihre körperliche Intimsphäre zugestanden werden, von der sie unter Umständen auch nicht wollen, dass in diese von Lehrkräften eingedrungen wird, sei eine Situation noch so bedrückend für sie.

2.5.3 Sportunterricht

Eine Berührungsstudie in der Schule gerade im Sportunterricht durchzuführen, ist aufgrund der besonderen Dynamik des Sportunterrichts im Vergleich zu den Fächern, die im Klassenraum unterrichtet werden, besonders lohnenswert. Beim

Unterricht im Klassenraum wird die dominierende Konstellation der beteiligten Personen im Raum auch in offeneren Unterrichtsformen sich noch immer so gestalten, dass die Lerngruppe hinter ihren Tischen sitzt und die Lehrkraft hinter oder in der Nähe des Pultes agiert. Im Gegensatz dazu zeichnet sich Sportunterricht durch einen häufigen Platz- oder Ortswechsel der Beteiligten aus, der mit einer Vielzahl von Begegnungen im Raum verbunden ist.[19,20] Dabei sind Berührungen zwischen Lehrkraft und Mitgliedern der Lerngruppen Bestandteil fast jeder Sportstunde. Diese können im Kontext sportiver wie auch nicht-sportiver Situationen auftreten. Von der Hilfestellung beim Geräteturnen über die Bewegungskorrektur mit der Hand bis zu aufmunterndem oder lobendem auf die Schulter klopfen sind vielfältige Formen denkbar. Kurt Widmer macht erstmalig auf die spezielle Beziehungssituation zwischen Lehrkraft und Schülern und Schülerinnen im Sportunterricht im Gegensatz zu den Fächern, die im Klassenraum unterrichtet werden, aufmerksam. Die Interaktion im Sportunterricht sei dadurch gekennzeichnet, dass die Lehrkraft insbesondere bei der Hilfestellung den „physischen Toleranzspielraum" (Widmer, 1982, S. 54) der Schüler/-innen durchbreche, womit Widmer die Berührungen meint.[21] Diese, wie bereits ausge-

---

[19] Dorothee Bierhoff-Alfermann et. al. (1984, S. 70 ff.) widmen sich mittels eines quantifizierenden Vorgehens der nonverbalen Lehrkräfte-Schüler/-innen-Interaktion im Sportunterricht. Auch sie gehen von der Überlegung aus, dass die Erforschung körperlicher Berührungen im Sportunterricht besonders viel versprechend ist, weil sie nicht nur leicht zu beobachten sind, sondern auch häufig auftreten. Sie fanden heraus, dass Lehrkräfte Schüler/-innen wesentlich häufiger berührten als umgekehrt. Des Weiteren berührten Lehrkräfte häufiger Jungen als Mädchen. Sie berührten am häufigsten in freundlicher Absicht. In den Klassenstufen 6, 8 und 10 sei die Anzahl der Berührungen durch die Schüler/-innen gegenüber den Lehrkräften bei beiden Geschlechtern noch niedriger.
[20] Auch Neuber (2007, S. 255) stellt heraus, dass der Sportunterricht sich im Vergleich zu den anderen Schulfächern durch große körperliche Nähe auszeichnet.
[21] Widmer spricht vor der theoretischen Folie von Edward T. Hall (1976), der den Grad an körperlicher Nähe mittels eines Vier-Zonen-Modells beschrieben hat, von einem physischen Toleranzspielraum. Hall nimmt an, dass der Abstand zwischen zwei Individuen durch die Qualität ihrer Beziehung zueinander bzw. durch die Art ihrer Interaktion bestimmt wird. Für jede Art von Interaktion gibt es einen angemessenen Abstand. Er hat die Abstände zwischen Interagierenden in vier Distanzzonen unterteilt, die für jeweils unterschiedliche Interaktionsarten charakteristisch sein sollen: (1) öffentlich (360 cm und mehr), (2) sozial (120-360 cm), (3) persönlich (45-120 cm), (4) intim (45 cm und weniger). Jede dieser Zonen unterscheidet er erneut in eine weite und eine nahe Phase. Zwar geht aus Halls Modell nicht hervor, ob es eine eindeutige Beziehung zwischen den objektiv messbaren Interaktionsdistanzen und dem subjektiven Erleben gibt (vgl. Wiesemann, Hottelet & Sader, 1993, S. 24), jedoch gilt das Eintreten in die intime oder auch schon private Zone einer Person, die nicht über die entsprechend engere Beziehung zum Gegenüber verfügt, im persönlichen Empfinden als Grenzübertritt. Niemand darf unerlaubt so weit in die räumliche Sphäre eines Individuums eindringen. Die englische Metapher der bubble (Blase) für die Intimzone einer Person bringt zum Ausdruck, dass diese den Körper wie eine zweite Haut umgibt (vgl. Birkenbihl, 2002, S. 140). Durchbricht man aus Versehen beispielsweise in öffentlichen Verkehrsmitteln im Vorbeigehen diese zweite Haut, so wird man sich in der Regel dafür entschuldigen. Auch die Fahrstuhlsituation verdeutlicht, welch unangenehme Empfindungen ein Beisammensein fremder Menschen auf so engem Raum auslöst.

2.5 Lehrkräfte-Schüler/-innen-Interaktion

führt, stellen wegen eines möglichen körperlichen Grenzübertritts ein ambivalentes Thema für Sportlehrkräfte dar. Jedoch wurden sie bislang weder zum Gegenstand erziehungswissenschaftlicher Forschung gemacht, noch in der praktischen Aus- oder Fortbildung der Lehrkräfte thematisiert. Dabei erscheint es unerlässlich, sich explizit mit Berührungen im Sportunterricht zu befassen, denn Sportlehrkräfte berühren qua Berufsrolle fast täglich. Hier stehen sie vor der Aufgabe, berühren zu müssen, sich dabei aber möglicherweise vor dem Hintergrund des bereits beschriebenen tabuisierten Kontextes unwohl zu fühlen auch wenn ihre Berührungen durch die Einbettung in ein professionelles Berufssetting sozial normiert sind. In ihrem Berufsalltag, in dem Sportlehrkräfte mit dieser für sie möglicherweise widersprüchlichen Aufgabe konfrontiert werden, müssen sie damit umgehen, um handeln zu können. Denn Sportunterricht ohne Hilfestellung in Form von unmittelbarer Berührung ist im Grunde genommen nicht denkbar. Viele Bewegungssituationen, wie beispielsweise der Salto auf dem Trampolin, erfordern, dass die Lehrkraft besonders schnell mit einer Berührung reagiert. Diese Hilfestellung ist unabdingbar, um die Sicherheit der Schüler/-innen gewährleisten zu können. Dass bei dieser Hilfestellung, die sehr schnell und unter Umständen massiv eingesetzt werden muss, um eine abstürzende Person sicher wieder im Sprungtuch zum Stehen zu bringen, auch schon einmal der Intimbereich der Schüler/-innen berührt werden kann, scheint nachvollziehbar.

Ein ängstlicher Umgang mit der Hilfestellung der Sportlehrkraft lässt sich in der Geschichte des Turnunterrichts lange zurückverfolgen. Bereits alte Sportunterrichtslehrpläne zeugen von der Bedrohung, die von den dabei zum Einsatz kommenden Berührungen für die Lehrkräfte ausging. So schrieben die nordrheinwestfälischen Richtlinien bis 1980 fest,

„... dass die wichtigsten Sicherungsmaßnahmen […] jedoch dem Schüler geläufig sein (L. W.: müssen). Wo Sicherheitsstellung erforderlich ist, wird sie grundsätzlich von den Schülern geleistet" (zit. n. Schmidt-Sinns, 2004, S. 12).

Erst die neuen Lehrpläne von 1980 sahen vor, dass auch Lehrkräfte unter bestimmten Umständen in Einzelfällen Hilfestellung leisten sollten.

„In einzelnen Fällen, zum Beispiel bei ängstlichen Schülern oder bei Übungen mit besonderen Gefahrenmomenten, ist es unerlässlich, dass der Lehrer selbst den Ablauf der Übungen überwacht und die notwendige Hilfeleistung oder Bewegungssicherung übernimmt" (Richtlinien Sport NRW/Band 1/Allgemeiner Teil 1980; zit. n. ebd.).

Die damalige Verankerung eines Berührgebots, das den Sportlehrkräften zugleich das Unterlassen einer Hilfestellung verbietet, zeigt auf institutionellformaler Ebene, wie prekär das Thema Berührungen im Sportunterricht auch von staatlicher Instanz bewertet wurde. Aber nicht nur damals, sondern auch heute existieren Erlasse, die Berührungen vor dem Diskurs von sexuellem Missbrauch an Kindern und Jugendlichen, der eng mit dem Thema verknüpft ist, im Sportunterricht weitestgehend ausklammern wollen. So weist der Bremer Erlass zum Verbot der sexuellen Diskriminierung und Gewalt gegenüber Kindern und Jugendlichen ausdrücklich darauf hin, dass unnötiger Körperkontakt, insbesondere im Sportunterricht, sexuell diskriminierend gegenüber Schülerinnen und Schülern ist, und attestiert dem Sportunterricht im Gegensatz zu anderen Fächern damit eine besondere Ambivalenz (vgl. Senatorin für Bildung und Wissenschaft Bremen, 2006).

Auch Frau E., eine im Rahmen der Studie interviewte Lehrerin, sprach davon, dass „es [...] eigentlich so [ist, L. W.], dass man seine Schüler nicht anfasst. Im Referendariat habe ich das gelernt."

Zum Umgang mit diesem scheinbaren Berührungsverbot lassen sich in der sportunterrichtlichen Praxisliteratur nur wenige Anregungen für einen offenen Umgang finden. Swantje Scharenberg (2003) greift, motiviert von Legitimationsabsichten für das Geräteturnen im Sportunterricht, Berührungen auf und fragt sich, wie männliche Lehrkräfte mit dem Vorwurf einer, wie sie es nennt, „legitimierten Anmache" umgehen sollten. Sie moniert, dass aufgrund der Gefahr, die die Berührung zwischen Lehrer und Schülerinnen bei der Hilfestellung darstelle, immer weniger Geräteturnen unterrichtet werden würde. Gründe dafür sieht auch sie in der Tabuisierung von Berührungen und gibt zu bedenken, dass sich die Lehrkräfte beim Geräteturnen in dem Konflikt zwischen schnellem Zufassen, um einer möglichen Verletzungsgefahr oder einem Misserfolg vorzubeugen, und dem Vorwurf unsittlicher Berührungen befänden. Anhand drei konkreter Berührungsfälle (z. B. „Ein Sportlehrer soll drei Mädchen beim Geräteturnen unsittlich berührt haben.") stellt sie eine starke Differenz zwischen der Innensicht derjenigen fest, die die Hilfestellung geben, und der Ansicht derjenigen, die sie von außen beobachten. Während für erstere die Hilfestellung eindeutig zweckorientiert sei, könnten die Betrachter/-innen annehmen, dass der Hilfe leistende Erwachsene den Sportunterricht ausnutze, um seine persönlichen Vorlieben auszuleben. Schließlich formuliert sie Praxistipps für Hilfestellung Leistende, die ihnen helfen sollen, sich vor einer Unterstellung in Richtung körperlicher Grenzüberschreitung beim Geräteturnen zu schützen. Zum Beispiel solle offen mit den Übenden über die Berührungen bei der Hilfestellung gesprochen werden und Eltern könnten in Form einer offenen Sportstunde mit einbezogen werden.[22]

---

[22] Weiterhin schlägt Scharenberg (ebd.) vor: richtiges Erlernen der Hilfestellung als Grundvoraussetzung zur sicheren Ausübung, gute Kleidung der Schüler/-innen, die erkennen lässt, wo die Lehrkraft bei der Hilfestellung hinfasst. Die Lerngruppe sollte dafür sensibilisiert werden, dass der Körper

2.5 Lehrkräfte-Schüler/-innen-Interaktion

Jürgen Schmidt-Sinns (vgl. 2004, S. 11ff.) dehnt das Problemfeld von der Hilfestellung beim Turnen auch auf Berührungen bei Kampfsportarten, Tanz, Wagnis- und Vertrauensspielen aus, bei denen der Sportlehrer sich vor pauschalen Urteilen schützen und die Notwendigkeit des Helfens absichern können müsse. Dabei sieht auch er die Problematik in der Differenz zwischen beobachtbarem und erlebtem Verhalten bei Berührungen. Falsche Meinungen könnten aufgrund von Vorurteilen, Unkenntnis und Übereifer Außenstehender schnell entstehen. Er verortet die Probleme in erster Linie in der Definition einer Anschuldigung unsittlichen Berührens. Dabei kritisiert er, dass dies nur dem subjektiven Empfinden der Frau obliege. Ziel seiner Ausführungen sei es, nicht zu verharmlosen, aber auch herauszustellen, dass Lehrer gegen derartige Anschuldigungen geschützt werden müssten.

Beide Aufsätze stellen die einzigen Beiträge in der sportpädagogischen Forschung dar, die Berührungen im Sportunterricht als Problem für (hier männliche) Lehrkräfte begreifen.

Michael Klein und Birgit Palzkill (1998, S. 38) machen jenseits des turnunterrichtlichen Kontextes darauf aufmerksam, dass (männliche) Lehrkräfte nicht nur vor Anschuldigungen geschützt werden müssten sondern auch Täter sein können. In Aussagen von Eltern, Lehrkräften, Schülern und Schülerinnen würde Missbrauch gerade im Sportunterricht nicht selten thematisiert werden. Dabei stützen sie sich auf Interviews mit Lehrkräften, Expertinnen und Experten aus Beratungsstellen und Einrichtungen, die präventiv mit dem Thema der sexuellen Gewalt arbeiten. Sie heben Situationen wie Hilfestellung, Betreten der Umkleideräume oder der Schüler/-innentoiletten hervor, in denen es immer wieder zu berichteten Übergriffen komme. Auch Corinna Staudt (1994, S. 18), selbst noch Schülerin, beschreibt in ihrem Beitrag in der Zeitschrift Pädagogik, dass sexuelle Grenzüberschreitungen von Lehrkräften auf die Schüler/-innen ausgehend im Sportunterricht im Gegensatz zu anderen Fächern auffällig häufig vorkämen.

---

beim Geräteturnen generell in Spannung sein muss. Ein Infopaket für Betroffene könnte erstellt werden, in dem Richtlinien und Tipps zum Umgang mit der Thematik festgehalten werden. Einmal jährlich sollte ein Fähigkeitstraining für Lehrkräfte durchgeführt werden, bei dem die richtige Hilfestellung immer wieder geübt werden soll.

3 Deutungsmuster und Professionalität

Im vorangegangenen Kapitel war bereits an einigen Stellen die Rede von Eigen- und Fremdwahrnehmung sowie von Deutung. Der Begriff des Deutungsmusters, mit dem in der vorliegenden Arbeit Deutungen der Lehrkräfte in Bezug auf Berührungssituationen im Sportunterricht rekonstruiert werden sollen, wurde bislang noch nicht definiert. In diesem Rahmen erfolgt auch ein kurzer Überblick über das dazugehörige Theoriekonzept (Kap. 3.1). Dabei wird ersichtlich, dass der Musterbegriff in der vorliegenden Arbeit nicht in der Art gebraucht wird, in der ihn etwa eine *Grounded Theory*, die ein Muster als die wiederkehrende Beziehung zwischen Eigenschaften und Dimensionen einzelner Kategorien definiert (vgl. Strauss & Corbin, 1996), begreift. Der Begriff meint hier vielmehr kollektive latente Denkstrukturen einer Gesellschaft, die immer wieder in Verbindung mit bestimmten Themen auftauchen.[23] In Kapitel 3.2 wird der Begriff der pädagogischen Professionalität definiert, um in Kapitel 3.3 aufzuzeigen, was Deutungsmuster mit pädagogischer Professionalität zu tun haben.

3.1 Definition Deutungsmuster

Der aus der Soziologie stammende Terminus Deutungsmuster lässt sich forschungsmethodologisch hauptsächlich zwei Strömungen zuordnen: (1) phänomenologisch-existentialistischen Konzeptionen sozialwissenschaftlicher Hermeneutik in der Tradition der Verstehenden Soziologie (Symbolischer Interaktionismus, Wissenssoziologie), (2) strukturtheoretischen Konzeptionen einer objektiven Hermeneutik (Oevermann u.a., 1979). Am po41pulärsten ist dabei der Ansatz von Ulrich Oevermann, mit dessen Namen der Terminus maßgeblich in Verbindung gebracht wird und der ihn in einem unveröffentlichten Manuskript von 1973 in der deutschen Soziologie etablierte. Oevermann stellt ins Zentrum jeder Theorie menschlichen Handelns die „Analyse der Subjektivität von Interpretationen der Umwelt und damit die Rekonstruktion mentaler Strukturen" (Oevermann, 2001, S. 4). Zentrales Erkenntnisinteresse des Deutungs-

---

[23] In diesem Sinn verwendet ihn beispielsweise auch Martina Weber (vgl. 2003, S. 266ff.) in ihrer Studie zu Heterogenität im Schulalltag.

musteransatzes ist die individuelle Bewältigung objektiver gesellschaftlicher Handlungsprobleme, hinter dem gesellschaftliche Norm- und Wertorientierungen als Grundstrukturen gesellschaftlichen Bewusstseins rekonstruierbar werden (vgl. Lüders & Meuser, 1997, S. 59). Soziale Deutungsmuster sind demzufolge nur dann adäquat zu rekonstruieren, wenn das dahinter liegende gesellschaftliche Strukturproblem in der Analyse berücksichtigt wird (vgl. Lüders & Sackmann, 1992, S. 15). Grund für die Entwicklung des Deutungsmusteransatzes bildete die Frage nach der vermittelnden Ebene zwischen objektiven gesellschaftlichen Handlungsproblemen und subjektivindividueller Verarbeitung, also zwischen individueller Handlung und gesellschaftlicher Struktur des Problems. Der Deutungsmusteransatz geht davon aus, dass Handlungsprobleme weder ausschließlich auf sozialstrukturelle Zwänge noch auf subjektive Beliebigkeit zurückzuführen sind. Es handelt sich vielmehr um Interpretationsschemen, die im Wissensbestand eines Individuums verankert sind, aber kollektiven Typisierungen unterliegen.[24] Dabei geht es um Interpretationen des Ichs und der Welt, die mit entsprechenden Handlungsanleitungen versehen sind (vgl. Höffling, Plaß & Schetsche, 2002). Wenn die vorliegende Studie sich mit Berührungen im Sportunterricht befasst, dann steht dahinter das gesellschaftliche Strukturproblem, dass Berührungen potenziell sexuell konnotiert und deswegen tabuisiert sind. Nun stehen Sportlehrkräfte, auch wenn ihre Berührungen im professionellen Berufssetting sozial normiert sind, im Unterricht vor dem Hintergrund der kollektiven Tabuisierungsannahme vor der Aufgabe, im Sportunterricht ihre Schüler/-innen bei der Hilfestellung berühren zu müssen. Es entsteht also möglicherweise ein Handlungsproblem, da die Lehrkraft sich dieser kollektiven Tabuisierung während der Berührungshandlung bewusst sein kann. Fraglich erscheint nun, wie sie damit für sich umgeht, um trotzdem handlungsfähig im Rahmen ihrer Berufsrolle zu bleiben, zu der Berührungen gehören.

Deutungsmuster sind nach Siegfried Lamnek (vgl. 1988, S. 24f.) sogar als primärer Interessenbereich qualitativer Sozialforschung zu betrachten. Der großen Bedeutung der Deutungsmusteranalyse stehen jedoch unsystematisierte theoretische wie auch methodische Überlegungen gegenüber (vgl. Lüders & Meuser, 1997, S. 57). Seit Oevermanns theoretischen Überlegungen sind nur wenige systematische Folgebemühungen geleistet worden, den Deutungsmusterbegriff klar zu umreißen (vgl. Lüders & Meuser, 1997, S. 58ff.). Auch ist es dem wissenschaftlichen Diskurs über den Deutungsmusterbegriff bisher nicht gelungen, ihn gänzlich trennscharf von verwandten Begriffen wie Handlungs- oder Orientierungsmuster abzugrenzen. Christian Lüders (vgl. 1991, S. 378ff.) sieht in

---

[24] Im Gegensatz zum Deutungsmuster-Begriff beziehen sich die eingangs erwähnten subjektiven Theorien weniger auf kollektive Wert- und Normvorstellungen, sondern sie sind in höherem Maße subjektive Konstrukte als Deutungsmuster.

der theoretischen Uneinheitlichkeit des Deutungsmusteransatzes den Vorteil, dass er ein „forschungspragmatisch heuristisches Konzept" (ebd., S. 378) darstellt, dessen theoretisches Verständnis in erster Linie vom Gegenstand und der Fragestellung abhängt.

Trotz der theoretischen Uneinheitlichkeit des Deutungsmusteransatzes lassen sich allgemeine konstituierende Elemente innerhalb differierender Ansätze finden, die sich anhand der folgenden Definition herausarbeiten und beschreiben lassen.

> „Als Deutungsmuster werden die mehr oder weniger [1] zeitstabilen und in gewisser Weise [2] stereotypen Sichtweisen und Interpretationen von [3] Mitgliedern einer sozialen Gruppe bezeichnet, die diese zu ihren alltäglichen Handlungs- und Interaktionsbereichen lebensgeschichtlich entwickelt haben. Im einzelnen bilden diese Deutungsmuster ein Orientierungs- und Rechtfertigungspotential von Alltagswissensbeständen in der Form grundlegender, eher [4] latenter Situations-, Beziehungs- und Selbstdefinitionen, in denen das Individuum seine Identität präsentiert und seine [5] Handlungsfähigkeit aufrechterhält" (Arnold, 1983, S. 894).

(1) Zeitstabilität: Erworbene Deutungsmuster sind, einmal ausgebildet, recht zeitstabil. Interpretationen, die nicht zu ausgebildeten Deutungsmustern passen und deswegen Diskontinuitäten erzeugen, werden vom Individuum nicht ohne Weiteres zugelassen. Arnold (ebd.) weist darauf hin, dass es der Forschung bislang verschlossen geblieben sei, inwieweit Deutungsmuster in Lernprozessen veränderbar seien. Fest stehe jedoch, dass dies generell möglich sei. Veränderungen seien vermehrt in Lebenskrisen zu erwarten. Für die vorliegende Studie bedeutet dieses Element, dass sich Sportlehrkräfte im Umgang mit Berührungen, die sie im Rahmen ihrer Berufsrolle vornehmen müssen, bestimmte Deutungsmuster angeeignet haben werden, die sie auf lange Zeit handlungsfähig bleiben lassen.

(2) Komplexitätsreduktion: Deutungsmuster werden sprachlich oft als stereotype oder redensartmäßige „Erklärungs-, Zuschreibungs- oder Wertmuster" (ebd., S. 896) bezeichnet. Die Lebenswelt wird vom Individuum immer nur relativ im Hinblick auf seine spezifischen Erfahrungen, Intentionen und Motivationen wahrgenommen. Eine objektive omnipräsente Wirklichkeit existiert nicht. Sie ist vielmehr vorinterpretiert aufgrund verfügbarer Deutungsmuster und biografischer Erfahrungen. Deutungsmuster haben die Aufgabe, handlungsabsichernd zu sein. Damit wird eine Vielzahl von Handlungsoptionen ausgeschlossen. Das gewährleistet dem Individuum, sich im Alltag einfach und schnell nach bewährten Mustern zurechtzufinden. Damit stellen Deutungsmuster das Gegenteil zu wissenschaftlichen Interpretationen dar, die hochdifferenziert, expliziert und formalisiert sind und neue Handlungsalternativen schaffen. Sportlehrkräfte

müssen in bestimmten sportunterrichtlichen Situationen, wie z. B. bei der Sicherung des Saltos auf dem Trampolin, schnell handeln, um die Sicherheit der Schüler/-innen zu gewährleisten. Um so schnell eingreifen zu können, werden Sportlehrkräfte sich nicht in jeder Berührungssituation erneut die Frage stellen, ob die Berührung legitim ist, sondern einen gewissen Deutungskontext ausgebildet haben, auf den sie in vielen Berührungssituationen rekurrieren können.

(3) Kollektivität: Innerhalb einer Gesellschaft herrscht Einigkeit über Deutungsmuster, die sich an allgemeinen Normen und Werten orientierten. Deutungsmuster basieren auf systematischer Sozialisation, deren Struktur kollektiv geteilt wird und einem allgemein gesellschaftlichen Konsens unterliegt. Die Weitergabe besonders wichtiger Deutungsmuster bezeichnen Christian Höffling, Christine Plaß und Michael Schetsche (2002, Absatz 4) als „reproduktiven Mustertransfer". Sie besitzen also auch historisch-gesellschaftliche Bezüge. Deutungsmuster müssen nicht für alle Mitglieder einer Gesellschaft intersubjektiv nachvollziehbar sein, das heißt, ihr Geltungsbereich variiert zwischen der Gesamtgesellschaft und sozialen Subgruppen (vgl. ebd.).

(4) Latenz: Deutungsmuster gelten als Routinewissen. Im Gegensatz zu spezifischen Meinungen eines Individuums ist dieses Wissen nur begrenzt reflexiv zugänglich; also vorreflexiv verankert. Genauer gesagt handelt es sich um „Tiefenstrukturen gesellschaftlichen Bewusstseins" (Dybowski & Thomssen, 1977, S. 53; zit. n. Arnold, 1983, S. 895). Rolf Arnold (vgl. 1983, S. 894-899) definiert weiter, dass unter Latenz „performanzbedingte Regelsysteme" zu verstehen sind, nach denen Individuen sprachliche Äußerungen formulieren. Deutungsmuster sind intersubjektiv kommunizierbar, wodurch sie im Interview rekonstruierbar werden. Das kann anhand unterschiedlicher geäußerter Deutungen, beispielsweise in Handlungsbegründungen oder autobiografischen Äußerungen, geschehen. Die Analyse von Deutungsmustern muss folglich das latent verborgene Sinnzusammenhänge dahinter suchen. Für die vorliegende Arbeit bedeutet das, dass Deutungsmuster nicht einfach im Interview mit den Lehrkräften erfragt werden können, da sie ihnen zumeist nicht reflexiv zugänglich sind, denn keine Lehrkraft wird sagen, diese oder jene Aussage vor dem Hintergrund eines bestimmten tragenden Deutungsmusters zu tätigen. Vielmehr müssen sie aus dem manifesten Wortgehalt rekonstruiert werden, was eine Auswertungsmethode nahe legt, die dieses leisten kann (vgl. Kap. 5.4.3). Das schließt reduktionistische Auswertungsstrategien wie beispielsweise die Inhaltsanalyse (vgl. z. B. Mayring, 1990) aus, da diese es nur vermag, den manifesten Redegehalt zu interpretieren.

(5) Aufrechterhaltung der Handlungsfähigkeit: Deutungsmuster greifen bei konkreten Handlungsproblemen und besitzen eine Schutzfunktion für das Individuum. Sie stützen den Selbstwert und das Identitätskonzept, indem sie, wie be-

reits in Punkt (1) beschrieben, recht stabil gegenüber Veränderungen sind. Da Deutungsmustern zugleich die Funktion zukommt, Komplexität zu reduzieren, ermöglichen sie dem Individuum routiniertes Handeln unter Zeitdruck (vgl. ebd.). (Vgl. ähnlich auch Meuser & Sackmann, 1991, S. 19). Würde Sportlehrkräften bei jeder Berührung präsent sein, dass diese ihnen auch als körperliche Grenzüberschreitung ausgelegt werden könnte, verlören sie ihre Handlungsfähigkeit.

Zusammengefasst bedeuten die herausgestellten charakteristischen Elemente des Deutungsmusteransatzes für die vorliegende Arbeit, dass Schüler/-innen-Berührungen für die berührenden Sportlehrkräfte zum Handlungsproblem werden können, da Berührungen außerhalb ritualisierter Interaktionskontexte oder privater Beziehungen kollektiv potenziell sexuell konnotiert werden und somit tabuisiert sind, auch wenn sie im professionellen Berufsetting sozial normiert sind. Im Sportunterricht wird häufiger berührt als in anderen Fächern. Bei Berührungen im Rahmen von Hilfestellungen oder Bewegungskorrekturen beispielsweise im turnerischen Kontext werden mitunter intime, private Körpergrenzen der Schüler/-innen überschritten, denn beim schnellen Eingreifen kann auch schon einmal eine zupackende Hand verrutschen. Interessant an dieser Stelle ist für die vorliegende Studie, wie die Sportlehrkräfte trotz der potenziellen Ambivalenz von Berührungen in ihrer Berufsrolle handlungsfähig bleiben. In den Deutungsmustern der Sportlehrkräfte spiegelt sich ihre zwar individuelle, aber auf kollektiven Deutungsmustern beruhende Bewältigung dieses Handlungsproblems wider. Fraglich ist außerdem, welche kollektiven Deutungsmuster an Berührungen im Setting Sportunterricht generell angelegt werden.

3.2 Pädagogische Professionalität und Nähe

Sich mit Fragen pädagogischer Professionalität zu befassen hat in der allgemeinen Schulpädagogik schon seit langem erneut Konjunktur (vgl. u.a. Combe & Helsper, 1996; Helsper u.a., 2008). Professionalisierung bezeichnet den Weg einer Berufsgruppe in Richtung einer echten Profession, für die eine autonome Leistungskontrolle kennzeichnend ist. Also ist mit Professionalisierung der Übergang von Tätigkeiten zu bezahlter Arbeit, die gewisse Qualitätsstandards für sich beanspruchen, gemeint (vgl. Mieg, 2006, S. 343).

Es gibt unterschiedliche theoretische Ansätze, die den Professionsbegriff zu umreißen versuchen. Ursprünglich bezog sich der Begriff der Profession auf bestimmte akademische Berufe, die mit einem „Korpus gelehrten Wissens" (Vanderstraeten, 2008, S. 276) verbunden waren, was an Universitäten vermittelt wurde. Als klassische Professionen galten Theologie, Jurisprudenz und Medizin.

Die universitäre Wissensbasiertheit reicht jedoch als Unterscheidungskriterium heute nicht mehr allein aus, da eine Vielzahl von Berufen zunehmend wissensbasiert ist und in Abhängigkeit von spezifischer Expertise steht. Dementsprechend wird mittlerweile eher ein zweiter Ansatz bemüht, um den Begriff zu fassen. Dieser betont in Bezug auf Profession stärker die spezifische Art der Arbeit. Professionen sind danach institutionalisierte Einrichtungen, die Individuen bei Problemen oder Krisen, die sie selber nicht lösen können, Hilfe anbieten. Auch Erziehung sowie der gesamte Bereich der Betreuung und Rehabilitation von Personen mit Verhaltensschwierigkeiten ist diesem, auch „people-changing" (ebd., S. 278) genannten Bereich, zuzuordnen.

Der Unterschied pädagogisch professionellen Handelns zu vielen anderen Professionen liegt darin, dass pädagogisches Handeln von zentralen Spannungslinien durchzogen ist, die sich durch umfassende kulturelle Modernisierungen und gesellschaftliche Rationalisierungen bis in die Schule fortgeschrieben haben. Pädagogisches Handeln steht z. B. auf der Spannungslinie zwischen administrativer Kontrolle durch den behördlichen Schulapparat und professioneller Autonomie einzelner Lehrkräfte. Weiter ist pädagogisches Handeln offen und nicht-technologisierbar, was zu Ungewissheit im pädagogischen Handeln führt. So erscheint diese Ungewissheit auch als das zentrale Unterscheidungskriterium. Das Arbeitsbündnis zwischen Lehrkraft und Schülerinnen und Schülern ist ungeklärt, da dieses zwischen Schulaufsicht, Schülerschaft und Eltern steht. Dabei handelt pädagogisch professionell, wer in komplexen Interaktionen mit Klientenbezug jenseits instrumenteller Marktinteressen orientiert an universalistischen Maximen einer „höherstufigen, universellen Solidarität" handelt (Helpser 1996, S. 528). In diesen komplexen Situationen sind Professionelle in Handlungsdilemma verstrickt, die nur reflexiv bearbeitet werden können (vgl. ebd.). Dem Professionellen helfen zwar theoretische Wissensbestände bei der Lösung seiner Aufgaben, aber diese sind nicht auf jeden Fall anwendbar.

Die Handlungsprobleme und die Ungewissheit mit denen Lehrkräfte immer wieder konfrontiert werden ergeben sich nach Werner Helsper aus folgenden Antinomien, die Grundspannungen der Moderne abbilden: Subsumtion versus (vs.) Rekonstruktion, Einheit vs. Differenz, Organisation vs. Interaktion sowie Kommunikation und Heteronomie vs. Autonomie und Nähe vs. Distanz (vgl. Helsper, 1996, S. 530ff.). Für die vorliegende Studie ist der Blick auf die Antinomien Nähe und Distanz wichtig, wenn über Berührungen auch vor professionstheoretischem Hintergrund gesprochen werden soll. Diese Grundspannung des professionellen Lehrkräftehandelns, die durch die fortschreitenden Prozesse „reflexiver Modernisierung" eine Steigerung erführen und neue „Reflexions- und Handlungsansprüche" (Helsper, ebd.) für Lehrkräfte hervorbrächten, gelte es auszutarieren. Das werde je spannungsreicher, je deutlicher von Lehrkräfteseite aus ideale Anforderungen an Nähe formuliert würden und je selektiver eine Schule sei. Je weniger die Lehrkraft über die individuellen Verhältnisse eines Schülers oder einer Schülerin wisse, desto sicherer könne sie sich bei der Angemessenheit ihres Handelns sein, da sie die erbrachte Leistung gar nicht erst in den Hintergrund dieser Verhältnisse einordnen und dementsprechend bewerten und handeln würde.

Vom Bewertungskontext abgelöst, kann die Antinomie aus Nähe und Distanz auch auf die körperlich-emotionale Ebene in der Lehrkräfte-Schüler/-innen-Beziehung übertragen werden. Hier unterliegt die Lehrkraft jedoch zusätzlich der Spannung aus potenzieller sexueller Konnotation, dem Begehen einer Grenzüberschreitung und den positiven Effekten von Berührungen. Ulrich Oevermann (vgl. 1981; zit. n. Helsper, 2000, S. 26) warnt vor der Gefahr bei einer einseitigen Orientierung zwischen beiden Antinomien entweder in eine „rollenförmig-vergleichgültigte Distanz" zu geraten oder eine „familialistisch-intimisierte Elternposition" einzunehmen, da beides zu Enttäuschungen in der pädagogischen Interaktion führe.[25] Professionelle Lehrkräfte müssten sich an dieser Stelle demnach begrenzen, was Schutz vor „Übergriffen auf die ganze Person" (Helsper, 2000, S. 26) böte. Für Werner Helsper führt die Betonung von emotionaler Nähe, ganzheitlicher Orientierung und normativen Haltungen zu einer „entmodernisierten Pädagogik" (ebd.). Wenn die Lehrkraft begrenzt und damit professionell bleibe, könne trotzdem Nähe entstehen. Diese drücke sich in Verlässlichkeit und einfühlender Fürsorge aus, wobei die Lehrkraft immer um die Grenzen wissen müsse. Diese müssten immer wieder aufs Neue systematisch reflektiert werden (vgl. ebd.).

3.3 Deutungsmuster und Professionalität: Reflexion

Um zu vermehrter Professionalität im pädagogischen Handeln zu gelangen, wird, so wie im vorangegangenen Kapitel von Helsper bereits beansprucht, unter anderem immer wieder die Strategie der Erhöhung der Reflexionsfähigkeit der Lehrkräfte diskutiert (vgl. Reh, 2008, S. 163). Diese wird auch als eine der Schlüsselkompetenzen eines professionellen Lehrkräftehandelns bezeichnet, weswegen ihr hier ein eigenes Kapitel eingeräumt werden soll. Reflexion im Umgang mit Nähe und Berührungen erscheint elementar, um angemessen, also professionell, zu handeln. In diesem Kontext nimmt auch der Umgang mit Hand-

---

[25] Da diese Ausführungen Oevermanns dem Verfasser Werner Helsper lediglich als Mitschrift eines Vortrags zum Thema „Professionalisierung der Pädagogik – Professionalisierbarkeit pädagogischen Handelns" an der FU-Berlin aus dem Jahr 1981 vorliegen, können diese nur als Sekundärzitat angegeben werden.

lungs- und Deutungsroutinen eine hervorgehobene Stellung ein (vgl. u.a. Schütze, 1996).

Handlungstheoretische Konzeptionen (vgl. Oevermann, 1996; Schütze, 1996) binden Reflexivität fast ausschließlich an die individuelle selbstreflexive Leistung des einzelnen (vgl. Reh, 2004, S. 364). In dieser Tradition definiert auch Helmut Fend vier Aufgabenkreise, die eine ideale Lehrkraft erfüllen kann. Unter anderem konstatiert er, dass eine Lehrkraft sich nur weiterentwickelt, wenn sie ein „reflektiertes Verhältnis zu sich selbst entwickelt" (Fend, 2001, S. 350). Danach bräuchten heutige Lehrkräfte ein höheres Maß an selbstreflexivem Wissen als das früher noch nötig gewesen sei, da sie mehr Kritik ausgesetzt seien und mit stärker divergierenden Ansprüchen und Ungewissheiten konfrontiert seien.

In derselben Tradition versteht auch Ulrike Nagel, die biografisch arbeitet (vgl. 2000, S. 364), als Voraussetzung für die Selbstreflexion den Aufbau einer professionellen Distanz zum eigenen Handeln und Deuten. Zwar sei das Berufen auf die eigene Erfahrung und auf Routinen im Alltag notwendig, jedoch müsse im Rahmen pädagogischen Handelns stets wieder eine selbstkritische Distanz dazu eingenommen werden. An dieser Stelle soll nicht der Eindruck entstehen, dass der Bezug auf Routinewissen und die eigene Erfahrung im Lehrkräftehandeln falsch wäre, gewähren doch gerade diese beiden Wissensbestände unter „Komplexitäts, Kontingenz- und Zeitdruckbedingungen handlungsfähig zu bleiben" (Combe & Buchen, 1996, S. 304). Arno Combe und Sylvia Buchen betonen damit ausdrücklich die Wichtigkeit eben dieses Routinewissens. Trotzdem bezweifeln sie, dass Routinewissen allein Lehrkräfte langfristig dazu befähigt, in einem Handlungsalltag zu bestehen, der vielfältige Bezüge, Unberechenbarkeiten und Ungewissheiten auf der Tagesordnung hat (vgl. auch Schütze, 1996, S. 233f.). Arno Combe und Werner Helsper (vgl. 1996, S. 21f.) betonen zudem, dass die ständige „Selbstthematisierung" und „Prozessreflexion" unerlässlich sei, um „angesichts sich wandelnder Problemlagen und Identitätsformation" der Klienten und Klientinnen neue problemlösende Handlungs- und Denkalternativen zu finden.

Auch Fritz Schütze (vgl. 1996) fordert zur professionellen Bearbeitung der „Routineparadoxie", die er am Beispiel der Sozialarbeit herausarbeitet, eine „selbstvergewissernde Erschließung und Bearbeitung" von unbewussten Routinen, die eigenen Erfahrungen entspringen. Combe und Buchen (ebd.) fordern hier wiederum, dass das nicht nur in der Reflexion über eine Situation geschehen soll, sondern auch in einer konkreten Situation auf der Grundlage der „Habitualisierung einer hermeneutischen Wahrnehmungseinstellung".

Donald Schön (vgl. 1983, 1987), der das Konzept des reflexiven Lernens, welches in der universitären Lehrkräfteausbildung immer häufiger genutzt wird,

3.3 Deutungsmuster und Professionalität: Reflexion

um bei Studierenden einen Selbstreflexionsprozess anzubahnen, konzeptualisiert, unterscheidet drei Formen der „konstruktiven Verarbeitung von Erfahrungen" (Herzog, 1995, S. 271). Sie beziehen sich auf das Wirkungsgeflecht von Wissen und Handeln insbesondere in problematischen Situationen:

„Knowing-in-action": Damit ist das unausgesprochene Wissen gemeint, dass implizit in bestimmten Handlungsmustern (z. B. Deutungsmuster) steckt.

„Reflection-in-action": Das implizite Wissen reicht zur Bewältigung einer Problemsituation nicht aus. Die Handlung wird unmittelbar reflektiert.

„Reflection on reflection-in-action": Tritt bei besonders komplexen Problemsituationen auf. Handlungswissen soll dabei versprachlicht, unausgesprochenes Wissen soll aktiviert und expliziert werden, damit es auf Fehler hin geprüft werden kann.

Da es sich bei Deutungsmustern um inkorporiertes handlungsleitendes Wissen handelt, man könnte auch von einer habitualisierten Wahrnehmungseinstellung sprechen, dass der Reflexion nicht ohne Weiteres zugänglich ist, müsste bei Bemühungen um die Professionalisierung und den Umgang mit Berührungen hier angesetzt werden, indem das Routinewissen offen gelegt wird, damit es der Reflexion zugänglich wird.[26] In diesem Sinne wäre eine selbstkritische Reflexion eigener im Hintergrund von konkreten Handlungen, sprachlichen Äußerungen und Interpretationen wirkender Deutungsmuster, auf die man sich bei Berührungen beruft, aus der Distanz notwendig („Knowing-in-action"). Die aktuelle Lehrräfteausbildung bedient sich zum Anregen von Reflexionsprozessen zur Zeit bevorzugt der Fallarbeit mit Unterrichtsdokumenten. Durch eine offene und hermeneutisch-rekonstruktive Herangehensweise, die meist an Methoden der qualitativen Forschung anknüpft, verspricht sie sich so neben der Förderung der pädagogischen Reflexionskompetenz unter anderem „die Irritation und Reflexion eigener internalisierter Deutungs- und Handlungsmuster oder subjektiver Theorien von Schule, Unterricht, Lehrer- und Schülerhandeln" (Fabel-Lamla u.a., 2008, S. 468).

---

[26] Reflexivität meint auch biografische Reflexion. Hier gilt es, das Verhältnis von Biografie und professionellem Habitus herauszuarbeiten und zu reflektieren (vgl. u.a. Terhart, 1995).

4 Zusammenfassung und Fragestellung

Berührungen senden Mitteilungen auf der Beziehungsebene. Sie geben Auskunft über Intimität, Zuneigung und Status der interagierenden Personen. Auch Aspekte von Fürsorge, Intimität und Sexualität stehen im Zusammenhang mit Berührungen. Dabei trifft man im Alltag auf ein breites Spektrum zwischenmenschlicher absichtlicher und unabsichtlicher Berührungsformen. Genauso unterschiedlich wie Berührungen von der berührenden Person gemeint sein können, so verschiedenartig werden sie auch von der berührten empfunden. An dieser Stelle wird deutlich, wie stark Berührungen individuellen Interpretationen ausgesetzt sind. Je nach Beziehungsbeschaffenheit, Situationskontext und emotionaler Stimmung der berührten Person haben Berührungen nicht immer nur eine konkrete Bedeutung, die beide Akteure/Akteurinnen auch so verstehen. Selbst wenn das Gegenüber gut bekannt ist und der Kontext, in dem berührt wird, eindeutig zu sein scheint, gibt es noch immer einen Moment der Wirkung, der von der berührenden Person nicht eingeschätzt zu werden vermag und der für Ambivalenz sorgen kann (vgl. Kap. 2.1 und 2.2).

Im ersten Teil dieses Theorierahmens wurde die Ausgangsthese der vorliegenden Studie begründet, dass Berührungen außerhalb ritualisierter Interaktionskontexte oder privater Beziehungen potenziell sexuell konnotiert und aufgrund dessen tabuisiert sind. Dazu wurde ein theoretischer Horizont aufgespannt (Kap. 2.3.2), innerhalb dessen diese These gesellschaftstheoretisch unter Rückgriff auf den Prozess der Zivilisation nach Elias hergeleitet. Wie eng Berührungen mit dem Diskurs zu sexuellem Missbrauch verknüpft sind und wie stark dieser tabuisiert ist, wurde in Kapitel 2.3.3, auch unter Rückgriff auf einen gesellschaftstheoretischen Bezug, aufgezeigt.

Dabei stellte sich unter anderem heraus, dass Männer qua gesellschaftlicher Stereotypisierung ihres Geschlechts eher als Täter von sexuellen Übergriffen angesehen werden als Frauen (Kap. 2.3.4). Berührungen sind auf körperlich-habitueller Ebene Bestandteile der Konstruktion von Geschlechtsidentität. Kapitel 2.4 brachte hervor, dass für Männer sanfte, streichelnde Berührungen im Rahmen der Konstruktion einer Identität, die an hegemonialer Männlichkeit orientiert ist, tabuisiert sind. Für Frauen sind diese Berührungen unproblematisch, erwartet man sie doch von einer herkömmlichen weiblichen Identität sogar, denn es wird ihr zugeschrieben, Emotionalität zu zeigen.

Sich mit Berührungen im Schulunterricht zu befassen, stellt interdisziplinär betrachtet eine Leerstelle dar (Kap. 2.5.1). Dass Berührungen auch positive Effekte für die Lehrkräfte-Schüler/-innen-Beziehung haben können (Kap. 2.5.2), wird vor dem Hintergrund ihrer potenziellen sexuellen Konnotation meist vergessen. Zwar werden Berührungen von Sportlehrkräften den funktional-professionellen Berührungen zugeordnet, die einer sozialen Normierung und Rationalisierung unterliegen, vorliegende Befunde aus der Sportpädagogik deuten jedoch an, dass insbesondere bei der Hilfestellung, die ein viel genutztes Element in der Bewegungsvermittlung darstellt, potenziell sexuelle Konnotationen für Lehrkräfte trotzdem bedeutsam sind und sie in prekäre Berührungssituationen bringen können (Kap. 2.5.3). Dieser Umstand kann aufseiten der Lehrkräfte ambivalent erlebt werden. Ambivalent meint dabei, dass die Lehrkraft aufgrund dieser Konnotation Bedenken haben könnte, die Schüler-/innen zu berühren, da sie sich nicht sicher sein kann, dass ihre Berührung eindeutig einem nichtsexualisierten Kontext zugeordnet wird und damit als nicht grenzüberschreitend anerkannt wird. Das ist insofern nicht unproblematisch für Sportlehrkräfte, denn Berührungen können neben der Hilfestellung auch in vielen anderen nicht-sportiven Kontexten innerhalb des Sportunterrichts auftreten. Im Vergleich mit jenen Fächern, die im Klassenraum unterrichtet werden, sind sie Bestandteil fast jeder Sportstunde. Das herausgearbeitete ambivalente Erleben wurde bisher keiner Untersuchung unterzogen. Jedoch machen vorliegende Beiträge darauf aufmerksam, dass vornehmlich männliche Sportlehrkräfte bei der Hilfestellung potenziellen Missbrauchsanschuldigungen ausgesetzt sind (Kap. 2.3.4 und Kap. 2.5.3). Sportlehrkräfte selbst wurden noch nicht dazu befragt. In der vorliegenden Arbeit wird das in Form einer Rekonstruktion von Deutungsmustern zu Berührungssituationen im Sportunterricht geleistet.

Da die vorliegende Studie danach fragt, wie Sportlehrkräfte Ambivalenz wahrnehmen, die durch Berührungen ihrer Schüler/-innen möglicherweise entstehen kann, und wie sie diese interpretieren, wurde als zu rekonstruierender Wissensbestand der wissenssoziologische Deutungsmusteransatz ausgewählt (vgl. Kap. 3.1). Deutungsmuster spiegeln gesellschaftliche Wert- und Normorientierungen im (zumeist) vorreflexiven Wissen von Individuen wider. Dabei handelt es sich um kollektive Interpretationsschemen, die als gesellschaftlich anerkannte Handlungsbegründungen im Wissensbestand eines Individuums verankert sind und vornehmlich bei Handlungsproblemen zum Tragen kommen. Vor diesem Hintergrund ergibt sich die Studien leitende Frage, welche Deutungsmuster Sportlehrkräfte in Bezug auf ihre Berührungen und das Reden darüber reproduzieren. Auch eine Einordnung vom Reflektieren über Nähe und Deutungsmustern zu Berührungen in Bestrebungen um pädagogische Professionalisierung wurde in diesem Rahmen vorgenommen (Kap. 3.2/3.3)

4 Zusammenfassung und Fragestellung

Da Deutungsmuster latent hinter manifesten Aussagen vorhanden sind, müssen sie erst anhand von Texten rekonstruiert werden. Für die vorliegende Studie heißt dies, dass eine Rekonstruktion von kollektiven Meinungen, Einstellungen und Normen zu Berührungen vorgenommen werden muss. Das geschieht durch die Anwendung eines qualitativen Forschungsdesigns, welches auswertungsstrategisch eine Methode heranziehen muss, mittels derer u.a. latente Wissensbestände rekonstruiert werden können. Entsprechende Überlegungen dazu werden im folgenden Kapitel entwickelt.

5 Anlage der empirischen Untersuchung

In den vorangegangenen Kapiteln wurde der Theorierahmen der Studie abgesteckt. Dabei wurde deutlich, dass Studien zu Berührungen im schulischen und sportunterrichtlichen Kontext fehlen. Zudem besteht eine Lücke in Bezug auf die Lehrkräfteperspektive und deren individuelle Deutung von Berührungen sowie den Umgang mit ihnen im Unterricht. Die vorliegende Studie konzentriert sich deswegen in explorativer Absicht auf beide bisher vernachlässigten Aspekte. Nun soll als erster Schritt im Rahmen der empirischen Studie der Forschungsprozess dokumentiert werden, damit man ihn nachvollziehen kann. Das erfüllt vor allem den Zweck, die in der Arbeit angelegten Lesarten des Materials und den methodischen Weg zu ihnen verständlich zu machen. Mithilfe einer qualitativen Forschungsstrategie, die durch problemzentrierte Interviews, die einen oder mehrere offene Videoerzählstimuli enthalten, die die befragte Lehrkraft selbst bei einer Schüler/-innen-Berührung zeigt, sollen die jeweiligen Deutungsmuster der Lehrkräfte zu Berührungen rekonstruiert werden. Dabei gilt es, die verwendete Forschungsstrategie aus der Forschungsfrage heraus zu begründen und methodische Qualitätskriterien, die in der vorliegenden Arbeit wegleitend sind, zu formulieren. Weiter werden die Erhebungsinstrumente, der Erhebungsprozess und die Auswertung der Daten beschrieben, um alle Einzelschritte offen zu legen.

5.1 Grundlagen

In diesem Kapitel wird aufgezeigt, warum die Wahl auf ein qualitatives Forschungsdesign gefallen ist und welche Qualitätskriterien daran angelegt werden.

5.1.1 Forschungsfrage und angemessene Methoden

Deutungsmuster von Sportlehrkräften zu Berührungen im Unterricht zu rekonstruieren, ist das Ziel der vorliegenden Untersuchung. Aufgrund des Fehlens möglicher Forschungsergebnisse zu dieser Thematik ist dieses Anliegen explorativ zu verstehen. Deswegen ist ein qualitatives Vorgehen im Rahmen empirischer

Sozialforschung vonnöten. Dadurch wird unter anderem eine „Rekonstruktion deutungs- und handlungsgenerierender Strukturen" (Mruck & Mey, 2000, Januar, Absatz 18), beispielsweise im Sinne der Rekonstruktion von latenten Bedeutungs- und Sinnstrukturen im manifesten Handeln der Akteurinnen und Akteure möglich.

Der verwendete qualitative Zugang steht im Kontrast zu einem quantitativen Forschungsprozess. Dieser, dem kritischen Rationalismus nach Karl Popper verhaftete Zugang, generiert vor dem eigentlichen Gang ins Feld Hypothesen aus dem Vorverständnis der forschenden Person. Jenen Hypothesen werden Variablen zugeordnet und mittels meist großer Stichprobenzahl auf ihre statistische Repräsentativität hin überprüft. Erkenntnisgewinn erfolgt dabei in einem linearen Forschungsprozess, bei dem ein Forschungsschritt unmittelbar auf den anderen folgt und einzelne Stationen des Prozesses kein zweites Mal durchlaufen werden können, beziehungsweise alle sukzessive aufeinander aufbauen. Im Gegensatz dazu wird qualitative Forschung als zirkulärer Vorgang verstanden, der im stetigen Abgleich zwischen wenigen theoretischen Vorannahmen, Material und Zwischenergebnissen seine Erkenntnisse entwickelt.

Statt von theoretischen Annahmen auszugehen und diese im Feld zu prüfen, geht es qualitativer Forschung um die Struktur und die Erfassung des Facettenreichtums von Phänomenen im beforschten Feld. Dessen Struktur wird dabei aus Sicht der in ihm handelnden Akteurinnen und Akteure rekonstruiert. Qualitative Sozialforschung zielt darauf ab, die sozialen Praxen der im Feld handelnden Individuen aufzudecken.[27] Deswegen besitzt sie einen großen Praxisbezug, insbesondere auf Gebieten, die der Forschung bislang verschlossen blieben.

Qualitative Forschung fordert von der forschenden Person, eine „Innenperspektive" (Witzel, 1982, S. 15f.) einzunehmen. Dazu ist es erforderlich, die eigenen „Relevanzsysteme" (ebd.) offenzulegen und mögliche theoretische Vorannahmen, die sensibilisierende Funktion haben sollen, heranzuziehen. Denn auch qualitative Forschung kann nicht ohne ein gewisses Vorverständnis in Form von Vermutungen, Intuitionen und Hypothesen geschehen (vgl. Ackermann & Rosenbusch, 2002, S. 35; Kelle & Kluge, 1999, S. 98). Ein auf intuitiven Vermutungen beruhendes Vorverständnis, wie Jo Reichertz es formuliert (vgl. 1986, S. 25-28), muss sogar den ersten notwenigen Bestandteil des Gesamtprozesses bilden, den er mit der metaphorischen Vorstellung einer Spirale verbindet, die Theorie, Analyse- und Messverfahren ständig miteinander in Verbindung bringt und sie modifiziert. Am Fuß dieser hermeneutischen Spirale stehen theoretische Vorannahmen, die sich aus dem Literaturstudium ergeben. Diese haben heuristi-

---

[27] Da quantitative und qualitative Verfahren also zwei völlig gegensätzliche Ziele anstreben, erscheint es nicht sinnvoll, sie gegeneinander auszuspielen, was jedoch erstaunlicherweise oft noch getan wird (vgl. auch Kromrey, 2005).

sche Funktion, das heißt, sie werden oft im Verlauf des Forschungsprozesses noch zugunsten anderer Theorien verworfen. Diese Theorien müssen jedoch in der Dokumentation des Forschungsvorgehens den Lesern und Leserinnen transparent gemacht werden. Trotzdem bleibt der Prozess des Erkenntnisgewinns bis zuletzt offen für Aspekte, die von Beginn an nicht berücksichtigt werden konnten – jener Prozess ist auch mit der Publikation noch nicht abgeschlossen.

5.1.2 Qualitätskriterien[28]

Die vorliegende Untersuchung orientiert sich nicht an Gütekriterien, wie sie herkömmlich zur Bewertung von Tests, Messungen oder Experimenten in Popperscher Tradition angewendet werden und die die Grundlage zur Bewertung quantitativer Studien bilden.[29] Gütekriterien und allgemeine Standards für qualitative Forschung erscheinen in formalisierter Weise nur schwer formulierbar zu sein. Hierbei handelt es sich um ein innerhalb der Sozialwissenschaften Disziplin übergreifendes Problem (vgl. Zeitschrift für qualitative Bildungs-, Beratungs- und Sozialforschung, Heft 2, 2005). Aber auch qualitative Forschung kann nicht völlig frei von Qualitätskriterien verfahren.[30] Geschieht qualitative Sozialforschung, um mit Hans-Georg Soeffner (1989, S. 59; zit. n. Wolters, 2002 a) zu sprechen, naiv intuitiv oder „auf unkontrollierten alltäglichen Deutungsroutinen" basierend, dann muss sie als unwissenschaftlich etikettiert werden.

Christa Hoffmann-Riem gab in ihrem Beitrag in der KZfSS von 1980 der Diskussion um Kriterien für qualitative Sozialforschung einen neuen Impuls, indem sie erstmals auf Offenheit und Kommunikation als bedeutende Aspekte verwies. Dieser Ansatz wurde in der Nachfolge von Ines Steinke weiter differenziert. Ihre Haltung steht für eine Argumentationsrichtung, die im Rahmen der Debatte um Qualitätskriterien qualitativer Untersuchungen unter dem Namen der „methodenangemessenen Gütekriterien" (Flick, 1987; zit. n. Flick, 1991, S. 165) vermehrt Einzug in die sozialwissenschaftliche Forschung gehalten hat. Steinke argumentiert, dass qualitative Forschung ohne Qualitätskriterien der Gefahr von Beliebigkeit und Willkür ausgesetzt ist und die wissenschaftliche Würdigung und Anerkennung der Ergebnisse fraglich erscheinen lässt (vgl. Steinke, 2005, S. 321f.). Gegenstand, Forschungsziel, Feld und angewandte Methoden sowie im

---

[28] Steinke (vgl. 2005) wählt den Begriff der Qualitätskriterien anstelle der Formulierung Gütekriterien, um deutlich zu machen, dass ihre Ansprüche an qualitative Sozialforschung sich von einer quantitativen Argumentation unterscheiden.
[29] Unterschiedliche Formen von Objektivität, Validität, Reliabilität (vgl. Bortz & Döring, 2005).
[30] Vgl. postmoderne Positionen, die für eine völlige Negation der Anwendbarkeit von Gütekriterien auf qualitative Sozialforschung plädieren (z. B. Shotter, 1990, S. 69; Denzin, 1990 b, S. 69; Richardson, 1994, S. 552; alle zit. n. Steinke, 2005, S. 321).

Forschungsprozess getroffene Entscheidungen und Konstruktionsleistungen müssen offengelegt werden. Deswegen gilt es, neben den theoretischen Vorannahmen, dass das forschende Auge für Details in den Daten sensibilisiert, aber auch eingeengt wird, das methodische Vorgehen und die Analyse sehr sorgsam transparent zu machen, damit die einzelnen Schritte für die Leserinnen und Leser nachvollziehbar sind. Die Anforderungen des Steinkeschen Kriterienkatalogs (vgl. ebd., S. 323ff.) waren auch für die vorliegende Studie zentral. Deshalb werden die wegleitenden Kriterien im Folgenden mit der vorliegenden Untersuchung verknüpft.

(1) *Nachvollziehbarkeit* im Sinne einer präzisen Dokumentation des Erkenntnisprozesses und der zugrunde gelegten Regelgeleitetheit: Das gesamte empirische Vorhaben und der Untersuchungsgang werden in diesem Kapitel präzise beschrieben und dokumentiert, sodass der Forschungsprozess nachvollzogen werden kann. In diesem Rahmen wurde das zugrunde gelegte Vorverständnis im Theorieteil genauso dargelegt (siehe Kap. 2) wie die Erhebungsinstrumente und der Erhebungskontext, das Verfahren der Interview- und Videotranskription, die Fallauswahl der Videosequenzen für die problemzentrierten Interviews sowie die Auswertungsmethode.

(2) *Relevanz* des Themas für die Leserinnen und Leser: Dieses Gütekriterium bezieht sich auf den Ertrag der Untersuchung, den sie für die Praxis hervorzubringen vermag. Berührungen kommen im Sportunterricht nicht nur, wie man vielleicht zunächst denken mag, beim Geräteturnen vor. Sie treten in fast jeder Stunde als charakteristisches Element des Sportunterrichts auf. Dies kann in sportiven wie nicht-sportiven Kontexten geschehen, wo das Mitwirken der Berührungen meist unbewusst abläuft. Dabei besteht bei vielen Lehrkräften Unsicherheit im Umgang mit der für sie unter Umständen prekären Thematik. Da Berührungen interdisziplinär durch die erziehungswissenschaftliche Forschung, von wenigen Verweisen abgesehen, einen blinden Fleck bilden, setzt die vorliegende Untersuchung dort an, und will einen ersten Schritt in diesem bisher übersprungenen Feld vornehmen.

(3) *Übertragbarkeit* auf eigene Erfahrungen: Es wurde versucht, Videosequenzen auszusuchen, die häufig vorkommen können und die jede Sportlehrkraft aus der eigenen Praxis kennt. Sportlehrkräfte, Lehrkräfte, Pädagogikstudierende und andere interessierte Leser/-innen sollen sich in die Untersuchungsteilnehmer/-innen hineinversetzen können. Dazu wurden möglichst unterschiedliche Teilnehmer/-innen bezogen auf ihr Alter, ihr Betätigungsfeld und ihre eigene sportliche Sozialisation gewählt.

(4) *Empirische* Verankerung: Die Rekonstruktion der Deutungsmuster ist in den Daten verankert. Bausteine der Deutungsmuster wurden im Laufe des ständigen Fallvergleichs mit immer neuem Material verworfen oder neu gebildet.

(5) *Reflektierte Subjektivität*: In den Interpretationen wurde an vielen Stellen immer wieder versucht, die forschende Position im Prozess zu reflektieren. So wurden in ersten Interpretationsentwürfen auch Reaktionen und Emotionen bezüglich der Interviewtexte reflektiert. In Kapitel 8.1 wird zudem die Interviewführung noch einmal reflektiert.

5.2 Instrumente

In diesem Kapitel werden die Erhebungsinstrumente dargestellt, die im Rahmen der qualitativen Untersuchung zum Einsatz gekommen sind. Dieser wird zudem begründet.

5.2.1 *Erstellen von Videodokumenten im Sportunterricht*

In der vorliegenden Arbeit sollten die Untersuchten ihre eigenen Berührungen mit einer Schülerin oder einem Schüler aus ihrem Sportunterricht reflektieren. Die videografische Fixierung einer solchen Berührungssituation stellt die einzige Möglichkeit dar, mit der/dem Untersuchten darüber zu sprechen. Eine Befragung beispielsweise nach dem Stundenende zu einer Berührungssituation, die von mir lediglich per teilnehmender Beobachtung getätigt worden wäre und die die Lehrkraft aus dem Gedächtnis heraus hätte nachvollziehen sollen, während ich diese in Worten beschrieben hätte, erscheint weder besonders ökonomisch noch sinnvoll. Deswegen musste es eine gemeinsame Gesprächsbasis geben, die wir beide, Sportlehrkraft und Forscherin, kannten.

Der große Vorteil, soziale Situationen videografisch zu fixieren, liegt darin, dass alle erdenklichen sozialen Prozesse reichhaltig und detailliert per Videokamera aufgenommen und konserviert werden können. Dadurch wird bereits ein Teil von Wirklichkeitsverzerrung verringert, da aufgrund der Reproduzierbarkeit der Daten eine Detailtreue von „Wirklichkeit" erreicht werden kann, die der lediglich teilnehmenden Beobachtung verwehrt bleibt (vgl. Wagner-Willi, 2001, S. 121f.).[31] Im Vergleich zu bloßen Stundenmitschriften gewährt eine Videoaufzeichnung das Festhalten einer größeren Masse an Details, was in besonderer Weise der großen Komplexität, Dynamik und Vielfalt der forschungsleitenden

---

[31] Auf die Diskussion um den Wirklichkeitsbegriff soll in der vorliegenden Arbeit nicht näher eingegangen werden. Es sei mit Petra Wolters (2002 a, S. 77) nur so viel gesagt, dass „die einzige zuverlässige Aussage, die man jedoch über die Unterrichtswirklichkeit machen kann, [L. W.: die ist], dass es sie nicht gibt." Dieses konstruktivistische Verständnis gilt, wenn im Folgenden die Begriffe „Wirklichkeit" oder „Realität" verwendet werden.

Berührungen im Sportunterricht zugutekommt. So können Sachverhalte, die auf den ersten Blick nicht auffallen würden, Beachtung finden. Letztendlich vermag aber auch eine Videoaufzeichnung kein Abbild der Realität zu fixieren (vgl. Reichertz, 1986, S. 23f.). Schon die Reduktion auf die zweidimensionale Darstellung bringt Verzerrungen von Farben, Formen, Geräuschen und Stimmen mit sich (vgl. Wagner-Willi, 2001, S. 135). In jeder Sekunde strömen unzählige visuelle Reize auf die aufzeichnende Person ein. Dadurch werden gewisse Inhalte anderen gegenüber bevorzugt wahrgenommen und als wichtiger erachtet. Selektive Wahrnehmungsverzerrungen ergeben sich nicht nur aus Einstellungen, Meinungen, Vorurteilen und anderen persönlichen Eigenheiten der beobachtenden Person (vgl. Atteslander, 2003, S. 114), sondern in erster Linie aus ihrem Forschungsziel. Dieses wird durch die Vorannahmen der forschenden Person mitbestimmt, und sowohl Positionierung als auch Führung der Kamera im Raum werden so maßgeblich beeinflusst (vgl. Rehbein, 1980, S. 382ff.). Karlheinz Scherler (2002) resümiert dazu:

> „Dass dieses AV-Dokument nicht die sog. Unterrichtswirklichkeit ist, die es zwar gibt, die ‚wirklich' zu kennen aber kein Mensch behaupten kann, weil sie ihm nur durch seine Sinnesorgane zugänglich ist (dazu Maturana/Varela), dürfte mittlerweile bekannt sein. Ebenso bekannt sein dürfte die Tatsache, dass jede audiovisuelle Aufzeichnung eine eigene ‚Wirklichkeit' erzeugt: Kamerastandort und -führung erlauben nur Ausschnitte aus dem Unterrichtsgeschehen [...]" (S. 65).

Auch eine Videokamera vermag also kein Abbild der „Wirklichkeit" zu erzeugen. Monika Wagner-Willi (vgl. 2005, S. 255) beschreibt jedoch, dass Aufzeichnungen trotzdem nicht als subjektiv bezeichnet werden können, da alle Überlegungen zur Kameraführung durch objektivierbare Kriterien und methodologische Verfahrensweisen geprägt sind. Weiter gibt sie in Anlehnung an Siegfried Kracauer (1973) bestimmte „Affinitäten" zur „ungestellten Realität", zum „Zufälligen" und „Flüchtigen", zur „Endlosigkeit und zum „Unbestimmbaren" zu bedenken (vgl. Wagner-Willi, ebd.).

Einen weiteren Problembereich der Videoaufzeichnung bildet die Partizipation der beobachtenden Person im Feld. Niemand, weder Schüler und Schülerinnen noch Lehrkräfte, könnte sich ungezwungen und „normal" verhalten, wenn sie/er eine Kamera bemerken würde, die ihre/seine Bewegungen einfängt (vgl. Kromrey, 2002, S. 339). Das würde dramatisch formuliert bedeuten, dass die Dokumentation von alltäglichem Sportunterricht gar nicht möglich ist, da niemand in diesem Setting alltägliches Verhalten zeigen würde (vgl. Rehbein, 1980, S. 385). So wie Norbert Huhn et al. (vgl. 2000), Monika Wagner-Willi (vgl. 2005, S. 251), Lothar Krappmann und Hans Oswald (vgl. 1995), wie auch Uta Enders-Dragässer und Claudia Fuchs (vgl. 1989, S. 106) kann jedoch auch die vorliegende Untersuchung bestätigen, dass die Kamerapräsenz nach einigen Minuten der Verunsicherung bei den Lehrkräften und Lerngruppen in Vergessenheit geriet. Die von Enders-Dragässer und Fuchs dazu befragten Lehrkräfte erklärten zwar, dass ihre Lerngruppe anfangs großes Interesse für die ungewöhnliche Situation zeigte, gefilmt zu werden, dass dies jedoch im weiteren Verlauf der Beobachtungen schnell immer schwächer wurde, sodass die Kamera irgendwann in Vergessenheit geriet.

Im Anschluss an die Videoaufzeichnungen der vorliegenden Studie wurde jede Lehrkraft dazu befragt, ob sie das Gefühl hatte, dass sie oder die Lerngruppe sich in Anwesenheit der Videokamera anders verhalten hätten als gewöhnlich. Der Konsens zu dieser Frage bestand darin, dass nur am Anfang der Stunde Notiz von der Kamera genommen wurde und zwischendurch einmal wieder kurz.

„Also da kann ich ganz klar zu sagen weder noch. Also ich habe mich da nicht anders verhalten und die Schüler erst recht nicht. Die haben das zum Teil gar nicht mitgekriegt und selbst wenn das im Klassenraum wäre, würde da nichts anderes sein. Vielleicht am Anfang wird immer der ein oder andere gucken, aber dann sind die ganz normal eigentlich. Und auf dem Sportplatz und in der Turnhalle ist das sowieso eigentlich kein Ding" (Herr T.).

5.2.2 Problemzentriertes Interview mit Selbstkonfrontation

Videosequenzen, die die interviewte Person bei einer Handlung zeigen, als erzählgenerierende Stimuli für Interviews zu verwenden, wurde in der Erziehungswissenschaft erstmals von Angelika C. Wagner et. al. (1977) im Rahmen von Unterrichtsforschung eingeführt. Unter der Bezeichnung *Nachträgliches Lautes Denken* zeigten sie Lehrkräften wie auch Schülern und Schülerinnen Videoaufnahmen des Unterrichts noch am selben Tag der Aufzeichnung.[32] Dabei wurde das Videoband immer wieder angehalten und Lehrkräfte und Schüler/-innen wurden gefragt, was ihnen in betreffenden Situationen durch den Kopf gegangen sei. Auf diese Weise kann rekonstruiert werden, was eine Person in einer bestimmten Situation denkt und was ihr Handeln teilweise beeinflusst (vgl. Weidle & Wagner, 1982, S. 83). Nachträgliches Lautes Denken ist mit einer Reihe von Problemen konfrontiert. Zunächst können nicht alle verhaltenssteu-

---

[32] Das Bestreben, kognitive Prozesse bei der Lösung von Problemen zu erfassen, stammt ursprünglich aus der Denkpsychologie und wurde als Lautes Denken bezeichnet (vgl. Weidle & Wagner, 1982, S. 81). Nachdem das Verfahren lange Zeit stillgelegt war, da die Behavioristen die nicht intersubjektiv nachvollziehbare Überprüfung der Methode beklagten, wird heute erneut zum Nachvollzug von Denkprozessen mittels so genannter „stimulated recalls" (vgl. u.a. Calderhead, 1981; Sanders & Dadds, 1992; Schepens, Aelterman & Van Keer, 2007) gearbeitet.

ernden Kognitionen reflektiert werden. Weiterhin besteht bei einem solchen Vorgehen nicht nur ein gewisser sozialer Druck aufseiten der Befragten, insbesondere wenn über ein latent prekäres Thema wie die eigenen Schüler/-innen-Berührungen gesprochen wird, sondern das Phänomen, dass die Befragten gemäß der sozialen Erwünschtheit antworten, kann auch bei diesem Verfahren nicht umgangen werden (vgl. ebd., S. 85).

Über individuelle Sichtweisen, Gefühle, Deutungskontexte und Situationseinschätzungen können dennoch nur die Sportlehrkräfte selbst Auskunft geben. In ihren sprachlichen Äußerungen dokumentieren sich ihre Handlungspraxen und ihre Konstruktionen darüber (vgl. Soeffner, 1979, S. 333). Dazu muss mit der betreffenden Lehrkraft ein Gespräch stattfinden, welches diese kognitiven und emotionalen Prozesse an die Oberfläche bringt, die nur sie als Expertin formulieren kann. So habe ich mit den Lehrkräften problemzentrierte Interviews geführt, welche mit einem offenen Leitfaden unterlegt waren (vgl. Witzel, 1982). Im ersten Teil der Interviews wurde versucht, eine Vertrauenssituation zwischen den Lehrkräften und mir herzustellen. Hierbei wurden weniger Erkenntnisse bezüglich des Forschungsinteresses ermittelt, sondern Fragen zur eigenen sportlichen Sozialisation, zu ausgeübten Sportarten, zur Motivation für den Lehrberuf allgemein und speziell für den Sportlehrberuf gestellt. Diese Phase sollte den Lehrkräften Redehemmungen nehmen. Danach erfolgte meist die Videokonfrontation. Den ersten Lehrkräften wurden noch mehrere Videosequenzen gezeigt (vgl. Frau W., 4 Sequenzen), um sicherzustellen, dass wenigstens eine der Sequenzen einen ausreichenden Erzählstimulus bieten würde. Dieses Vorgehen wurde jedoch nicht den gesamten Untersuchungszeitraum über eingehalten. – Der Einsatz der Videoerzählstimuli variierte und bei manchen Lehrkräften reichte einer, um eine umfassende Reflexion über die eigenen Berührungen einzuleiten. Meist wurden jedoch zwei gezeigt. Der offene Leitfaden fragte unter anderem danach, welche Beziehung die Lehrkraft zur unterrichteten Klasse habe, wie man sich als Leher/-innentyp beschreiben würde, ob man auch Erfahrungen in älteren beziehungsweise jüngeren Lerngruppen habe, wie man mit Berührungen im Sportunterricht generell umgehe, ob man Berührungen für sich als prekär betrachte und welche problematischen Bereiche man für sich im Sportunterricht ausmachen und beschreiben könne. Der Leitfaden wurde formuliert, da nicht davon ausgegangen werden konnte, dass alle Lehrkräfte auch durch die Berührung, die ihnen gezeigt wurde, im eigentlichen Sinn über den offenen Stimulus reflektieren würden. Außerdem diente der Leitfaden als Gedächtnisstütze und sollte trotz aller Offenheit des Vorgehens mit den Videostimuli eine gewisse spätere Vergleichbarkeit der Interviews bewirken. Schließlich war er eine Hintergrundfolie, die garantierte, dass gewisse Problembereiche im Laufe des Interviews auch angesprochen wurden (vgl. Witzel, 2000, Absatz 8).

5.2 Instrumente

Andreas Witzel schreibt zur Bedeutung des Leitfadens:

> „Zum einen ‚hakt' ... der Interviewer sozusagen im Gedächtnis die im Laufe der Interviews beantworteten Forschungsfragen ab, kontrolliert also durch die innere Vergegenwärtigung des Leitfadens die Breite und Tiefe seines Vorgehens. Zum anderen kann er sich aus den thematischen Feldern, etwa bei stockendem Gespräch bzw. bei unergiebiger Thematik, inhaltliche Anregungen holen, die dann ad hoc entsprechend der Situation formuliert werden. Damit lassen sich auch Themenfelder in Ergänzung zu der Logik des Erzählstranges seitens des Interviewten abtasten, in der Hoffnung, für die weitere Erzählung fruchtbare Themen zu finden bzw. deren Relevanz aus der Sicht der Untersuchten festzustellen und durch Nachfragen zu überprüfen" (1982, S. 90).

Die eigentliche Funktion des Videoerzählimpulses bestand darin, die Sportlehrkräfte in die Situation einer/eines außenstehenden Betrachterin/Betrachters ihrer/seiner Selbst zu bringen, sozusagen auf eine Metaebene, und diente als Gedächtnisstütze. Das eigene Handeln mit den entsprechenden situativen Gefühlen und Erfahrungen im Hinblick auf die Szenerie konnte zuerst einmal frei dargestellt werden (vgl. auch Kalbermatten, 1984, S. 659). Indem man das Geschehene gemeinsam abruft, bietet dieses nachträgliche Betrachten einer Situation die Möglichkeit, abgelaufene Ereignisse durch die Sicht einer Betrachterin/eines Betrachters ihrer/seiner Selbst zu beschreiben. Mittels dieser Methode wird es möglich, Rückschlüsse zu ziehen, wie Involvierte abgelaufene Ereignisse von außen erklären und damit ihre „innere Wirklichkeit" (Miethling, 1986, S. 55) nach außen verbalisieren. Nach Arno Combe (vgl. 2002, S. 32) gelingt es meist dann erst, eine Lehrkraft zu wirklichem Reflektieren zu bewegen, wenn kleinere Sequenzen gemeinsam betrachtet werden. Er geht davon aus, dass durch diese Art der Befragung die involvierten Lehrkräfte nicht aus Sorge vor Schuldzuweisungen oder Unterstellungen lediglich in Abwehrstrategien verfielen. In der nachträglichen Betrachtung sieht er sogar die Chance, eine „reflexiv-spielerische Distanz" (ebd.) zu den betreffenden Situationen aufzubauen. Diese Distanz kann der Lehrkraft Episoden entlocken, die unter dem normalen Entscheidungs- und Handlungsdruck nie ausgesprochen werden würden. Selbstreflexionsprozesse, die in Handlungen in den betreffenden Situationen nur kurz vom Individuum wahrgenommen werden, können so im Nachhinein genauer aufgespürt und beleuchtet werden.

5.3 Erhebung

Dieses Kapitel legt den Prozess der Feldkonfrontation offen. Dabei wird darauf eingegangen, wie der Forschungsprozess sich im Laufe der Untersuchung veränderte, wie der Kontakt zu den Untersuchungsteilnehmenden aufgenommen wurde und wie die Videobeobachtung, das Interview und die Interviewtranskription durchgeführt wurden.

5.3.1 Forschungsprozess

Charakteristisch für qualitative Forschung scheint zu sein, dass sich die Festlegung der präzisen Forschungsfrage erst im Verlauf des Untersuchungsprozesses ausformt. Zunächst wird ein gröberes Forschungsinteresse formuliert, welches einen konkreten Phänomenbereich umfasst, der aber noch offen gehalten ist für verschiedenste Erscheinungsformen. Die Formulierung der exakten Fragestellung scheint metaphorisch gesprochen durch einen Trichter immer feiner und genauer gefiltert zu werden. Der Trichter besitzt zunächst einen sehr breiten oberen Rand, der eine große Fülle verschiedenartiger Daten einfängt, die von der forschenden Person zur Kenntnis genommen werden. Nach und nach verschmälert sich der Trichter, da an jeder Stelle des Forschungsprozesses Entscheidungen getroffen werden müssen, die den Untersuchungsgegenstand zunehmend präzisieren.

Die Ausgangsidee der vorliegenden Studie war es, in einer ethnografischen Untersuchung Körpersprache von Sportlehrkräften zu beobachten. Mit dieser Idee vor Augen wurden erste Videoaufnahmen angefertigt. Zunehmend erwies sich Körpersprache aufgrund ihrer Komplexität als zu weit gefasst und diffus. Es traten Probleme in Bezug auf die Durchführung einer Analyse von Körpersprache auf. Erst im langen Prozess des Aufzeichnens und nachträglichen Betrachtens kristallisierte sich heraus, dass Berührungen in verschiedenen Unterrichtskontexten als ein Aspekt von Körpersprache immer wieder vorkamen. Damit schien ein zentrales Element im Sportunterricht identifiziert zu sein, das diesen vom Unterricht im Klassenraum unterscheidet.

Viele der beobachteten Berührungen lösten bei mir als Betrachterin intensive Denkprozesse und verschiedenartige Interpretationen aus. Mir wurde dabei bewusst, wie ambivalent Berührungssituationen für die ausführenden Sportlehrkräfte teilweise sein können. Deswegen fiel die individuelle Lehrkräftesicht auf eigene Berührungen in den Forschungsfokus. Mich interessierte, ob auch sie die Berührungen zum Teil als prekär für sich selbst wahrnahmen, so wie ich beim

Betrachten der Videos, beziehungsweise in welchen Kontexten sie selbst diese deuten würden.

5.3.2 Feldzugang

Für qualitative Sozialforschung sind geringe Fallzahlen notwendig, die noch weit unter der Untergrenze von quantitativer Forschung liegen. Qualitative fallorientierte Praxisforschung kann keine „[...] ,Big science' im Sinne einer Kartierung der Fläche [...]" (Combe, 2002, S. 36) sein. Jedoch kann sie „gezielte Tiefenbohrung" (ebd.) vornehmen, um grundlegende Strukturen herauszuarbeiten und zu analysieren. Trotzdem sollte die Möglichkeit bestehen, typische Strukturen zu verdichten und sie miteinander zu vergleichen.

In einem Erhebungszeitraum von zwei Jahren nahmen elf Sportlehrkräfte an der vorliegenden Untersuchung teil. Davon waren sechs Frauen und fünf Männer. Die Lehrkräfte waren im Alter von 27 bis 58 Jahren und kamen aus verschiedenen deutschen Schulen des Primar- und Sekundarstufen-I-Bereichs in Großstädten und in ländlichen Regionen. Die begleiteten Sportlehrkräfte sind einem westlichen, sozial eher privilegierten Mittelschichtumfeld zuzuordnen. Lehrkräfte anderer kultureller Kontexte und mit Migrationserfahrungen oder homosexueller Orientierung beteiligten sich nicht an der Untersuchung.[33] Von den elf begleiteten Lehrkräften werden lediglich neun Fälle hier dargelegt.

Die Suche nach den Untersuchungsteilnehmerinnen und -teilnehmern war sehr zeitintensiv, da die vorliegende Studie nicht in ein größeres Forschungsprojekt eingebunden war, sondern die Kontakte alle eigeninitiativ hergestellt werden mussten. Ein Anfangskontakt führte über die Schuldirektorinnen und -direktoren, die per E-Mail angeschrieben oder angerufen wurden mit der Bitte, die Anfrage an ihre Sportlehrkräfte weiterzuleiten. Diese Methode war jedoch nur in einem von 32 Versuchen erfolgreich. Ein zweiter Weg führte über Bekannte, die leitendes, sozialpädagogisches oder lehrendes Personal an Schulen kannten, das wiederum Sportlehrkräfte dann mit einer Projektbeschreibung des Vorhabens ansprach. Mehrere Angesprochene haben sich auf diesem Wege telefonisch bei mir gemeldet und ihre Bereitschaft erklärt, wie auch Neugierde bekundet. Nachdem Schulleitungen und Eltern zustimmten, konnte dann eine Begleitung stattfinden.

Die elf Lehrkräfte wurden ausgewählt nach verschiedenen Altersgruppen, Berufserfahrung (von der/dem Referendar/-in bis zu 58-jährigen Lehrkräften) und eigener sportlicher Sozialisation, sodass die Streubreite der Untersuchung

---
[33] Wobei diese Informationen nur auf Grundlage der erhobenen Sozialdaten angenommen werden können.

möglichst weit gespannt war. Das erhöhte die Wahrscheinlichkeit, verschiedene Zusammenhänge vorfinden zu können (vgl. Merkens, 2004, S. 291).

Alle ausgewählten Sportlehrkräfte erfüllten das Minimalkriterium, Sport auf Lehramt studiert zu haben. In welchem Umfang sie Sport unterrichteten, und vor allem in welcher Organisationsform und mit welchen Inhalten, wurde vorher nicht festgelegt. Vielmehr sollte die Untersuchung offen sein für alle Erscheinungsformen von Sportunterricht, wie er in der Praxis auffindbar ist. Hier ergibt sich nie ein einheitliches Bild, denn der Sportunterricht ist so verschiedenartig angelegt, wie die Individuen, die ihn unterrichten. Um diesem Praxisaspekt gerecht zu werden und somit den praktischen Nutzen der Untersuchung möglichst hoch anzusiedeln, wurde der Unterricht gefilmt, wie ich ihn an den jeweiligen Schulen vorfand. Die Spannbreite hierbei reichte vom Sportförderkurs für Schulsportverweigerer bis hin zu ausgewiesenen Klassen übergreifenden Sportspielkursen und klasseninternen reinen Spielstunden in der Grundschule. Der Unterricht fand stets koedukativ statt.

5.3.3 Durchführung Videobeobachtung, Interview und Interviewtranskription

Alle Lehrkräfte wurden von mir mit der Videokamera durchschnittlich in zwei aufeinanderfolgenden Wochen zwei Mal in ihre Doppelstunden begleitet. Um sich gegenseitig kennenzulernen, geschah die erste Begleitung ohne Videokamera. Danach wurde meist eine Doppelstunde (außer in der Grundschule) von Stundenanfang bis Ende aufgezeichnet. Vor der offiziellen Begrüßung durch die Sportlehrkraft und nach Stundenende wurde nicht gefilmt. Das Filmen erfolgte ausschließlich von einer erhöhten Position auf einer Turnbank aus, auf der ich die gesamte Stunde über verweilte, um den Stundenfluss nicht zu behindern. Dazu formuliert Peter Petersen (vgl. 1965, S. 50; zit. n. Kron, 1999, S. 148), dass jedes Verfahren abzulehnen sei, das den Unterricht störe. Den ersten Sportlehrer begleitete ich sogar fünf Wochen in mehrere Klassen. Von einer solch intensiven Begleitung wurde danach aber abgesehen, da die Datenmasse zu umfangreich war und der Aufwand übertrieben schien. Letztendlich wurden nicht alle gefilmten Stunden für die Untersuchung genutzt.

Bei den Videoerzählstimuli, die den Lehrkräften im Rahmen der problemzentrierten Interviews gezeigt worden, handelte es sich sowohl um Berührungssequenzen in gleich- als auch gegengeschlechtlicher Lehrkräfte-Schüler/-innen-Konstellationen. In den Interviews zeigte sich, dass die meisten Lehrkräfte zu den gegengeschlechtlichen Berührungen mehr zu sagen hatten. Dies führte dazu, dass ich in meinen Analysen nur Gesagtes zu gegengeschlechtlichen Konstellationen näher ausführe, was zunächst sicherlich den Eindruck erwecken mag, dass die Forscherin sich selbst von einer heteronormativen Annahme zur Ambivalenz von Berührungen hat leiten lassen. Nach Auswertung des Materials stellte sich aber heraus, dass tatsächlich eine heteronormative Bezugsorientierung bei der Thematik vorherrscht – dies kann nicht übersprungen werden, sondern stellt ein wichtiges Forschungsergebnis dar (vgl. Kap.7.1.2).

Ein Teil der Interviews wurde in einem ruhigen Zimmer, also einem leeren Klassen- oder Vertrauenslehrer/-innenraum unter vier Augen in der betreffenden Schule der Lehrkräfte durchgeführt. Dies geschah in deren Freistunden oder nach Beendigung ihres Lehrvormittags. Ein anderer Teil der Interviews wurde bei den Lehrkräften zu Hause meist ohne Zeitbeschränkung geführt. Die im Durchschnitt 60 Minuten dauernden Interviews (längstes Interview 120 min, kürzestes Interview 35 min) wurden mithilfe eines MP3-Players aufgezeichnet, um anschließend vollständig transkribiert werden zu können. Die Tonmitschnitte hörte ich mir mehrfach an, um die Zuverlässigkeit der Transkription zu kontrollieren. Dabei wurde das gesprochene Wort aus Gründen der besseren Lesbarkeit in normales Schriftdeutsch überführt und Satzbaufehler wurden zum Teil geglättet. Alle im Datenmaterial vorkommenden Personen wurden mit frei erfundenen Namen anonymisiert und genannte Details wie z. B. Orte wurden verändert.

Redepausen sind in der Transkription durch … im Fließtext gekennzeichnet. Textauslassungen im Transkript und beim Zitieren sind mit [...] markiert. Erklärende oder ergänzende Einfügungen meinerseits sind durch dieselben Klammern [...] zu erkennen. Alle Sätze und Wörter, die im empirischen Teil der Studie in Anführungsstriche gesetzt sind, stellen direkte Zitate der Lehrkräfte dar.

5.4 Auswertung

Dieses Kapitel befasst sich mit der Auswertung der empirischen Daten. Es beschreibt den Prozess der Videosequenzauswahl, der Videotranskription sowie den der Interviewauswertung, der darauf abzielte, Deutungsmuster zu Körperberührungen zu rekonstruieren.

5.4.1 Videosequenzauswahl

Sowohl die Sequenzauswahl als auch die Transformation des Gesehenen in einen Text stellen aus der Perspektive der/des Forschenden einen subjektiven Konstruktionsprozess dar. Dieser wird nicht nur von den herangezogenen Vorannahmen, sondern auch von bisherigen Forschungserfahrungen, Situationseinschätzungen und Emotionen der forschenden Person geleitet.

Qualitative Sozialforschung bringt immer die subjektive Lesart der Forschenden hervor. Schon „durch den persönlichen Stil des Notierens wird das Feld zu einem dargestellten Feld" (vgl. Flick, 2002, S. 255). An jeder Stelle des Forschungsprozesses werden subjektive Entscheidungen getroffen, die nicht immer einer strengen Systematik folgen, sondern vielmehr zunächst durch ein Bauchgefühl und/oder Forschungserfahrungen ausgelöst werden. Aufgabe qualitativ Forschender ist es deswegen, den subjektiven Erkenntnisweg so detailliert wie möglich darzustellen.

Petra Wolters (vgl. 2002 b, S. 77f.) beantwortet die Frage, was einen Fall aus dem Feld zum Untersuchungsfall werden lasse, damit, dass auch dieser subjektiven Konstruktionsmechanismen unterliege, mit denen wir die Welt wahrnehmen würden. Bei der Fallbildung handelt es sich also um einen subjektiven Konstruktionsprozess, der nicht aus einer Theorie abgeleitet werden kann, sondern erst der Repräsentanz im Feld entspringt und explizit gemacht werden muss. Karlheinz Scherler und Matthias Schierz (1987, S. 79f.) formulieren dazu: „Hier ist unsere Subjektivität im Spiel, die gar nicht zu vermeiden, aber zuzugeben ist". Das Interesse am Fall kann also zunächst aus subjektiven Empfindungen und plötzlicher besonderer Aufmerksamkeit im eigentlich gleich bleibenden Aufmerksamkeitsfluss bei der Beobachtung einer sozialen Interaktion entstehen. Das können Gefühle des Unbehagens, Stutzens oder Schmunzelns sein.

Welche sind vor diesem Hintergrund nun konkret die Berührungsfälle dieser Studie? Die Berührungen, die für mich von Interesse waren, mussten nicht nur im Rahmen einer Hilfestellung von der Lehrkraft an die/den Schüler/-in gerichtet sein, sondern konnten auch in nicht-sportiven Kontexten ablaufen. Dabei habe ich auch Sequenzen herangezogen, in denen die Berührung von Schüler/-innenseite ausging. Alle ausgewählten Berührungssequenzen erweckten im Rahmen meiner gleich schwebenden Konzentration bei der wiederholten Sichtung des Videomaterials ausdrücklich meine Aufmerksamkeit. Das war beispielsweise der Klaps von Frau B. auf den Po von Hans oder das Streicheln des Arms und das Hochheben der unteren Extremitäten der Schülerin Ina von Herrn H. Bei Herrn S. war die ausgewählte Videosequenz z. B. die einzige, in der eine Berührung während der gesamten Stunde vorkam. Die Berührungen besaßen für mich etwas Besonderes, u.a. im Sinne von mehrdeutigen Interpretationen, von dem ich dachte, dass die Bewertung der betreffenden Lehrkraft an dieser Stelle interessant sein würde. Damit beruhte meine Fallauswahl also zunächst einmal auf subjektivem Interesse. Wieso ich die einzelnen Videosequenzen explizit gewählt habe, habe ich in den folgenden Einzelfallstudien der Lehrkräfte direkt nach der Beschreibung der Videosequenzen offengelegt.

5.4 Auswertung

5.4.2 Videotranskription

Die maximal 15 Sekunden andauernden Videosequenzen wurden in einen Erzähltext transformiert, in dem ich als forschende Person meine Beobachtungen perspektivisch darstellte. Dabei folgte ich Franz K. Stanzel, der schreibt, dass beim Überführen in einen Text „nicht wie die Hauptfiguren und ihre Welt an sich [L. W.: darzustellen] sind, sondern wie sie von einem aus einiger Entfernung schauenden [...] Erzähler wahrgenommen werden" (Stanzel, 1982, S. 263).

Das Zitat verdeutlicht, dass die von mir angefertigten Beschreibungen Ausdruck meiner subjektiven Forschungshaltung sind, und deswegen nicht den Anspruch erheben können und wollen, objektiv zu sein. Meine Forschungshaltung wiederum ist geprägt durch persönliche Eindrücke, Wahrnehmungsgewichtung, Meinungen, Deutungen, Emotionen und mein individuelles sprachliches Ausdrucksvermögen. Die angefertigten Beschreibungen dienen der Nachvollziehbarkeit der Berührungssituationen, die ich den Lehrkräften im Interview zeigte.

Wolters (2005, S. 34) subsumiert, dass es in den Geistes- und Sozialwissenschaften interdisziplinär betrachtet bislang kein etabliertes forschungsmethodisches Verfahren dazu gebe, wie man ein Video in einen Text überführt. Ganz zentral für die Überführung sei jedoch zunächst die Fragestellung. Nach ihr entscheidet sich die Darstellungsweise. In der vorliegenden Studie gilt es, durch die Fragestellung einen Text zu produzieren, der informierenden Charakter für die Lesenden haben soll. Er soll ihnen verdeutlichen, welcher Erzählstimulus den Lehrkräften im Interview gezeigt wurde. Dabei habe ich mich bemüht, Deutungen außen vor zu lassen, wenn man auch nicht ganz ausschließen kann, dass durch die Wahl der eigenen Worte der Eindruck einer bereits vorgenommenen Deutung erzeugt wird. Kontextdeutungen, mit denen ich als teilhabende Filmerin den Interaktionskontext vermittele, habe ich natürlich vorgenommen. Denn ich zeige und beschreibe einen Ausschnitt, über den ich mehr weiß als die Leserinnen und Leser, weil ich in die Situation unmittelbar involviert war. Die Situationsbeschreibungen lehnen sich aus Gründen der besseren Lesbarkeit an Umgangssprache an (vgl. Scherler & Schierz, 1987, S. 86). Zur Überprüfung der sprachlichen Darstellung wurde eine Validierung mit Kolleginnen und Kollegen durchgeführt, um intersubjektive Nachvollziehbarkeit zu gewährleisten. So wurde geprüft, ob sie meiner Verschriftung der Sequenzen folgen konnten, nachdem auch sie die betreffenden Sequenzen gesehen hatten.

5.4.3 Deutungsmusteranalyse

Ebenso wie die Datenerhebungsinstrumente in Abhängigkeit zum Untersuchungsgegenstand und der Fragestellung ausgewählt werden müssen, so muss sich auch die Auswertungsstrategie daraus ableiten (vgl. Marotzki, 1995). Christian Lüders und Michael Meuser (1997, S. 57) begreifen methodisches Vorgehen im Rahmen von Deutungsmusteranalysen mithilfe verschiedener Instrumente rekonstruktiver Sozialforschung als realisierbar. Beispielsweise im Gegensatz zur Objektiven Hermeneutik existiert jedoch kein Regelkanon. Es handelt sich also nicht um ein standardisiertes Dateninterpretationsverfahren, das Lüders (1997; zit. n Bennewitz, 2005, S. 38) als methodisches Selbstverständnis von Deutungsmusteranalysen begreift. Die dadurch gegebene Offenheit impliziert aber nicht methodische Beliebigkeit, sondern vielmehr ein Verfahren, welches soziale Verhältnisse nicht nur durch die individuellen Meinungen der Befragten erforscht, sondern auch die „strukturenschaffenden Leistungen der handelnden Subjekte" (Lüders & Meuser, 1997, S. 68) mit berücksichtigt. Wichtig bei der Rekonstruktion dieser Strukturen schaffenden Leistungen ist nicht nur der manifeste Wortgehalt der Interviewtexte, sondern vielmehr kollektive Orientierungsstrukturen, die in den Texten latent enthalten sind. Rekonstruktiv verfahrende Auswertungsstrategien mit sequenzanalytischer Vorgehensweise haben sich aus folgendem Grund an dieser Stelle als geeignet erwiesen.

> „Rekonstruktive Verfahren können das interaktiv erzeugte kollektive Sinngebilde und die Verweisungszusammenhänge von Handlungen, Orientierungen und Deutungen der handelnden Subjekte und ihre wechselseitige Steigerung nachvollziehen und damit die soziale Gewordenheit des Sinngebildes und die in den Sinngebilden der einzelnen Akteure vorausgesetzte und von ihnen reproduzierte Intersubjektivität" (Lüders & Meuser, 1997, S. 68; zit. n. Bennewitz, 2005, S. 38).[34]

Deswegen ist eine Auswertungsmethode erforderlich, die nicht nur an der Oberfläche des Gesagten kategorisierend eingesetzt wird, sondern tiefer in die Interviewtexte und damit in die von den Lehrkräften ausgesprochene Wirklichkeit hineinzudringen vermag. Welche generellen gesellschaftlichen Sinnstrukturen in Form von Normen, Vorstellungen und Erwartungen bewegen die Lehrkräfte, sich in bestimmter Art und Weise über ihre Schüler/-innen-Berührungen zu äußern? Um kollektive Orientierungsmuster (also Deutungsmuster, vgl. Kap. 3. zu rekonstruieren, bietet sich die von Ralf Bohnsack (vgl. 2003) in Anlehnung an

---

[34] Hedda Bennewitz (ebd.) merkt an, dass Oevermann (2001, S. 76) sogar davon ausgeht, dass sich in jedem Datenmaterial Deutungsmuster finden ließen, wenn man sie nur rekonstruktionslogisch auswerte.

5.4 Auswertung

die Wissenssoziologie Karl Mannheims entwickelte *dokumentarische Methode* an. Mannheim (1964; zit. n. Nohl, 2006, S. 8) unterscheidet zwischen zwei unterschiedlichen Sinnebenen, wenn es darum geht, Orientierungen von Akteurinnen und Akteuren zu rekonstruieren:
1.) Der manifeste oder auch „immanente Sinngehalt" der gesprochenen Worte. Durch ihn vermittelt sich theoretisches Wissen, das auch reflektiert wird.
2.) Atheoretisches, inkorporiertes oder handlungsleitendes Wissen, das der Reflexion in der Regel nicht ohne Weiteres zugänglich ist. So konstatieren Ralf Bohnsack, Iris Nentwig-Gesemann und Arnd-Michael Nohl (2007, S. 11):

> „Die sozialwissenschaftlichen Interpret(inn)en im Sinne der Mannheim'schen Wissenssoziologie gehen also nicht davon aus, dass sie mehr wissen als die Akteure oder Akteurinnen, sondern davon, dass letztere selbst nicht wissen, was sie da eigentlich alles wissen, somit also über ein implizites Wissen verfügen, welches ihnen reflexiv nicht so ohne weiteres zugänglich ist."

Mannheim spricht hier auch vom „Dokumentsinn" eines Textes, der auf die Herstellungsweise, den „modus operandi" (Bohnsack, 2003, S. 255), der sprachlichen Äußerungen verweist. Modus operandi meint den zugrunde liegenden Habitus, also das „Wie" der geschilderten Handlung. Wie ist der Text, im vorliegenden Fall der Interviewtext, konstruiert und in welchem „Orientierungsrahmen" (ebd., 2005, S. 73) findet die Schilderung statt.[35]

Aufgrund dieser Differenzierung muss die Auswertung letztendlich so vonstattengehen, dass atheoretisches Wissen zum Vorschein kommen kann, was „durch einen Wechsel der Analyseeinstellungen vom Was zum Wie" (Bohnsack, 2005, S. 73) im Laufe der Auswertung eines Textes vollzogen wird. Hinter dieser Formulierung steckt ein Wechsel von der Interpretation dessen, was die gesellschaftliche Realität in der Perspektive der Interviewten ist, und wie sie in deren Sprechen und Argumentieren hergestellt wird. Für die konkrete Auswertungsarbeit impliziert das ein zweischrittiges aufeinander aufbauendes Verfahren. Bohnsack unterscheidet in „formulierendes" und „reflektierendes" Interpretieren. Formulierendes Interpretieren bleibt am manifesten Sinngehalt des Textes verhaftet (am „Was"). Das dient dazu, sich zunächst einen Überblick über die große Vielfalt der angesprochenen Themenaspekte innerhalb eines Interviewtex-

---

[35] Die Dokumentarische Methode wurde von Bohnsack ursprünglich für die Auswertung von Gruppendiskussionen entwickelt. In der Folge weitete Bohnsack sie auf die Auswertung von offenen und biografischen Interviews, Feldforschungsprotokollen, historischen Texten sowie von Bildern, Fotos und Videomaterial aus (Überblick siehe Bohnsack, Nentwig-Gesemann & Nohl, 2007, S. 20 f.). Nohl widmet sich explizit der Auswertung verschiedener Interviewarten mittels der dokumentarischen Methode (vgl. 2006).

tes zu verschaffen, indem man sie mit eigenen Worten zusammenfasst. Bohnsack und Nohl (2007, S. 303) sprechen auch von einer „Entschlüsselung der thematischen Struktur der Texte". Das kann unterschiedlich präzise durchgeführt werden. In der vorliegenden Studie wurde zu Beginn des Auswertungsverfahrens so gearbeitet, dass die zentralen themenrelevanten Passagen einer Feingliederung in Form einer kurzen paraphrasierenden Reformulierung unterzogen wurden. Dabei wurde der Text mit Begriffen umschrieben, die im Text selbst nicht vorkamen. Die sich daraus ergebende thematische Gliederung ermöglichte es, Passagen auszuwählen, die auf das „Wie" hin überprüft werden konnten. Dabei wählte ich die entsprechenden Passagen nach den Maßgaben der thematischen Relevanz für die Fragestellung aus und interpretierte sie reflektierend gemäß dem zweiten Schritt der dokumentarischen Methode. Dazu wurde rekonstruiert, wie in welchem Orientierungsrahmen (Habitus), auf Basis welchen inkorporierten kollektivierten Wissens Akteure und Akteurinnen über ein Thema oder eine Problemstellung sprachen. Um mit den Schlüsselworten der vorliegenden Studie zu argumentieren, wurden in der zweiten Interpretationsphase leitende Deutungsmuster gesucht, die die Handlungsroutine vorreflexiv strukturierten. In Kapitel 7 dieser Arbeit wird dann dem letzten Schritt der dokumentarischen Methode Rechnung getragen: Im Rahmen einer komparativen Analyse wird der Orientierungsrahmen im Vergleich mit anderen Fällen herauskristallisiert, was eine Generalisierung des Rekonstruierten erlaubt (vgl. Bohnsack, Nentwig-Geseman & Nohl, 2007, S. 15).

Über die dokumentarische Methode hinaus ist für die vorliegende Arbeit auch die Reflexion der Interaktion zwischen fragender und befragter Person von Bedeutung. Der dialogische Charakter und die interaktive Beziehung wurden ebenfalls berücksichtigt (vgl. Heinzel, 1997, S. 468), denn es fand ein vorreflexiver Deutungsmusteraustausch statt, der bereits kollektive Deutungsmuster zu, in diesem Falle, Körperberührungen enthält. Wenn ich Frau P. im Interview beispielsweise frage, ob die Berührung eines 15-jährigen Jungen in ihrer Wahrnehmung anders sei, als die eines gleichaltrigen Mädchens, dann transportiere ich mit dieser Frage das Deutungsmuster der Heteronormativität in Bezug auf die Ambivalenz von Berührungen bereits implizit mit.

Die Interpretation der Textstellen hatte zum Ziel, eine möglichst dichte Deutungsmusterbeschreibung am konkreten Einzelfall (Kap. 6) zu liefern (vgl. auch Geertz /Ryle in Heinzel, 1997, S. 473). In diesen Fallstudien wurden Interpretationen mit Interviewzitaten aus dem Text belegt und Themenbereiche mit treffenden Invivo-Codes aus dem Material überschrieben. Bei den Fallstudien wird nicht ein Deutungsmuster pro Lehrkraft rekonstruiert, sondern die Deutungsmuster werden exemplarisch an zumeist mehreren Personen gezeigt. Dabei werden verschiedene Erscheinungsformen ein und desselben Deutungsmusters

5.4 Auswertung

rekonstruiert – dies ähnelt im Sinne der dokumentarischen Methode einer sinngenetischen Interpretation, die verschiedene Ausprägungsarten ein und desselben Musters enthält (vgl. Nentwig-Gesemann, 2007, S. 279). Natürlich gibt es in einem Interview zahlreiche verschiedenartige Deutungsmuster. Jedoch wurde bei der durchgeführten Analyse ein leitendes Muster rekonstruiert, das sich durch das gesamte Interview anhand der Argumentationen der Befragten zum Umgang mit Berührungen verfolgen lässt, und auch in anderen Interviews, wenngleich in anderer Erscheinungsform, aufzufinden ist. In Kapitel 7 werden die Deutungsmuster im Fall übergreifenden Vergleich dargestellt (komparative Interpretation). Aus dem gezielten Fallvergleich ergibt sich z. B., dass Heteronormativität eines der leitenden Orientierungsmuster ist, wenn über Ambivalenz von Berührungen gesprochen wird. Dasselbe Orientierungsmuster unterliegt jedoch noch einer geschlechtstypischen Differenzierung, was aus dem Fall von Herrn H. hervorgeht, da er als Lehrer in der Grundschule auch bei Berührungen der Jungen potenziell Ambivalenz verspürt und die Berührung für sich ebenfalls als problematisch bewertet. So werden spezifische Differenzierungen innerhalb ein und desselben Orientierungsmusters deutlich – dies ermöglicht wiederum eine Generalisierung (vgl. ebd.).

Der überwiegende Teil der Interpretationen wurde in einer Gruppe vorgenommen. Die Gruppe schaffte nicht nur eine Überprüfung der intersubjektiven Nachvollziehbarkeit der Interpretationen, sondern in ihr wurden verschiedene Sichtweisen auf die Texte besprochen. Von mir Übergangenes konnte so sichtbar gemacht werden.

6 Fallstudien[36]

Nachdem im vorangegangenen Kapitel der methodische Rahmen der vorliegenden Studie abgesteckt wurde, findet in diesem Kapitel eine Darstellung der vier aus dem Interviewmaterial rekonstruierten Deutungsmuster statt. Da das empirische Vorgehen dieser Studie fallrekonstruktiv ist, folgt die Forschungslinie dem Besonderen des Einzelfalls und kommt in Kapitel 7 zu Fall übergreifenden verallgemeinerbaren Aussagen. Die rekonstruierten Deutungsmuster bilden übergreifende Orientierungen der Lehrkräfte im Umgang mit der Ambivalenz von Berührungen, beziehungsweise zeigen sie andere Deutungskontexte von Berührungen. Bei der Rekonstruktion der Deutungsmuster in diesem Kapitel geht es darum, Wahrnehmungsweisen und Interpretationsrahmungen der Lehrkräfte zu Berührungen zu beschreiben (vgl. auch Bennewitz, 2005, S. 53).

Die rekonstruierten Deutungsmuster treten, mit Ausnahme des ersten, in jeweils unterschiedlichen Erscheinungsformen im Interviewmaterial auf. Der Aufbau der Fallstudien gestaltet sich folgendermaßen: Nach einer Kurzbeschreibung des Interviews werden die wesentlichen Inhalte eines Deutungsmusters dargestellt. Aus allen Interviews wird dabei je eine Videosequenz, die im Interview gezeigt wurde, ausführlich beschrieben, wie auch mit der Begründung versehen, warum gerade diese Videosequenz im Interview thematisiert wurde. In den meisten Fällen wurde in den Interviews noch eine weitere Sequenz gezeigt, die an einigen Stellen kurz als Querverweis skizziert wird.[37] Jede Fallstudie endet damit, dass die wesentlichen Elemente der spezifischen Erscheinungsform der Deutungsmuster zusammengefasst werden.

Formal gilt, dass es sich bei allen Stellen in den Fallstudien, die mit Anführungszeichen („...") gekennzeichnet sind, um Zitate der Lehrkräfte handelt, auch wenn manchmal nur ein Wort im zu interpretierenden Text direkt zitiert wird. Paraphrasierte Redeinhalte der Lehrkräfte werden durch die Verwendung des Konjunktivs kenntlich gemacht.

---

[36] Sämtliche Personennamen sind fiktiv.
[37] Die ausführliche Beschreibung auch dieser Sequenzen befindet sich in Kap. 10.

6.1 Reflektierte Ambivalenz

Bei diesem ersten Deutungsmuster wird das Handlungsproblem im Hinblick auf Berührungen im Sportunterricht ganz deutlich. Die Ambivalenz bei Körperkontakten zu Schülern und Schülerinnen wird von der interviewten Lehrerin am stärksten von allen Teilnehmenden der Studie ausgesprochen. Sie nimmt ihre Berührungen als problematisch wahr und steht im Konflikt mit sich, Schüler-/innen berühren zu müssen. Im Gegensatz zu den anderen verfügt sie nicht über Deutungsmuster, die die Berührungsproblematik primär in andere Kontexte als den ambivalenten einordnen. Ein wirklich durchgängiges Deutungsmuster ist in ihren Aussagen nicht enthalten, was ihrerseits zwar manchmal zu Handlungsunsicherheit führt, sie aber auch umfassend reflektieren lässt.

Kurzbeschreibung Interview

Die Realschullehrerin Frau E. unterrichtet die Klasse 6c als Fachlehrerin im Sportunterricht koedukativ. Im Interview habe ich ihr zwei Videosequenzen mit dem Schüler Peter gezeigt. Themen über die Reflexion der Sequenzen hinaus sind ihre eigene Sportbiografie in der Jugend, ihre Ausbildung, ihr Konzept von Sportunterricht, Reflexionsphasen mit Schülerinnen und Schülern am Ende jeder Sportstunde, ihre Erfahrungen mit Berührungen im Sportunterricht der Grundschule und auch mit körperlichen Grenzüberschreitungen im Sportkontext.

Sequenzbeschreibung „Peter macht Handstand"

Die Lerngruppe der 6c soll sich am Ende der Sportstunde gegenseitig Menschenpyramiden präsentieren, die sie in dieser Doppelstunde in Gruppen einstudiert haben. Dazu liegen zwei Kleinmatten in der Mitte der Halle. Jeweils eine Gruppe zeigt die Pyramide, während der Rest der Klasse gegen die Wand gelehnt sitzt und durcheinanderredet. In den letzten circa drei Minuten macht eine sechsköpfige Schülergruppe ihre Pyramide vor. Zwei Jungen knien sich hin. Ein dritter, Florian, steigt auf deren beider Gesäße. Frau E. steht mit einem vierten Jungen in Bereitschaft, Florian abzustützen. „Jetzt", Jens neben ihr macht einen Handstand direkt neben den Knienden, den Frau E. auffängt und stützt. „Sehr schön gemacht." Auch Florian hält die Beine von Jens, damit dieser nicht umkippt und womöglich noch in die Knienden hineinfällt. Frau E. hält ihn mal an den Füßen mal am Knie „Rücken spannen. Beine gerade!" ruft sie Jens zu. Auf der anderen Seite der Knienden macht Peter sich bereit zum Handstand. Frau E.

6.1 Reflektierte Ambivalenz 79

sagt zu Peter, während sie Jens noch immer hält: „Du jetzt auch." Thomas steht hinter den Knienden, um Peter zu stützen. Peter geht schwungvoll in den Handstand, kann ihn aber allein nicht halten. Thomas hat Mühe, dem stark schwankenden und vom einen Arm auf den anderen wankenden Peter Halt zu geben. Unter den Zuschauenden ertönt vereinzeltes Gelächter. Frau E. lässt Jens los und kommt Thomas zur Hilfe, indem sie das linke Bein von Peter stützt. „Kein Hohlkreuz machen, mach den Kopf auf die Brust!" Peter ist inzwischen das weite weiße T-Shirt so weit ins Gesicht gerutscht, dass sein nackter dünner Oberkörper sichtbar wird. Thomas stellt sich vor Peter, um seinen Bauch und sein rechtes Bein zu stützen. Aber es nutzt nichts – Peter wankt noch immer und kann die erforderliche Spannung nicht in seinen Körper bringen. Frau E. hält sein linkes Knie und seinen linken Knöchel. Peter hängt stark im Hohlkreuz. „Und nicht ins Hohlkreuz." Sein Bauch ist nach vorne gedrückt. „Bauch!" Frau E. legt ihre rechte flache Hand, mit der linken immer noch am Knie stützend, auf Peters nackten Bauchnabel, um den Bauch durchzudrücken. Peter sieht mittlerweile gar nichts mehr, denn das T-Shirt bedeckt sein Gesicht vollständig. Frau E.s Hand bleibt auf dem nackten Bauch liegen. Das bringt ein bisschen Ruhe in Peters Körper. Sie weicht rückwärts von der Matte, um die Pyramide mit den anderen Schülerinnen und Schülern zu beklatschen.

Begründung Sequenzauswahl

Diese Berührungssituation mit Peter ereignete sich ganz am Stundenende. Die Lerngruppe sollte in Gruppen die erarbeiteten Menschenpyramiden der heutigen Stunde vorzeigen. An dieser Szene ist meine Aufmerksamkeit sowohl in der Sportstunde als auch beim nachträglichen Betrachten besonders haften geblieben. Ich habe während der Stunde überlegt, ob ich selbst einem Schüler bei einer Hilfestellung auf den nackten Bauch fassen würde, und war mir darüber nicht klar. Deswegen wollte ich von Frau E. im Interview wissen, wie sie die Berührung des nackten Schülerbauches wahrgenommen hat.

„Lege ich jetzt meine Hand auf seinen nackten Bauch oder lasse ich es bleiben?" – Hilfestellung und Ambivalenzempfinden

Der Kommentar von Frau E. zu dieser Videosequenz veranschaulicht zum einen Handlungsunsicherheit, auf den Schülerbauch zu fassen, zum anderen zeigt ihre Bemerkung, dass sie offen über die ambivalenten Anteile dieser Situation reflektiert. Sie sagt, dass es sich bei der Situation um eine Unterrichtsszene handele, die sie selbst gar nicht glücklich finde, was auf eine problematisierende Wahrnehmung ihrerseits hinweist.

„Also das ist zum Beispiel eine Situation, die ich gar nicht so glücklich finde, dass nun ausgerechnet ihm, der da nun diesen Handstand nicht richtig selbstständig hinkriegt, nicht mit der Unterstützung eines Schülers auskommt. Ich muss da eingreifen, und weil dieses T-Shirt nun hoch rutscht letzten Endes ganz schnell eine Entscheidung treffen, ‚Lege ich jetzt meine Hand auf seinen nackten Bauch oder lasse ich es bleiben?' In dem Fall war es für mich völlig klar. Fand ich auch in Ordnung. Ich wusste in der Situation auch, also das ist im Übrigen auch interessant, weil das sind wirklich Gedanken, die ganz schnell ablaufen im Kopf. Ich weiß in solchen Situationen auch, dass das von keinem Schüler auch nur in irgendeiner Weise schräg betrachtet wird, sondern dass die Schüler wirklich auch sehen, ‚Aha, da gibt sie Hilfestellung'."

Im Grunde ist es nur die Berührung eines Schülerbauches, aber dessen Nacktheit wird in der Situation zentral. Indem sie zu Beginn anführt, dass der Schüler die Hilfestellung nicht allein schaffte, begründet sie die Notwendigkeit, hier handeln zu müssen. Sie betont den Zeitdruck, schnell eingreifen zu müssen, ohne lange darüber nachdenken zu können, weil Peter sonst womöglich umgekippt wäre und sich hätte verletzen können. Zugleich macht die Interviewte sich Gedanken darüber, ob es legitim gewesen sei, den nackten Bauch zu berühren. Jedoch neutralisiert sie in der Folge ihre zunächst angeführten Bedenken mit dem Hinweis, dass den Mitschülerinnen und -schülern in dieser Situation klar gewesen sei, dass sie Hilfestellung gegeben habe. Deswegen sei es für sie letzten Endes auch akzeptabel gewesen, die Hand auf Peters nackten Bauch zu legen. Sie gibt in der Folge des Zitats zu bedenken, dass es auch durchaus Situationen geben könnte, in denen die Schüler/-innen-Berührungen in einem grenzüberschreitenden Kontext bewertet werden könnten und es nicht so klar sei wie hier.

Frau E. wählt am Ende der gefilmten Stunde die Strategie des öffentlichen Thematisierens von Berührungen, um den Schülern und Schülerinnen die Notwendigkeit ihrer eigenen Berührungen in dieser Stunde zu verdeutlichen. Sie fragt ihre Lerngruppe, ob jemandem an der heutigen Unterrichtsstunde etwas unangenehm gewesen sei. Spontan kommen keine Wortmeldungen. Eine Schülerin spricht davon, dass es ihr wehgetan habe, als ihre Mitschülerin auf ihrem Rücken gestanden habe. Schließlich spricht Frau E. selbst an, dass es unangenehm sein könne, von jemand Fremdem berührt zu werden. Möglicherweise finden die Schüler/-innen an den heutigen Berührungen beim Bau der Menschenpyramiden gar nichts heikel; Frau E. empfand die Berührung von Peters nacktem Bauch jedoch unangenehm. Sie stellt ihre Beweggründe zur Thematisierung folgendermaßen dar: „Also ich mache das auch, um mein Verhalten zu

6.1 Reflektierte Ambivalenz

rechtfertigen. Auch um mich in eine Position zu bringen, die ich jederzeit verantworten kann [...]."

Auch hier wird ihre empfundene Ambivalenz noch einmal sichtbar. Sie hat Bedenken, dass ihr die Berührung von Schüler/-innenseite als körperlicher Grenzübertritt ausgelegt werden könnte. Deswegen müsse sie diese Situationen rechtfertigen, indem sie sie öffentlich am Ende der Stunde thematisiert. Sie holt sich möglicherweise auch das Feedback von ihrer Lerngruppe, um sich noch einmal zu vergewissern, dass niemand ihre Berührung falsch interpretiert hat.

Daran, dass Frau E. die Berührung, die in der Videosequenz gezeigt wird, als problematisch empfindet, zeigt sich, in welch schwieriger ambivalenten Zone sich die Sportlehrkräfte bei Berührungen ihrer Schüler/-innen befinden können. In dieser Zone überlappt sich die Notwendigkeit, anfassen zu müssen, damit sich – wie in der Handstandsituation mit Peter – niemand verletzt mit der Befürchtung, einen körperliche Grenz überschritten zu haben. Denn eine solche Situation könnte von den Schülern und Schülerinnen unter Umständen eben auch als eine körperliche Grenzüberschreitung, die von eigenem sexuellem Interesse der Lehrkraft geleitet ist, bewertet werden. Frau E. formuliert diesen Punkt wie folgt: „Es gibt bestimmt welche, wo es geht [Anm. L. W.: berühren], aber auch welche ... Vielleicht gibt es sogar welche, die einem einen Strick draus drehen."

Der Strick, der Frau E. gedreht werden könnte, veranschaulicht als Metapher ihre Bedenken, bei Berührungen möglicherweise eines körperlichen Grenzübertritts beschuldigt werden zu können. Auch an einem ihrer weiteren Zitate verdeutlicht sich die Problematik des Berührens im Unterricht insbesondere für Sportlehrkräfte:

„Der Kontakt, den ich aufnehme zu den Schülern, der ist ganz bewusst. Es ist so, der muss bewusst sein, gerade bei Sportlehrern, weil ich mir absolut im Klaren darüber sein muss, wo ich einen Schüler berühren darf."

Zunächst beschreibt die Interviewte, dass man sich als Sportlehrkraft bei jeder Berührung immer vergewissern müsse, bevor man Schüler/-innen anfasse, ob die Berührung legitim sei. Damit schreibt sie Sportlehrkräften eine besonders anfällige Position in der Schule für Anschuldigungen in Richtung körperlicher Grenzübertritte zu. Qua Berufsrolle scheinen Sportlehrkräfte zunächst zwar vom gesellschaftlichen Berührungstabu entbunden zu sein, aber in Frau E.s Argumentation wird sichtbar, dass Berührungen von den Handelnden dennoch als Problem wahrgenommen werden können.

„Also ich glaube, dass die Möglichkeit mit einer Achtklässlerin, die Hand auf die Schulter zu legen wesentlich näher liegt als bei einem Jungen [...]." –
Ambivalente Gegengeschlechtlichkeit

Dass Heteronormativität generell eine tragende Rolle in der Wahrnehmung von Ambivalenz bei Berührungen spielt, verdeutlicht sich, als wir über eine weitere Videosequenz aus der selben Stunde sprechen, in der sie Peter ebenfalls berührte.[38] Dabei saß er ganz zu Beginn der Stunde im Vierfüßlerstand auf einer Bodenmatte und Frau E., neben ihm hockend, fasste ihn an verschiedenen Körperstellen (Hand über die Länge der Wirbelsäule gestrichen, ruhende Hand auf Kopf, auf Schultern, auf Po) an, um den Schülern und Schülerinnen zu demonstrieren, wie sie ihren Körper anspannen sollten, damit sich beim Bau der Menschenpyramiden jemand darauf stellen kann. Bei ihrer Sequenzkommentierung spricht sie als Erstes Peters Geschlecht in Verbindung mit dem Alter an.

> „Und auch, da geht es denn auch um die Jahrgangsstufe, in dieser Klasse, also nicht nur der Altersstufe wegen, sondern weil die Schüler mit mir auch recht gut können, musste ich mir da [in dieser Situation auf der Matte neben Peter hockend] keinen Kopf machen. Also jetzt zu sagen, ,Jetzt mach ich das an einem Mädchenbeispiel'. Ich konnte da ruhig einen Jungen auswählen. In höheren Klassen wäre ich damit sehr vorsichtig. In Klasse Acht zum Beispiel hätte ich in dieser Situation mir selber ein Mädchen ausgewählt, wenn ich es an dem Mädchen vormachen will."

Auch wenn Peter ein Junge sei, habe sie sich in dieser Situation keine Gedanken um ihre Berührungen machen müssen, weil er erst in der sechsten Klasse sei. Hier wird bei der Wahrnehmung von Ambivalenz das Lerngruppenalter mit dem Geschlecht verbunden. Ein älterer Schüler als Peter könnte demzufolge ihre Berührung möglicherweise falsch verstehen. Deswegen würde sie die Demonstration bei einer älteren Schulklasse auch nur an einem Mädchen vollziehen. Frau E. führt nach dem Zitat weiter aus, dass sie, hätte sich die Situation mit Peter in einer achten Klasse abgespielt, sich selbst für die Demonstration der Übung ein Mädchen ausgesucht hätte. Als weitere Handlungsstrategie, Ambivalenz aufgrund der Gegengeschlechtlichkeit der Berührungen auszuschließen, führt sie an, dass sie selbst zwei Schüler dazu aufgerufen hätte, die Übung zu demonstrieren. Hätte sich ein älterer Junge freiwillig gemeldet, dann glaubt Frau E., dass ein Mädchen sich nicht freiwillig zur Demonstration dazu begeben hätte. Durch ihre Aussagen wird deutlich, dass Gegengeschlechtlichkeit bei der Wahrnehmung von Ambivalenz von Berührungen ein ausschlaggebendes Kriterium ist, was sich in folgendem Zitat noch einmal bestätigt: „Also ich glaube, dass die Möglichkeit

---

[38] Ausführliche Beschreibung Videosequenz „Demonstration mit Peter" siehe Kap. 10.

6.1 Reflektierte Ambivalenz

mit einer Achtklässlerin, die Hand auf die Schulter zu legen, wesentlich näher liegt als bei einem Jungen aus der achten Klasse."

Mit ihrer Formulierung der „Möglichkeit" könnte sie meinen, dass im Allgemeinen Frauen eher Frauen berühren können, ohne dass die Berührung möglicherweise mit einer potenziellen sexualisierten Konnotation versehen wird, so wie es in einer gegengeschlechtlichen Berührungssituation der Fall sein könnte.

Auch in ihren späteren Ausführungen zum Betreten der Umkleidekabinen taucht Gegengeschlechtlichkeit im Zusammenhang mit Ambivalenz erneut auf:

> „Und zu guter Letzt ist es so, dass ich mich als Lehrkraft auch schützen muss. Also ich würde auch niemals in die Umkleidekabine der Jungen gehen. Wenn ich was klären muss, klopfe ich an. Ich stelle mich auch so hin, dass ich nicht reinglotze, wenn die Tür offen ist, sondern geh an die Seite und bitte denn den, der raustritt, eine Ansage zu machen. Für den Fall, dass was passiert, müsste ich reingehen, aber da hätten sie ja dann auch Verständnis. Bei den Mädchen gehe ich da so mit um, dass ich schon reingehe, [...] Aber ich sehe das ganz klar so, dass ich zum Beispiel auch in der Bezirkssportanlage, wo ich zum Teil arbeite, da gibt es gar keine Umkleide für die Lehrer, und ich zieh mich dort mit denen um und deswegen betrete ich auch dann bei uns an der Schule die Umkleidekabine der Mädchen."

Hier wird erneut anhand der Umkleidekabinen eine ambivalente Nähesituation für die gegengeschlechtliche Lehrerinnen-Schüler-Beziehung entworfen. Dass Homoerotisches bei der Reflexion außen vor bleibt, zeigt sich daran, dass sie bei den Mädchen mit der Kabinensituation „so" umgehe. Hier deutet sich also an, dass sie sich darüber nicht in der Art Gedanken macht wie in Bezug auf die Jungen, denn sie ziehe sich auch in der Bezirkssportanlage gemeinsam mit den Mädchen in einer Kabine um. Diese Passage deutet daraufhin, dass homoerotische Komponenten beim Berührungsthema in der Schule allgemein nicht mitgedacht werden.

Später im Interview spricht sie noch einmal über ihre ambivalente Wahrnehmung von Berührungen in einer explizit gegengeschlechtlichen Konstellation, indem sie eine eigene Erfahrung aus der Ausbildung schildert:

> „Es ist so, dass ja gerade in dem Alter die Schüler sich schwer tun mit so direkten Berührungen. Ich meine, dass es sogar eine Gruppe Jungen und Mädchen gab, die sich freiwillig gemischt haben und ich habe selber diese Veranstaltung Akrobatik in einer Fortbildung gemacht, ... Und das ist der kasus knaxus, dass die erste Übung, die wir machen sollten, war mit fremden Leuten. Ich bin da nun zufällig, weil es personenmäßig so aufging, an einen Mann geraten. Wir sollten auf den Rücken springen, also sozusagen huckepack und einmal, ohne den Boden zu berühren, den Körper umkreisen und ich hab gedacht, ‚Die ticken nicht ganz sauber. Ich kriech ja nicht um so einen Kerl rum, den ich überhaupt nicht kenne'."

Dass sie in ihrer Ausbildung die akrobatische Übung mit einem Kollegen absolvieren musste, war ihr scheinbar äußerst unangenehm, was sich an ihrer leicht empörten Formulierung ablesen lässt. Trotz des sportiven Kontextes wird hier ersichtlich, dass Berührungen in der gegengeschlechtlichen Konstellation ambivalent sein können, denn Frau E. war die Berührungssituation ja peinlich und unangenehm. Die gegengeschlechtliche Berührungssituation wird dabei zum „kasus knaxus", der die unangenehme Wahrnehmung auslöst. Sie stellt eine Verbindung zwischen dieser damaligen Situation und ihren Schülern und Schülerinnen her und sieht in Bezug auf die Berührungen auch da den „kasus knaxus" in der gegengeschlechtlichen Konstellation.

„Die Hilfestellung war letzten Endes so, dass eine Hand an meinem Arm und die andere Hand auf meiner Brust lag [...]." – Erfahrungen mit Grenzüberschreitungen im Sportunterricht

Frau E. ist eine von zwei Lehrerinnen (vgl. auch Frau B., Kap. 6.2.1) dieser Studie, die in ihrer Pubertät am eigenen Leib grenzüberschreitende Erfahrungen mit Berührungen im sportlichen Kontext gemacht hat. Sie beschreibt eine Situation aus ihrem Sportunterricht, in der sie einen Handstandüberschlag vom Minitrampolin über den Kasten machen sollte. Da sie das damals sehr gut gekonnt habe, habe sie keine Hilfestellung bei der Übungsausführung von ihrem Sportlehrer bekommen wollen. Das habe sie ihm vorher auch mitgeteilt. Er habe ihren Wunsch jedoch ignoriert.

> „Die Hilfestellung war letzten Endes so, dass eine Hand an meinem Arm und die andere Hand auf meiner Brust lag, und ich das sehr unangenehm fand. Ich finde, dass gerade in dem Alter der Mittelstufe man einfach sowieso behutsam umgehen muss mit den Schülern, weil sie in der Pubertät sind."

Diese Episode aus ihrem eigenen Sportunterricht als Jugendliche erzählt sie mir, als ich sie danach frage, wieso sie so sensibilisiert für das Thema Berührungen sei. Damals habe sie als Schülerin bemerkt, dass in der Situation mit der Berührung ihres Sportlehrers etwas nicht in Ordnung gewesen sei und sie seine Berührung als sehr unangenehm empfunden habe. Weil sie die Hilfestellung nicht wollte, war für sie kein sportlicher Kontext ersichtlich, der seine Berührung auf Arm und Brust gerechtfertigt hätte. Aus ihrer Sicht ist eine andere, grenzüberschreitende Ebene mitgeschwungen, in der dieser Lehrer nicht nach einem beruflichen Erfordernis handelte, sondern vermutlich nach seinem individuellen Interesse. Sie spricht auch von der Pubertät ihrer Schüler/-innen, die ihr noch mehr

6.1 Reflektierte Ambivalenz 85

Vorsicht mit Berührungen gebiete. Damit deutet sie eine Potenzierung der Ambivalenz des Berührungsthemas in der Pubertät an.

Zusammenfassung

Frau E. bewertet gegengeschlechtliche Berührungen ihrer Schüler für sich selbst als ambivalentes Thema. Sie reflektiert, dass bei der Hilfestellung an einem Schüler durch eine Lehrerin eine Anschuldigung bezüglich einer körperlichen Grenzüberschreitung geschehen könnte. Auch sie als Frau im Sportlehrberuf fühlt sich davon betroffen, und hat Bedenken vor diesbezüglichen Unterstellungen. Bei ihr ist kein übergeordnetes Deutungsmuster in dem Sinne erkennbar, als dass Ambivalenz neutralisiert wird. Sie empfindet Berühren im Sportunterricht für sich als Lehrkraft problematisch und reflektiert sehr offen darüber. In der gefilmten Stunde versucht sie durch öffentliche Thematisierung von Berührungen mit der Lerngruppe die in der Stunde durchgeführten Berührungen zu neutralisieren, indem die Schüler/-innen gefragt werden, ob etwas problematisch an den Berührungen war. Damit geht sie in die Offensive, um noch einmal den Sinn der Berührungen zu verdeutlichen und sich rückzuversichern, dass niemand die Berührungen als grenzüberschreitend wahrgenommen hat.

Insbesondere für Sportlehrkräfte erachtet sie es als wichtig, dass diese sich explizit Gedanken über ihre Schüler/-innenberührungen machen müssten, da sie potenziell viel eher als ihre Kolleginnen und Kollegen einer Unterstellung in Richtung einer körperlichen Grenzüberschreitung im Unterricht ausgesetzt seien. Punkte, nach denen sie entscheidet, ob sie berühren kann, sind vor allem Geschlecht und Alter.

Gegengeschlechtliche Berührungen mit Schülern ab der achten Klasse hält sie für problematisch, was sich daran zeigt, dass sie zur gemeinsamen Demonstration einer sportlichen Übung nur eine Schülerin aussuchen würde. Berührungen von Schülerinnen sind für Frau E. altersübergreifend unproblematisch aufgrund deren Gleichgeschlechtlichkeit. An dieser Stelle spricht sie von der „Möglichkeit", eher eine Schülerin als einen Schüler berühren zu können, worin sich das herkömmliche Deutungsmuster, dass Frauen eher Frauen berühren können, ohne dass die Berührung möglicherweise mit einer potenziell sexualisierten Konnotation versehen werden kann.

Die Gegengeschlechtlichkeit wird für sie zum entscheidenden Punkt, der Ambivalenz bei Berührungen auslöst oder nicht, wofür sie den Begriff des „kasus knaxus" wählt, den sie anhand der Situation aus der eigenen Fortbildung, in der sie einen Kollegen bei einer sportlichen Übung berühren musste, konkretisiert.

Die Frage „Lege ich jetzt meine Hand auf seinen nackten Bauch oder lasse ich es bleiben?", die sich Frau E. im Rahmen des Interviews stellt, ist genereller Ausdruck eines Ambivalenzempfindens, in dem sich Sportlehrkräfte im Unterricht bei Berührungen ihrer Schüler/-innen befinden können. Berührungen können sie in ein Dilemma bringen: Auf der einen Seite besteht die Notwendigkeit, qua Berufsrolle durch Berührungen Hilfestellung im Sportunterricht leisten zu müssen. Auf der anderen Seite könnten sie in der Wahrnehmung der Schüler/-innen unter Umständen eine körperliche Grenzüberschreitung riskieren. Insbesondere bei gegengeschlechtlichen Berührungen scheint das virulent zu werden. Innerhalb dieses Dilemmas trifft am Beispiel von Frau E. die Arbeitssituation als Sportlehrkraft mit der Erfüllung der Berufsrolle und der Tabuisierung von Berührungen aufeinander.

6.2 Nichtbetroffenheit

Für dieses Deutungsmuster gibt es zwei unterschiedliche Erscheinungsformen im Interviewmaterial, deren übergreifende Orientierung Nichtbetroffenheit von der Ambivalenz von Berührungen darstellt. Frau B. fühlt sich qua Geschlecht und Frau P. aufgrund ihres Alters von der Ambivalenz der Schüler/-innen-Berührungen ausgenommen.

6.2.1 Qua Geschlecht nicht betroffen

Bei der ersten Erscheinungsform dieses Deutungsmusters zieht die interviewte Hauptschullehrerin ihr weibliches Geschlecht heran – da sie eine Frau ist, tangiere sie dass die Ambivalenz von Berührungen nicht.

Kurzbeschreibung Interview

Frau B. unterrichtet an einer Hauptschule in einer größeren Stadt. Die im Sportunterricht koedukativ unterrichtete 6 a beschreibt sie als sehr angenehme Klasse, in der ihr das Unterrichten Spaß bereite. Unser Interview fand in einem leeren Klassenraum in ihrer Freistunde statt und war deswegen von Zeitdruck geprägt. Ich schaute während des Interviews mehrmals auf die Uhr, um Frau B. zu versichern, dass wir die folgende Frage noch besprechen können würden. Im Verlauf unseres Interviews zeigte ich ihr zwei Videosequenzen, von denen in der Analyse nur eine thematisiert wird. Themen unseres Interviews sind über das Reflektieren

6.2 Nichtbetroffenheit

der Sequenzen hinaus Frau B.s Berufswahlmotivation, ihr eigenes Sporttreiben in der Jugend, ein selbst erfahrener körperlicher Grenzübertritt im Rahmen des ausgeübten Vereinssports als Jugendliche und Unterschiede im Berührungsverhalten mit jüngeren und älteren Schülern und Schülerinnen.

Sequenzbeschreibung „Hans macht Handstand"

Frau B. steht auf der Matte vor der Riege der Schüler/-innen. Tim, der ihr dabei helfen soll, den Schüler/-innen Hilfestellung beim Ausführen des Handstands zu geben, wartet seitlich rechts von ihr neben der Matte. Der Schüler Hans steht in einiger Entfernung am Kopf der Matte und bereitet sich auf seinen Handstand vor. Frau B. demonstriert währenddessen die Handstellung beim Handstand, indem sie beide Arme nach unten durchstreckt und dabei die Handrücken hochzieht. Danach dreht sie die Handflächen zwei Mal abwechselnd nach innen und außen. Hans macht ihre Bewegung nach. Frau B. tritt mit dem linken Fuß rückwärts von der Matte und ergreift mit ihrer rechten Hand die rechte Hand von Tim. Hans nimmt mit ein paar Tippelschritten Anlauf vor der Matte, um sich bei ihrem Erreichen auf die Hände fallen zu lassen. Die Beine bekommt er nicht nach oben, nur den Po für einen kurzen Augenblick, bevor er auf die Knie zurückfällt. Hans krabbelt ein Stück rückwärts zurück, richtet sich auf und verlässt die Matte, damit er sich erneut zum Anlauf postieren kann. Frau B. streckt ihre linke Hand nach unten aus, zieht den Handrücken nach oben und hebt ihr rechtes Bein gestreckt nach hinten, um erneut etwas zu demonstrieren. Dabei hält sie sich mit der rechten Hand an Tims Hand fest. Sie nickt ein paar Mal in Richtung der Lerngruppe. Jetzt stellt sich Hans dichter an die Matte heran, hebt die Arme hoch, um sie gleich wieder sinken zu lassen. Er reißt sie noch einmal hoch und lässt sich dieses Mal mit mehr Schwung nach vorne auf die Matte fallen. Frau B. ergreift mit ihrer linken Hand seinen rechten Knöchel, um ihn nach oben zu ziehen. Währenddessen kann Hans sich in den Armen nicht halten, weicht nach vorne aus und lässt sich schlaff hinunter auf die Matte sinken, wo er auf die Knie gehockt zunächst im Päckchensitz liegen bleibt. Frau B. lässt seinen Knöchel los, bleibt aber hinuntergebeugt stehen und klatscht ihm aus der Bewegung heraus leicht auf den Po. Hans stützt sich auf die Hände, winkelt sprungartig die Beine unter den Bauch und steht auf.

Begründung Sequenzauswahl

In dieser gefilmten Stunde gab es viele Körperberührungen von Frau B., da sie beim Einüben des Handstandes mit einem anderen Schüler zusammen selbst Hilfestellung leistete. Weil der Großteil ihrer Lerngruppe noch ungeübt in der Ausführung eines Handstands zu sein schien, war ihre Hilfestellung oft sehr massiv und mit viel Einsatz von Kraft für sie verbunden. Mehrere Male fielen die teilweise schon sehr großen und kräftigen Sechstklässler/-innen bei der Hilfestellung in sie hinein, da sie nicht die notwendige Körperspannung aufbauen konnten, um den Handstand zu halten. Der Klaps auf den Po von Hans fiel mir beim nachträglichen Betrachten auf. Ich dachte darüber nach, welche Bedeutungen ein Klaps auf den Po generell haben kann: Ich nehme ihn in bestimmten Situationen aufmunternd, lobend und situationsauflockernd wahr. Andererseits kann er ambivalent sein und für die Betroffenen eine Grenzüberschreitung darstellen. Ich hoffte, sie würde mir nach Betrachten der Sequenz im Interview erzählen, wie es zu dem Klaps kam und wie sie darüber denkt.

„Gut, dass ich jetzt kein Mann bin." – Geschlechterstereotype und Grenzüberschreitungen

Bevor ich Frau B. diese Sequenz überhaupt zeige, kommt sie in der Interviewseinstiegsphase von sich aus darauf zu sprechen. Anlass dazu bietet ihr meine Fragen danach, ob sie oder die Lerngruppe sich aufgrund der Kamera in der gefilmten Stunde anders verhalten hätten als sonst. Daraufhin spricht sie die Sequenz an, ohne dass sie wissen kann, dass ich gerade diese für unser Interview ausgewählt habe. Diese Tatsache, den Klaps auf den Po von Hans direkt thematisieren zu wollen, veranschaulicht, dass sie unter einem gewissen Rechtfertigungsdruck zu stehen scheint. Immerhin liegt der Zeitpunkt der Videoaufzeichnung bereits sechs Wochen zurück. Der Klaps auf den Po muss nachhaltig bedeutsam für sie gewesen sein, dass er in ihrem Gedächtnis verhaftet blieb und sie ihn sogleich verbalisieren wollte.

> „Es gab eine Situation, da habe ich nur gedacht ‚Gut, dass ich jetzt kein Mann bin. Das könnte irgendwie komisch aussehen.' Ich weiß gar nicht, ich glaub es war ein Mädel oder ein Junge. Ich weiß es nicht. Jemand machte einen Handstand oder eine Rolle und ich hab dann irgendwie auf den Rücken oder auf den Po irgendwie so ‚Hey toll!' oder irgendwie so einen Klaps gegeben. Da habe ich dann gedacht so, da warst du dann mal im Hinterkopf. Da habe ich dann gedacht, wenn so was dokumentiert wird und ich jetzt noch ein Mann wär, dann wär das wahrscheinlich schon wieder eine komische Kiste."

6.2 Nichtbetroffenheit

Auf einer Metaebene analysiert sie den Genderaspekt ihrer Berührung und vollzieht dabei gedanklich einen Geschlechtswechsel. Wäre sie in der Situation ein Mann gewesen, dann wäre der Klaps auf den Po in ihrer Wahrnehmung bedenklich gewesen. Da sie jedoch eine Frau ist, fällt sie qua Geschlecht aus der gängigen Stereotypisierung vom Mann als Täter von körperlichen Grenzüberschreitungen heraus, wodurch die Situation eine Neutralisierung erfährt. Dass die Situation möglicherweise trotzdem ambivalent für sie zu sein scheint, darauf kann die Verwischung ihrer Erinnerung in diesem Zitat hinweisen. Sie weiß nicht mehr, ob es ein Mädchen oder ein Junge war und ob sie auf dem Rücken oder auf dem Po berührte. Sie hätte direkt sagen können, dass es eine Situation gab, in der sie einem Jungen einen Klaps auf den Po gab, was ihr möglicherweise unangenehm ist. Die Erinnerung an diesen Klaps ist zwar im Detail verwischt, aber sie kann die Situation trotz der verstrichenen sechs Wochen letztendlich doch noch genau wiedergeben. Den Anlass für ihren Klaps in der Situation bildete ein lobender oder aufmunternder sportlicher Kontext, der durch den Ausruf „Hey toll" im Zitat vermittelt wird. Da Hans den Handstand nur schwerlich ausführen konnte, wollte sie ihn vielleicht durch den Klaps auf den Po aufmuntern und ihm Mut machen, es wieder zu versuchen. Dann spricht sie mich und die Anwesenheit der Videokamera an. Obwohl die Situation bereits sechs Wochen zurückliegt, erinnert sie sich daran, dass ich ihr in dieser Situation im Hinterkopf war. Es war also vermutlich etwas Problematisches für sie mit diesem Klaps verhaftet, denn er scheint ihr vor mir unangenehm zu sein. Durch meine Anwesenheit verbunden mit der Videoaufnahme könnte sie sich in ihrer Situationswahrnehmung möglicherweise implizit doch mit dem Vorwurf eines körperlichen Grenzübertritts konfrontiert sehen. Der bedrohliche Charakter unterstreicht sich in dem Moment noch, in dem sie im Zitat sagt, wenn „jetzt noch". Jetzt, wo die Berührung für ihr Gefühl wahrscheinlich ohnehin schon ambivalent war, wenn jetzt noch hinzugekommen wäre, dass sie ein Mann gewesen wäre, dann wäre die Situation problematisch gewesen, wenn sie aus dem eindeutigen lobenden sportlichen Kontext herausgelöst worden wäre. Sie umschreibt den Grenzübertritt mit der „komischen Kiste", von der ich wissen möchte, was sie bedeutet:

> „Ja, das ist ja immer so eine Frage, inwieweit da eine Grenze überschritten wird. Und für mich ist das nicht so. Ich kann die Kinder auch in den Arm nehmen und da eine körperliche Nähe zulassen, wenn ich das Gefühl hab, es ist für die auch in Ordnung. Ich war dann halt auf einer anderen Ebene und hab halt gedacht, das könnte jetzt irgendwie ein Punkt sein, über den man ... ja reden könnte. Aber mehr vor dem Hintergrund wenn ich jetzt ein Mann wär und das wär ein Mädchen. Ich weiß es nicht, ob das dann schon irgendwie über eine Grenze hinausgegangen wäre. Da hab ich dann so einen Moment lang drüber nachgedacht."

Für ihr subjektives Empfinden war der Klaps akzeptabel, denn sie kennt ja den Zusammenhang zum lobenden sportlichen Inhalt genau. Die von ihr bezeichnete „andere" Ebene könnte eine andere Reflexionsebene beziehungsweise eine Metaebene meinen, auf der sie meint, sich für diese Berührung vor Außenstehenden, die den Kontext nicht eindeutig zuordnen können, rechtfertigen zu müssen. Mit, wenn „man" darüber reden könnte, spricht sie erneut meine außenstehende Position an. Jedoch wiederholt sie noch einmal den Geschlechtswechsel in Gedanken. In dieser von ihr ersonnenen Berührungskonstellation zwischen Mann und Mädchen habe sie darüber nachgedacht, ob es eine Grenzüberschreitung gewesen sein könnte. Diese Passage zeigt erneut, wie ambivalent Berührungen für Sportlehrkräfte sein können. So wie Frau E. (vgl. Kap. 2.1) baut auch Frau B. an dieser Stelle eine heterosexuelle Bezugsnorm-Orientierung bei Berührungen auf, indem sie nur die Lehrer-Schülerinnen-Konstellation problematisch in Bezug auf körperliche Grenzüberschreitungen wertet. Homosexuelle Lehrerinnen-Schülerinnen oder Lehrer-Schüler-Konstellationen bleiben indes auch hier (vgl. auch Frau E.) ausgeklammert.

Das Interview mit Frau B. lässt sich in zwei Reflexionsphasen unterteilen. Sieht sie sich bis zu dieser Stelle qua Geschlecht nicht von der Ambivalenz von Berührungen betroffen, gibt sie in einer zweiten Phase doch zu bedenken, dass eine Schülerberührung auch für sie als Frau problematisch sein könnte. Sie merke beispielsweise, dass sie bei Mittelstufenklassen zu den Jungen einen anderen Abstand halte und diese auch nicht tröstend in den Arm nehme, weil das in deren Interesse sei und sie selbst das auch nicht wollen würde.

> „[…] es wäre was anders, wenn ich ein Mann wäre und der würde jetzt so ‚Ist doch alles wieder gut', und so. Ich glaube es ist auch schon eine Sache, weil ich eine Frau bin und das möchte ich dann auch respektieren. Weiß ich nicht. Also ich denke, es gibt auch Ausnahmen. Aber ich habe das Gefühl es, dass den Jungs dabei mulmig würde und darum lass ichs. Ne."

Auch hier nimmt sie am Anfang des Zitats zum dritten Mal einen gedanklichen Geschlechtswechsel vor. Wäre sie ein Mann, dann könnte sie sich vorstellen, dass sie Jungen eher berühren könnte. In der Folge dieses Zitats schließt sie nicht mehr aus, dass auch sie als Frau einen Jungen anfassen könnte. Dabei formuliert sie, dass den Jungen dabei aber „mulmig" werden könnte. Damit verweist sie auf ein mögliches ambivalentes Empfinden aufseiten der Schüler, das sie sensibel einfühlend respektieren wolle. Hier reflektiert sie, dass sie trotz ihres weiblichen Geschlechts auch von der Ambivalenz bei Berührungen betroffen sein könnte.

„[...] ich hatte mal einen Badmintontrainer, der [...] legte seine Hand auf meinen Brustkorb [...]." – Erfahrung mit Grenzüberschreitungen im Vereinssport

Frau B. wurde im Alter von zwölf Jahren im Rahmen ihrer Vereinssporttätigkeit selbst mit einem körperlichen Grenzübertritt durch ihren Trainer konfrontiert. Den Anlass für ihre Erzählung bildet meine Bemerkung, dass ihre Tätigkeit als rhythmische Sportgymnastin in ihrer Jugend spannend für unser Gesprächsthema sei, da körperliche Nähe in Form von Hilfestellung in turnerisch-gymnastischen Sportarten wichtig sei.

> „(Lacht) Ne. Ich weiß, bei der rhythmischen Sportgymnastik war es wirklich ein Zupacken und das war auch in Ordnung so. Ich musste jetzt lachen, weil ich hatte mal einen Badmintontrainer, der kam immer von hinten, legte seine Hand auf meinen Brustkorb und fragte ‚Puckerts?' (lacht lautstark). Das hatte eine andere Dimension für mich. Das war mir nicht geheuer. Das konnte ich aber damals auch noch nicht so einordnen. Es ist aber auf jeden Fall was, was geblieben ist."

Ohne dass von mir der Aspekt der Zweideutigkeit von Berührungen explizit in unserem Gespräch angesprochen wird, thematisiert sie ihn von sich aus. Wahrscheinlich klingt hinter meiner Formulierung, dass Berührungen bei der rhythmischen Sportgymnastik im Rahmen der Hilfestellung wichtig seien, an, dass ich auf das weitverbreitete Klischee über turnerisch-gymnastische Sportarten hinaus wolle und an grenzüberschreitende Machtverhältnisse zwischen Trainern und jungen Athletinnen denke. Sie beteuert für die rhythmische Sportgymnastik, dass es da „wirklich" ein „Zupacken" gewesen sei. Lachend berichtet sie direkt im Anschluss jedoch von einer anderen Erfahrung, bei der die Berührungen für sie nicht in der Weise in Ordnung gewesen seien wie bei der rhythmischen Sportgymnastik. Es kommt zur Schilderung einer Situation, die sie als Jugendliche als körperlichen Grenzübertritts ihres Badmintontrainers empfand. Für Frau B. hätten die Berührungen damals eine „andere Dimension" gehabt. Wie im folgenden Zitat, welches an dieser Stelle als Querverweis eingefügt wird, bevor das Ursprungszitat erneut weiter ausgelegt wird, sichtbar, ist für die von ihr aufgeführte „andere Dimension" der Berührungen ihres Trainers charakteristisch, dass sie nichts mit Helfen zu tun gehabt hätten und aus dem unterstützenden Berührungskontext, den sie von der rhythmischen Sportgymnastik her kannte, herausfielen.

> „Ja, aber ich schmunzel drüber und ... es ist eben eine andere Ebene gewesen, als dass es jetzt irgendwie ums Helfen ging oder um die Sache selber."

Hier wählt Frau B. anstelle der „anderen Dimension" die Formulierung der „anderen Ebene". Die „andere Ebene" beziehungsweise „Dimension" beschreibt, dass die Trainerberührung aus einer Notwendigkeit eines sportlichen Kontextes herausfiel.

Heute, um zurück zum Ursprungszitat zu kommen, empfindet sie die Berührung des Trainers als grenzüberschreitend, da ein weiteres Charakteristikum der „anderen Dimension" darin besteht, dass diese ihr nicht „geheuer" gewesen sei. Sie beschreibt weiter, dass ihr der grenzüberschreitende Charakter mit zwölf Jahren noch nicht klar gewesen sei („noch nicht so einordnen").

Ich frage sie zum Schluss dieser Passage, ob sie sich bei der rhythmischen Sportgymnastik an Ähnliches erinnern könne, und spreche damit nicht aus, dass ich mit „Ähnliches" die erfahrene Grenzüberschreitung meine. Zwischen uns beiden scheint aber auch unausgesprochen Einigkeit darüber zu herrschen, dass damals eine körperliche Grenzüberschreitung vorlag, auch wenn keine von uns das Wort in dieser Passage explizit ausspricht. „Ne. Ne ne. Also da empfand ich eigentlich eine Hilfestellung, und wenn es nur so war, dass irgendwo ein Arm war, eigentlich auch immer als vertrauenserweckend und ... Ja Mut machend. Ne. Und tja ..."

An dieser Stelle wird noch einmal die Abgrenzung zwischen ihrer Wahrnehmung und ihren Gefühlen bei Berührungen im Rahmen der rhythmischen Sportgymnastik und im Rahmen der Berührungen des Badmintontrainers deutlich. In erstem Fall waren die Berührungen angebracht und sie konnte sie eindeutig dem sportlichen Kontext zuordnen. Damit bilden sie den Gegenpol zu den Berührungen des Badmintontrainers.

Zusammenfassung

Aufgrund ihres weiblichen Geschlechts sieht sich Frau B. nicht von der Ambivalenz von Berührungen betroffen. Der Klaps auf den Po von Hans lässt sie einen gedanklichen Geschlechtswechsel zum Mann vollziehen. Wäre sie in der Situation ein Mann gewesen und Hans ein Mädchen, dann glaubt sie, dass die Berührung problematisch gewesen wäre. Hinter diesem gedanklichen Geschlechtswechsel lässt sich das Deutungsmuster der potenziellen männlichen Täterschaft als Hintergrundfolie erkennen. Danach können lediglich Männerberührungen grenzüberschreitend sein. Frauenberührungen gelten hingegen immer als harmlos, egal ob diese gleich- oder gegengeschlechtlich sind. In dieser Zuschreibung ist eine heteronormative Bezugsnorm-Orientierung insofern von Bedeutung, als Frau B. lediglich die Lehrer-Schülerinnen-Konstellation bei Berührungen als ambivalent betrachtet. Frau B. hat in ihrer Jugend im außerschulischen Vereinssport selbst Erfahrungen mit grenzüberschreitenden Männerberührungen gemacht.

6.2 Nichtbetroffenheit 93

6.2.2 Qua Alter nicht betroffen

Bei der zweiten Erscheinungsform des Deutungsmusters „Nichtbetroffenheit" von der Ambivalenz der Berührungen zieht die befragte Mittelstufenlehrerin ihr vorangeschrittenes Alter heran, welches ausschließe, dass es zu ambivalenten Momenten bei Berührungen kommen könnte.

Kurzbeschreibung Interview

Frau P. befindet sich seit fast 30 Jahren im Lehrberuf. An der Realschule in der ländlichen Region unterrichtet sie die Klasse 10c koedukativ als Fachlehrerin in Sport. Das Interview findet in einem leeren Klassenzimmer statt. Da wir für das Interview lediglich ihre Freistunde zur Verfügung haben, findet es unter Zeitdruck statt. Ich habe zwei Videosequenzen mit in das Interview gebracht. In der Analyse gehe ich nur auf „David beim Dehnen" ein. Weitere Themen unseres Interviews sind ihr eigenes Sporttreiben als Jugendliche, ihre Beweggründe, Lehrerin zu werden, ihre Sicht auf ihre Lehrerinnenrolle in der fünften im Vergleich zur zehnten Klasse, ihre vorangeschrittenes Alter und ihre zum Teil sehr attraktiven Schülerinnen und deren Verhalten gegenüber männlichen Lehrkräften.

Sequenzbeschreibung „David beim Dehnen"

Frau P.s Lerngruppe soll zur Erwärmung am Beginn der Stunde gemeinsam Dehnübungen im Sitzkreis machen. Frau P., die ebenfalls sitzt, führt die korrekten Übungsausführungen vor. Zuerst zeigt sie eine Übung, bei der ihre Schüler/-innen sitzend mit beiden Händen die an den Schuhsohlen zusammengepressten Füße an den Sprunggelenken umfassen sollen. Aus dieser Position heraus sollen sie nun mit den Ellenbogen die Knie Richtung Hallenboden drücken. Nachdem Frau P. die Übung demonstriert hat, steht sie auf und geht die Lerngruppe ab, um die einzelnen Übungsausführungen zu kontrollieren. Sie steuert gezielt auf David zu, der die Übung nicht so recht zustande bekommt. Frau P. tritt genau vor ihn, beugt sich im Rücken zu ihm herab und umfasst mit ihrer linken Hand seinen rechten Ellenbogen und mit der rechten Hand sein linkes Handgelenk. Sie drückt so Davids Arm mehr an die Innenseite des angewinkelten Beines. Dann fasst sie gleichzeitig oben auf Davids Knie und drückt seine Arme an beiden Ellenbogen von innen gegen die Knie. David blickt auf seine Knie. Nachdem die Arme in der richtigen Stellung sind, berührt sie noch einmal mit beiden Händen die Oberseite von Davids Knien. Dann stellt sie sich, im Rücken immer noch nach unten gebeugt, rechts neben ihn. Sie richtet sich auf, um zum nächsten Schüler zu gehen.

Begründung Sequenzauswahl

In der gefilmten Stunde gab es viele flüchtige Berührungen von Frau P. Dabei hat sie beispielsweise versucht, unmotiviert auf der Bank sitzende Schüler/-innen zum Mitmachen zu animieren. Auch bei den ausgiebigen Dehnübungen zu Beginn der Stunde ist sie ohne Unterbrechung zu den einzelnen Mitgliedern der Lerngruppe gegangen und hat diese bei der Übungsausführung korrigiert. Das hat sie meistens durch eine kurze Berührung der Körperteile gemacht, die von den Schülerinnen und Schülern nicht richtig eingesetzt worden sind. Die Sequenz, in der sie David beim Dehnen hilft, habe ich ausgesucht, da sie ihn bei ihrer Korrektur am Knie berührte. Im Grunde hätte ich auch einige andere ähnliche Situationen mit Schülern, die sie beim Dehnen durch eine Berührung korrigiert, zeigen können. „David beim Dehnen" steht exemplarisch für eine Reihe von ähnlichen Situationen in der Sportstunde und ich möchte ihre Meinung zu Berührungen im Rahmen von Bewegungskorrekturen erfahren.

„Ich hab mir da noch nie Gedanken drüber gemacht." – Technische Auffassung

Frau P. kann, während sie die Sequenz betrachtet, nichts Besonderes feststellen, und muss spontan über die Unsportlichkeit eines Großteils ihrer Lerngruppe bei der Übungsausführung lächeln. Sie beteuert zwei Mal hintereinander, dass ihr nichts zur Videosequenz einfalle. Einen richtigen Erzählanstoß vermag das Gesehene bei ihr nicht auszulösen, und ich frage, ob sie, wenn sie daran denke, dass das Thema des Interviews Berührungen seien, noch etwas zur Szene mit David sagen könne. Das verneint sie. Sie gehe davon aus, dass sie bei solchen Dehnübungen immer helfe, wenn es irgendwie gehe, und sagt, dass das ganz normal bei ihr sei und nichts Besonderes. Frau P. beantwortet jeden weiteren Frageversuch mit kurzen Aussagen („Ja auf alle Fälle."; „Nö, eigentlich nicht."; „Ich hab mir da noch nie Gedanken drüber gemacht.", „Ich glaube nicht."). An dieser Stelle kommen zwei Lesarten in Frage. Eine Möglichkeit ist, dass sie die Berührung von David im rein technischen sportlichen Zusammenhang wahrnimmt, in dem Ambivalenz bei Berührungen keine Rolle spielt. In diesem Interpretationsrahmen wären Berührungen im Sportunterricht für Frau P. einfach kein Thema und sie hat sich, wie sie formuliert, möglicherweise noch nie Gedanken darüber gemacht, da Berührungen zu ihrem täglichen Handlungsrepertoire als Sportlehrerin gehören und als solche auch sozial normiert sind. Eine weitere Möglichkeit kann auch sein, sie kein Interesse daran hat, mit mir über ihre Berührungen zu sprechen, da ein solches Gespräch zu unangenehm sein könnte.

„[...] Klasse zehn, dann bin ich einfach der Lehrer." – Geschlecht, Fürsorge, Lerngruppenalter

Die Sicht auf ihr Geschlecht differenziert Frau P. nach dem Alter der Lerngruppen, in denen sie unterrichtet. In höheren Klassen nimmt sie sich im Gegensatz zu jüngeren Lerngruppen eher als geschlechtslose Lehrkraft wahr, die lediglich ihrem Lehrauftrag nachkommt. Die Differenz beschreibt sie wie folgt:

> „Ich denke, dass man in der fünften Klasse mehr noch so eine Mutterrolle ausfüllt. Die duzen einen ja auch noch und haben das nicht gelernt und ich denke in Klasse zehn, dann bin ich einfach der Lehrer. Das denke ich schon."

Im Umgang mit jüngeren Klassen verbindet sie ihr Geschlecht mit Fürsorglichkeit in Form einer Mutterrolle. Im Gegensatz zur fünften spielt ihr Geschlecht in der zehnten Klasse für sie keine Rolle mehr. Dort bleiben demnach Fürsorgeaspekte eher außen vor, weswegen auch ihr weibliches Geschlecht unwichtig wird und sie sich als geschlechtslosen Lehrer wahrnimmt, der weniger Beziehungsarbeit im Unterricht leistet, sondern seine Berufsrolle primär an Fachinhalten orientiert. Fürsorglichkeit, die sie mit ihrem Geschlecht verbindet, wird von älteren Lerngruppen in ihrer Wahrnehmung nicht mehr nachgefragt. In der fünften Klasse beschreibt sie einen Anlass, bei dem sie berührt, folgendermaßen:

> „Ich habe zum Beispiel jetzt eine fünfte Klasse mit ganz Kleinen. Da ist so einer, der ist ganz wehleidig. Das ärgert mich zwar so ein bisschen, aber den nehm ich fast jede zweite Stunde in den Arm und sage ‚Nun Toni! Nun mach doch!' Also das äh ist ganz normal und ich denke, das machen die Klassenlehrerinnen auch und die anderen Lehrer. Also da denke ich, das ist ganz normal."

Durch ihre Bezeichnung der Schüler als „ganz Kleine" wird die Interpretation im Rahmen des Fürsorge-Aspekts hier noch einmal deutlich. Toni wird von Frau P. zur Aufmunterung in den Arm genommen. Durch ihren Vergleich mit den anderen Lehrkräften relativiert sie solche Berührungen, da es alle so machten und das vermutlich im Umgang mit jungen Schülern und Schülerinnen auch generell einer hohen sozialen Normierung unterliegt.

„Ich bin ja für die auch viel zu alt [...]." – Vorstellungen zu Geschlecht, Alter und sexueller Attraktion

Frau P. meint, nicht von der Ambivalenz betroffen zu sein, die Berührungen unter Umständen anhaften können, da sie sich als zu alt ansieht, als dass ihre Schüler sie als attraktive Frau wahrnehmen könnten. Dieser Aspekt kristallisiert sich im Rahmen meiner Frage danach, ob sie Unterschiede in der Berührung eines Zehntklässler im Gegensatz zu einem Fünftklässler wahrnehme.

„Das könnte natürlich sein, dass die Klasse das irgendwie anders sehen würde. Das kann ich mir schon vorstellen. Auf der anderen Seite kann ich mir nicht vorstellen, dass da ein Riesenunterschied [L. W.: in Bezug auf Berührungen in Lerngruppen der fünften Klasse] ist. Das glaube ich nicht. Ich bin ja für die auch viel zu alt, wenn man jetzt auf irgendwelche geschlechtsspezifischen Verhaltens äh -weisen, die sehen in mir ja wirklich nur, nicht die Frau, sondern den Lehrer. Ich denke da haben Sie jüngere Kolleginnen, wo Sie das vielleicht mehr sehen."

In dieser Passage kann Frau P. sich vorstellen, dass eine zehnte Klasse im Gegensatz zu einer fünften Klasse ihre Berührungen auch schon einmal anders, im Sinne von ambivalent, bewerten könnte. Durch die Anführung ihres vorangeschrittenen Alters kämen solche ambivalenten Momente jedoch nicht auf, denn sie sei zu alt, „[...] wenn man jetzt auf irgendwelche geschlechtsspezifischen Verhaltens äh -weisen [...]." Mit „geschlechtsspezifischen Verhaltens äh -weisen" sind ambivalente Momente zwischen ihr als Frau und ihren Schülern gemeint. Frau P. spricht zwar in dieser Passage lediglich in den geschlechtsneutralen Formulierungen „für die" und „die", aber sie meint damit die Jungen der Klasse, da ich sie vorher explizit nach Jungen gefragt habe. Die Frage danach, wofür sie zu alt sei, legt vor dem Hintergrund ihrer Wortwahl in erster Linie eine Auslegung dahin gehend nahe, dass sie zu alt dafür sei, dass ihre Schüler sie attraktiv finden könnten, was eine Berührung problematisch werden ließe. Aufgrund ihres Alters sähen die Schüler in ihr auch nicht das weiblich Attraktive, sondern nur den geschlechtslosen Lehrer. Hier kommt ein Deutungsmuster zum Tragen, dass Frauen vorangeschrittenen impliziert, als nicht attraktiv und geschlechtslos wahrgenommen zu werden. Schließlich verweist sie auf die jüngeren Kolleginnen, bei denen ich das mehr sehen könne. Die jüngeren Kolleginnen werden von den Schülern in Frau P.s Wahrnehmung demzufolge noch als attraktive Frauen betrachtet, was zu Problemen bei Berührungen führen könnte. Ich frage sie, ob sie da aus eigener Erfahrung spreche.

6.2 Nichtbetroffenheit

> „Ja ich denke also, ich selbst hab mich nie anders verhalten, aber ich kann mich dran erinnern, als wir aus Kanufahrt waren mit irgendwelchen Schülern, dann sagte irgendeiner ‚Oh, ich muss Sie mal eben umarmen' oder irgend so was. [...]."

Bei der geschilderten Situation handelt es sich aufgrund des Exkursionscharakters der Kanufahrt, die bereits einige Jahrzehnte zurückzuliegen scheint, nicht unmittelbar um alltäglichen Sportunterricht. Damals hatte sie gemerkt, dass der Schüler nicht nur „den Lehrer", wie sie es vorher formulierte, in ihr sah. Bei der Berührung dieses Schülers nahm sie vielmehr wahr, dass er sie als attraktive Frau, die er möglicherweise begehrenswert fand, ansprach. Wenn sie anführt, sich selbst nie anders verhalten zu haben, dann meint sie damit, dass sie einen Schüler nie als attraktiven jungen Mann angesehen hat. Ich frage, ob ihr das damals unangenehm gewesen sei, und will wissen, wie sie reagiert habe. „Nö, es war mir nicht unangenehm. Ich hab ihn irgendwie aufgezogen. Mehr weiß ich aber auch nicht mehr."

Sie fing die ambivalente Situation zwischen sich und dem Schüler damals mit einem Witz auf. Später erzählt sie noch von einer zweiten ambivalenten Berührungssituation im Sportunterricht, die sie ebenfalls mit Ironie auflöste. Das verweist darauf, dass Ironie eine generelle Lösungsstrategie darstellt, um ambivalente Unterrichtssituationen aufzulösen.

„[...] wenn [die jungen Mädchen] jetzt ganz tief dekolletiert zum Sportunterricht kommen [...]." – Jugendliche Attraktivität und Ambivalenz

Im Verlauf von Frau P.s Reflexionsprozess in unserem Interview gibt es noch eine weitere Stelle, an der deutlich wird, dass sie ambivalente Momente im Sportunterricht teilweise durchaus wahrnimmt. So gerät sie, als ich danach frage, ob sie sich vorstellen könne, dass das Thema Berührungen im Sportunterricht sich für ihre männlichen Kollegen anders gestalte, ins Erzählen.

> „Ja, kann ich mir gut vorstellen. Ich denke, dass die Mädchen auch ja versuchen vielleicht mit Körperkontakt eventuell bessere Noten bei männlichen Kollegen zu bekommen. Und heute sehen die ja manchmal, ich finde die sehen hübsch aus, das soll jetzt nicht negativ sein, also ich find das sieht wirklich hübsch aus, aber wenn die jetzt ganz tief dekolletiert zum Sportunterricht kommen, denn denke ich auch, ja muss nicht unbedingt sein. Aber es sieht schön aus und ich kann mir vorstellen, dass sie das auch manchmal machen, weil einige männliche Kollegen das vielleicht gerne sehen, ich weiß nicht, ob sehen, doch sehen, ich mein ich seh es ja auch gern, aber dass die vielleicht dann anders reagieren."

Sie bezieht meine Frage auf die Schülerinnen, die Körperkontakte nutzen würden, um bessere Noten zu bekommen. An dieser Stelle erscheint Frau P. so stark offensiv wertschätzend gegenüber den Schülerinnen, dass für sie möglicherweise etwas Problematisches an deren jugendlicher Schönheit sein könnte. Hier kommen mehrere Auslegungsarten infrage. Es könnte sich um eine gewisse Art von Trauer, ob der eigenen im Alter verloren geglaubten Attraktivität handeln. Die hübschen Dekolletés der jungen Schülerinnen, als starkes Signal weiblicher Attraktivität, spielen dabei eine wichtige Rolle. Eine zweite, nahe liegendere Lesart besteht darin, dass Frau P. durch ihre betonte Wertschätzung einfach vermeiden möchte, dass ich denken könnte, sie wertet die Schülerinnen ab. Eine ambivalente Komponente, die Frau P. zwischen den Kollegen und den Schülerinnen wahrnimmt, ist jedoch evident. Denn in ihrer Beschreibung wird das Bild vom Mann, der auf die von der jungen attraktiven Frau präsentierten erotischen Reize reagiert, konstruiert.

„[...] ich [würde] versuchen, das irgendwie mit einem Witz vom Tisch zu kriegen." – Ironie als Lösung

Wie schon an anderer Stelle in dieser Fallstudie angedeutet, löst Frau P. ambivalente Momente im Unterricht mithilfe von Ironie auf. Wir sprechen über Turnunterricht und zupackende Berührungen, die ablaufen müssten, damit sich niemand dabei verletze.

> „Das mache ich, ohne drüber nachzudenken. Aber wie gesagt, ich bin ja auch mal Turner gewesen. Deswegen ist das alles automatisiert worden und es war, ja auch an der Uni, da hat man nie drüber nachgedacht."

Da sie selbst geturnt hat, macht sie sich über die dabei eingesetzten Berührungen keine Gedanken, denn der technische Kontext stellt so den primären Deutungsrahmen dar. Anlass dazu ist die eigene Turnpraxis und ein daraus entstandenes Wissen, wie man richtig Hilfestellung gibt. Dass Berührungen beim Turnen in Universitätsseminaren ebenfalls nicht thematisiert wurden, sichert den technischen Deutungsrahmen weiter ab. Die Kombination aus eigener Turnpraxis verbunden mit Automatisierung der dabei wichtigen Griffe und institutioneller Nichtthematisierung – macht offenkundig die Frage nach den Berührungen überflüssig.

Ich bringe in das Gespräch, es könne einmal vorkommen, dass man im Rahmen der Hilfestellung Schüler/-innen an Stellen berühren könnte, die ihnen nicht so angenehm sind. „Das ist jetzt einfach so. Ich weiß nicht, wenn das pas-

6.2 Nichtbetroffenheit

siert, dann würd ich versuchen, das irgendwie mit einem Witz vom Tisch zu kriegen. Doch." Ihre Antwort impliziert, dass Schüler-/innen sich unangenehm berührt fühlen könnten und dies dann auch so hinnehmen würden. Auch in einer solchen Situation würde Frau P. die Situation durch Ironie neutralisieren. Das, was in einer solchen Situation, bildlich gesprochen, auf den Tisch gekommen ist, also ein ambivalenter Moment, das wird durch den Witz wieder aus der Welt geschaffen. Sie kann sich dazu auch an eine Situation erinnern.

> „Also ich weiß nur, dass ich irgendwann mit einem Schüler bei einer Hilfestellung irgendwie zusammengefallen war, weil ich irgendwie den nicht auffangen konnte und denn hab ich einen Witz gemacht. Aber ich weiß nicht mehr, was ich gesagt habe und das war ... alles lachte. Und dann war es ok."

Durch die ungewollte Körperberührung zwischen Frau P. und dem Schüler bei einer Hilfestellung ist es zu einem kurzen ambivalenten Moment zwischen den beiden gekommen. Dieser scheint ihr unangenehm gewesen zu sein und sie hat auch hier einen Witz gemacht, um die Situation aufzufangen. Weil alle Schüler/-innen gelacht hätten, ihr damit also Rückversicherung gaben, dass die Situation von ihnen nicht als körperliche Grenzüberschreitung vonseiten Frau P.s gewertet wurde, war für die Lehrerin die Ambivalenz neutralisiert.

Zusammenfassung

Frau P. nimmt Berührungen im Sportunterricht generell in einem technischen Kontext wahr, dem nichts Ambivalentes anhaftet. Aufgrund ihrer biografischen Sporterfahrungen im Turnen, weiß sie, wie sie adäquat berühren muss. In jüngeren Klasse ist ihr weibliches Geschlecht bei Berührungen in Form von Fürsorge präsent, wohingegen die älteren Klassen sie nur in ihrer Rolle als Sportlehrer, der Fachliches vermittelt, wahrnähmen.

Nachdem Frau P. von der Kanufahrt erzählte, an der sie vor mehreren Jahren als jüngere Lehrerin teilnahm, beginnt ihre Reflexion auch über ambivalente Momente bei Berührungen. Danach spricht sie ambivalente Momente bei Schülerinnen mit ihren männlichen Kollegen an. Diese Schülerinnen würden durch ihre jugendliche Attraktivität versuchen, bei den Kollegen im Sportunterricht bessere Noten zu erlangen. Für ihre eigene Person gilt jedoch die leitende Selbstwahrnehmung, dass sie eine alte und deswegen unattraktive Frau sei – daher gebe es auch keine ambivalenten Momente mit ihren Schülern mehr. Für ihre männlichen Kollegen gelte das indes nicht.

Tritt doch einmal eine ambivalente Berührungssituation im Sportunterricht auf, dann Frau P. löst ihn mittels Ironie auf, was sie anhand einer Berührungssituation aus dem Turnunterricht verdeutlicht.

Zusammenfassung Deutungsmuster

Zwar sehen beide Sportlehrerinnen des Deutungsmusters „Nichtbetroffenheit" in manchen Situationen eine Ambivalenz im Hinblick auf Berührungen von Schülerinnen und Schülern, jedoch kommen bei beiden Deutungshintergründe zum Tragen, die sie aufgrund persönlicher Eigenschaften nicht davon betroffen machen. In Frau B.s Wahrnehmung dominiert das auf geschlechterstereotypen Annahmen beruhende Deutungsmuster vom Mann als Täter körperlicher Grenzüberschreitungen bei Mädchen und Frauen. Weil sie aber eine Frau ist, fühlt sie sich bei Berührungen ihrer Schüler, hier am Beispiel vom Klaps auf den Po von Hans, nicht davon betroffen, möglicherweise körperlich grenzüberschreitend sein zu können. Frau B. hat so wie auch Frau E. Erfahrungen mit körperlich grenzüberschreitenden Männerberührungen im Sportkontext am eigenen Leib erfahren müssen.

Wirkt bei Frau B. ihr Geschlecht zur Legitimation, nicht grenzüberschreitend sein zu können, spielt bei Frau P. ihr vorangeschrittenes Alter die tragende Rolle. Dieses bewirkt in ihrer Wahrnehmung, dass die Schüler sie nur noch als geschlechtslosen Lehrer und nicht mehr als attraktive Frau sähen, was bei jüngeren Kolleginnen durchaus anders sei, wobei sie auch aus eigener Erfahrung in jüngeren Jahren spricht. Anders gestaltet es sich bei Berührungen der jüngeren Schülerinnen und Schüler. Hier sieht Frau P. ihr Geschlecht insofern als bedeutsam an, als sie glaubt, hier noch eine emotionalere Rolle zu erfüllen, die ähnlich einer Mutterrolle sei, was jedoch in höheren Klassen nicht mehr zum Tragen komme.

Trotzdem nimmt sie ambivalente Momente bei Berührungen zwischen sich und Schülern z. B. bei der Hilfestellung beim Turnen in höheren Klassen teilweise durchaus wahr. Zur Neutralisierung wirkt Ironie als Lösungsstrategie, indem sie Witze darüber macht, wenn sie z. B. bei der Hilfestellung mit einem Schüler zusammen auf einer Matte liege, weil diese fehlschlug. Das Deutungsmuster des unattraktiven geschlechtslosen Alterns, was sie sich zuschreibt, überträgt sie nicht auf ihre Kollegen, bei denen die attraktiven Schülerinnen durch die Präsentation ihrer Attraktivität oder durch Körperkontakt bessere Noten bekommen wollten.

6.3 Nähe

Für das hier beschriebene Deutungsmuster gibt es drei unterschiedliche Erscheinungsformen, die bedeutsam sind: Der Mittelstufenlehrer Herr T. sieht sich als Sportkumpel der berührten Schülerin. Die Grundschullehrerin Frau W. als Ersatzmutter des berührten Schülers, der mit ihr im Sitzkreis kuschelt. Auch bei Frau M., Grundschullehrerin, herrscht ein mütterliches Deutungsmuster vor, welches sie jedoch meint, nicht erfüllen zu können. Den Lehrkräften gemeinsam ist, dass sie Berührungen innerhalb spezifischer Beziehungskontexte zwischen sich und ihren Schülern beziehungsweise Schülerinnen interpretieren. Herr T. und Frau W. haben von allen Interviewten die größte körperliche Nähe zu ihren Lerngruppen.

6.3.1 Sportkumpel

Kurzbeschreibung Interview

Herr T. ist seit über 30 Jahren im Sportlehrberuf und unterrichtet die Klasse 7d der Gesamtschule in einer ländlichen Region koedukativ im Sportunterricht. Unser Interview findet im Vertrauensraum der Schule statt. Er hat viel Zeit mitgebracht. Ich zeige Herrn T. im Verlauf des Interviews zwei Sequenzen aus ein und derselben Stunde mit der Schülerin Ina, in denen die Berührungen jeweils von ihm ausgegangen sind. Hauptthema unseres Interviews ist die Beziehungsebene zu seinen Schülern und Schülerinnen. Dabei spricht er besonders von den von ihm betreuten Jungenwettkampfmannschaften, mit denen er an Schulfußballturnieren teilnimmt. Herr T. erzählt außerdem von Themen, die für ihn als Mann im Sportlehrberuf sensibel sind. In diesem Rahmen thematisiert er Hilfestellung beim Turnen und das Betreten der Umkleidekabinen.

„[Ich würde mich] eher dem Kumpel zuordnen." – Fußball, Kumpel und Nähe

Herr T. definiert seine Lehrerrolle tendenziell in Richtung eines Kumpels für seine Schüler/-innen. Dieser Beziehungsrahmen ist wichtig für die Art und Weise, wie er Berührungen wahrnimmt. Ich bitte ihn darum, sich zu Beginn unseres Interviews einem Typ von Lehrer zuzuordnen. Dabei erwähne ich, dass gängige Vorstellungen dazu z. B. von autoritären Lehrkräften oder Kumpeltypen geprägt seien.

"Ich glaube, das ist relativ leicht beantwortet. Ich bin mit Sicherheit nicht der Strenge. Ich habe also zu den Schülern eigentlich ein unheimlich gutes Verhältnis. Das steigert sich eigentlich noch mit den Leuten, die ich so dann und wann in meinen Wettkampfmannschaften betreue und zum großen Teil gar nicht mal im Unterricht habe. Aber das sind dann so die Highlights für diese Leute, wenn sie irgendwo in einer Fußballmannschaft mitspielen oder ich habe jahrelang hier alle Sportturniere veranstaltet. Insofern haben sie mich hier immer nur als den gesehen, der hier die guten Sachen macht. Zumindest die, die mit Sport was am Hut hatten. Dann kam halt oftmals noch hinzu, dass das natürlich die waren, die dann in den Hauptschulklassen auch die größten Granaten waren. Die waren im normalen Unterricht absolut ätzend, aber im Sport und auch so draußen, wenn wir mit den Mannschaften los waren, da konnte man mit denen was anfangen. Da klappte das immer hervorragend. So gesehen würde ich mich eher dem Kumpel zuordnen."

Dass Herr T. eine besondere Affinität zu den Jungenwettkampfmannschaften, mit denen er zu Fußballturnieren fährt, haben zu scheint, taucht in diesem Eingangszitat erstmals auf. Fußball, die Sportart, die Herr T. selbst seit Kindertagen betreibt, und der außerschulische Wettkampfrahmen werden hier zum verbindenden Beziehungselement zwischen ihm und den Schülern. Da er einbringt, diese Jungen nicht im normalen Unterricht zu haben, scheint er seine Rolle im außerschulischen Wettkampfrahmen anders zu definieren. Aus dieser Andersartigkeit der Beziehung im Kontext der Fußballturniere leitet er unter anderem ab, dass er sich tendenziell als Kumpel sieht. Da er derjenige ist, der durch die Organisation der Sportwettkämpfe die, wie er es nennt, „guten Sachen" anbietet, mögen ihn die sportlichen Schüler („die was mit Sport am Hut haben"). Die, die gerne Fußball spielen, gut darin sind und an Turnieren teilnehmen, so wie er, für die ist er mehr der Kumpel als der herkömmliche Lehrer. Hier ist eine gewisse Sympathie der Fußball spielenden Jungen, die sich nicht immer angepasst im herkömmlichen Schulunterricht verhalten, erkennbar. Denn wenn er davon erzählt, dass diese Hauptschüler im normalen Unterricht schwierig seien, dann verdeutlicht das, dass sie im außerschulischen Kontext anders sein müssen, da die Beziehungsebene auch eine andere zu sein scheint als im Klassenunterricht.

Dass durch die engere, aus den Fußballwettkämpfen erwachsene, Beziehung auch Probleme bei der Grenzziehung außerhalb vom Sport auftreten können, wird durch seine Antwort auf die Frage evident, ob die ihm entgegengebrachte Sympathie nur etwas damit zu tun habe, dass er Sportlehrer sei.

„Also es hängt nicht nur mit dem Sport zusammen. Ich denke, das kann man auch gar nicht voneinander trennen. Wenn du so auftrittst in der Schule, dann ist das durchgängig. Ich fahr auch mal aus der Haut und brülle mal einen Schüler an und mach die mal an. Das muss aber auch sein, damit die wissen, wo die Grenzen sind. Da haben nämlich viele Mühe, das so einzuschätzen. Das Problem tauchte ja in den

6.3 Nähe

Anfangsjahren immer auf, als ich noch jünger war auch. Dann gerade in der Oberstufe haben wir uns geduzt, denn ich war ja keine zehn Jahre älter als die. Wenn wir zusammen Fußball gespielt haben, dann habe ich ja immer mitgespielt, dann war das immer gegeben. Da haben ganz viele Probleme gehabt im anderen Unterricht dann, das wieder einordnen zu können, so eine Grenze zu ziehen."

Insbesondere in seinen jüngeren Lehrer-Jahren verdeutlichte sich die Problematik der Grenzziehung zu den fußballbegeisterten Schülern, die er in der Oberstufe monoedukativ in Fußballkursen unterrichtete. Diese Schüler hatten im normalen Unterricht Probleme, ihn als übergeordnete Lehrperson anzuerkennen, wenn Herr T. beim gemeinsamen Fußballspiel mit ihnen die Hierarchieebene aus der Lehrer-Schüler-Beziehung herausnahm. Außerhalb des Sportunterrichts musste er dann seiner höheren Lehrerposition anscheinend zum Teil stark Nachdruck verleihen. Seine Schüler konnten es nicht gut trennen, wenn er im Sportunterricht in der Form auftrat, dass sie ihn duzen durften, und der beim gemeinsamen Fußballspiel quasi einer von ihnen war, den sie aber andererseits im normalen Unterricht als übergeordnete Lehrperson akzeptieren mussten. Das gemeinsame Fußballspielen bildet auch in dieser Situation das verbindende Element.

Sequenzbeschreibung „Begrüßungsszene"

Während die Schüler/-innen sich auf dem Rasen an der weißen Feldbegrenzungslinie sammeln, schlendert Herr T. mit Thomas langsam über die Aschenbahn zu ihnen. Die beiden unterhalten sich. Thomas setzt sich zu den anderen. Herr T. bleibt seitlich vor seinen Schülerinnen und Schülern stehen und wartet darauf, dass alle aus anderen Ecken des Sportplatzes hinzukommen und sich setzen. Das Ganze dauert sehr lange. „Birgit, was ist los?!" Herr T. ruft eine Schülerin herbei. Mehrere Mädchen haben es sich an der weißen Linie bequem gemacht und sich hingelegt. Ein paar Jungen stehen hinter ihnen. Noch immer sind nicht alle da. Herr T. hat lange gewartet und stellt sich jetzt langsam direkt vor seine Schüler/-innen. Ina, eine Schülerin, die in der heutigen Sportstunde ihre normale Jeanshose hochgekrempelt bis zum Knie trägt, winkt in die Kamera. Dabei wirft sie sich rückwärts in den Schoß ihrer Mitschülerin Heike, die ebenfalls eine Jeans trägt. Ihre beiden Köpfe stoßen aneinander. „Au!", beide lachen. Ina bleibt mit angewinkelten Beinen auf dem Rücken im Schoß von Heike liegen. Sie hat den Kopf in den Nacken genommen und blickt aus dieser Position von unten hinauf zu ihrem Lehrer. Herr T., die rechte Hand zum Sonnenschutz an die Stirn legend, schaut in die Ferne und kontrolliert, ob nun auch wirklich alle da sind. Ina winkt erneut mit beiden Händen. Das Winken geht über in ein Zuwerfen von Kusshänden. Herr T. erklärt den heutigen Stundeninhalt. Ina: „Oh nein. Nein!"

Sie bekundet ihren Unmut über das angesetzte 800m-Laufen. Herr T. streckt ihr seine rechte Hand zum Abschlagen entgegen. Sie holt zum Abklatschen aus, woraufhin er seine Hand schnell wegzieht. Beide müssen lachen. Daraufhin springt Herr T. mit einem Satz zu ihren Füßen, beugt sich hinunter, nimmt ihre Knöchel und zieht ihre Beine nach oben. Ganz über Kopf stellt er sie nicht. Lediglich ihre Beine und ihr Gesäß haben keinen Bodenkontakt mehr. Ina kreischt und hält sich an den Beinen ihrer Freundin Heike fest, in deren Schoß sie sitzt. Alle Schüler/-innen schauen auf die beiden Mädchen. Herr T. wendet sich von ihr ab, um sich wieder vor allen zu postieren und per Fingerzeig die Gruppen einzuteilen. Ina lacht und streicht sich durchs Haar.

Begründung Sequenzauswahl

An dieser Situation ist meine Aufmerksamkeit besonders verhaftet geblieben. Für eine Berührung während des Unterrichts kam mir diese Situation ungewöhnlich nah vor. Ich möchte von Herrn T. deswegen erfragen, wie er die Situation wahrgenommen hat.

„[Ina] ist also auch kein Kind von Traurigkeit [...]." – Berührungen und Spaßebene

Da Herr T. die Berührungssituation mit Ina nicht von selber thematisiert, sondern über fachdidaktische Fehler, die er meint in dieser Situation begangen zu haben, spreche ich ihn direkt darauf an. Ich frage ihn, ob er sich erinnern könne, was in der Situation los gewesen sei. Dabei gebe ich die Antwortmöglichkeiten in der Frage vor, ob Ina etwas Witziges gesagt habe oder ob er die Aufmerksamkeit seiner Schüler gewinnen wollte. Damit neutralisiere ich die Situation ein Stück weit. Damit signalisiere ich Herrn T. unbewusst, dass ich sie nicht als bedrohlich wahrnehme. Herr T. erklärt, dass er sich zwar nicht im Detail erinnern könne, aber Ina vermutlich ihren Unmut über das von ihm angekündigte Laufen geäußert habe.

> „Also erinnern kann ich mich nicht mehr, aber ich kann mir vorstellen, dass sie das nicht machen wollte, was ich ihr gesagt habe oder was ich den anderen gesagt habe und sie hat halt was gesagt. Aber solche Sachen zum Beispiel, die kann man nicht mit jedem Schüler machen. Die kann ich mit ihr machen, das weiß ich auch."

„Solche Sachen", wie das Hochheben von Ina, könne er mit Ina machen und beteuert, dass er sich da auch ganz sicher sei. Hinter dieser Formulierung bleibt

6.3 Nähe

offen, was er meint. Denkbar ist, dass er mit „solche Sachen" eine Form von körperlichen Witzeleien, die von Schüler/-innenseite auch schon einmal falsch verstanden werden könnten, meint; falsch im Sinne eines körperlichen Grenzübertritts. Er führt an, dass Ina vor dem Hochheben gesagt habe, dass ihr etwas nicht passe. Hier tritt erneut eine Art der Solidarisierung nicht nur mit Ina, sondern auch mit ihrem unangepassten Verhalten auf, wenn er, nachdem sie ihren Unmut über das von ihm Gesagte vor der Klasse verkündet, zu einer spaßigen Abklatschberührung („give me five") ausholt, wie sie z. B. als typische körperliche Geste im Sport auftaucht, wenn ein Zusammenspiel erfolgreich war. Hier wird eine Verbindung zwischen Berührungen und Spaßebene hergestellt.

Diese Verbindung wird an einer weiteren Stelle untermauert. Meine Frage, ob das Verhältnis zwischen den beiden ein anderes sei als zu den übrigen Schülerinnen, bejaht er und erklärt, wieso er so etwas mit Ina machen könne.

> „Ja. Ja, weil ich auch weiß, dass die ... Das ist also auch kein Kind von Traurigkeit, weil ich die auch mal ... Also wenn ich jetzt hingehen würde, und würde einem Schüler in den Hintern treten, das kann so und so sein. Und im Sport, wenn einer irgendwelchen Mist macht, dann mach ich das auch mal so. Dann sehe ich zu, dass ich mir nicht den Fuß bei breche. Und die finden das ... Die wissen ja genau, wie das gemeint ist. Dass sie irgendwelchen Mist gemacht haben und das sein lassen sollen. Und bei ihr (Ina) wär das genau das Gleiche. Die lacht dann drüber, hat sie ja hier auch gemacht."

Nach kurzem Zögern bezeichnet er Ina als „kein Kind von Traurigkeit", womit er ausdrückt, dass sie immer für einen Spaß zu haben ist. Schließlich habe Ina gelacht, als er sie an den Knöcheln packte und hochzog. Er deutet ihr Lachen bei seiner Berührung dahin gehend, dass sie damit einverstanden ist und es witzig findet, was sein Handeln absichert. Denn wenn er einem Schüler „in den Hintern trete", dann könne das doppeldeutig („so und so") aufgenommen werden. Die von ihm angesprochene Doppeldeutigkeit ist als schmaler Grad zwischen körperlichem Grenzübertritt und kumpelhaftem Spaß im Sport auslegbar, was auch Herrn T. bewusst ist. Aber sein in den „Hintern Treten" ist auf der „Mist"-Ebene, wie er es nennt, angesiedelt, womit der Spaßcharakter deutlich werden soll. Die Schüler würden zuerst mit so etwas anfangen und er mache es dann auch. Diese körperlichen Spaßberührungen stellen damit einen Aushandlungsprozess zwischen Lehrer und Schülern beziehungsweise Schülerinnen dar. Seine Schüler wüssten genau, dass es sich dabei nicht um einen körperlichen Grenzübertritt handele, sondern dass er es im Spaß meine, weil sie dasselbe ja vorher auch mit ihm getan hätten. Indem er angibt, er passe auf, dass er sich, wenn er sie in den Hintern trete, nicht den Fuß dabei breche, will er mir vermutlich zeigen, dass er nicht so stark zutritt, damit es für die Schüler-/innen nicht gefährlich wird.

Denkbar ist aber auch eine Lesart in dem Sinne, dass er mich auf der Spaßebene mit einbeziehen möchte, weil seine Formulierung möglicherweise auch Anreiz zum gemeinsamen Lachen bieten könnte, womit auch ich als Außenstehende die Spaßebene verstanden und anerkannt hätte.

Die Verbindung, die Herr T. zwischen Berührungen, Fußball und Spaßebene zieht, wird in folgendem Zitat einmal mehr deutlich.

> „Bei den Jungs ist es im Grunde genommen genauso. Da kann man das auch nicht mit jedem machen. Wie gesagt, da bin ich dann, wenn ich so diese Leute sehe, mit denen ich im Fußball die Wettkampfmannschaften mache, mit denen ich draußen bin und trainiere, da ist das keine Frage. Die können das alle einordnen und gehen damit auch locker um mit solchen Sachen. Oder wenn ich die mal packe und mal durchschüttle oder hochhebe oder watt weiß ich. Umgekehrt machen die das genauso auch. Das ist dann keine Sache. Im Sport gehört das einfach auch dazu, um auch das nicht so dröge ablaufen zu lassen."

Die sportlichen Jungen, die er zu Wettkämpfen begleitet, verstehen seine Berührungen wie das bereits erwähnte in den Hintern Treten oder Durchschütteln und Hochheben am besten. Wie bereits dargestellt, ist die Identifikation mit ihnen groß, und deswegen erscheint ein gemeinsames Verständnis über diese Art von Berührungen vorzuliegen. Ihnen ist gemeinsam, dass sie die körperlichen Kumpel-Gesten der Sportwelt kennen und anwenden. Die Spaßebene, auf der die Berührungen im Umgang miteinander stattfinden, wird hier zu einem dem Sport generell innewohnenden Charakteristikum. Danach pflegen Sporttreibende während des gemeinsamen Sporttreibens untereinander einen lockeren Umgang, bei dem Vorkommnisse, wie in den Hintern treten, Durchschütteln etc., ganz anders zu bewerten sind als außerhalb der gemeinsamen Sportwelt. Durch das gemeinsame Sporttreiben erlangen diese körperlichen Gesten eine andere Bedeutung, die alle daran beteiligten Sportler verstehen. In diesen Ausführungen werden Berührungen, die in anderen, nichtsportlichen Kontexten auch als körperliche Grenzüberschreitungen angesehen werden könnten, zu einer Art Spaßcode, den nur die Beteiligten verstehen können.

„Man muss dann auch sehr vorsichtig sein, wenn du türkische Schülerinnen drin hast [...] " – Berührungen, Ethnie und Geschlecht

Nicht alle Schüler/-innen verstehen so wie Ina oder die fußballbegeisterten Jungen die körperlichen Spaßberührungen von Herrn T. So z. B. die Schülerinnen mit türkischem Migrationshintergrund, denen die Gesten der Sportwelt nicht

6.3 Nähe

bekannt sind. In diesem Zusammenhang antwortet Herr T. auf die Frage, ob er die körperlichen Späße mit allen machen könne, folgendermaßen.

> „Das muss man einfach wissen und abwägen. Das kann man überhaupt nicht mit jedem Schüler machen. Man muss dann auch sehr vorsichtig sein, wenn du türkische Schülerinnen drin hast, dann die mit Kopftuch auch noch Sport machen, das ist ja immer wieder noch eine ganz andere Welt. Da musst du ganz anders noch mit umgehen."

Indem Herr T. von Schülerinnen mit türkischem Migrationshintergrund spricht, thematisiert er eine Gruppe junger Mädchen, die körperlich ganz bedeckt ist, und wendet die Szene damit in eine „ganz andere Welt", fernab der Sportwelt. Mit den Berührungen müsse „man", womit er sein Verhalten für alle Sportlehrkräfte verallgemeinert, bei diesen Schülerinnen vorsichtig sein. Hier verwendet er ausschließlich die weibliche Bezeichnung Schülerinnen und verleiht innerhalb des thematisierten ethnischen Kontextes dem weiblichen Geschlecht zusätzlich Bedeutung bei der Ambivalenz von Berührungen. Die türkischen Schülerinnen scheinen ein Extrem in Bezug auf die Berührungsthematik in seiner Wahrnehmung darzustellen. Türkischer Nationalität zu sein, stellt dabei die erste Steigerung im Hinblick auf das Verständnis für körperliche Spaß-Gesten der Sportwelt dar. Wenn diese Schülerinnen dann noch ein Kopftuch trügen, dann weiß er, dass sie sich in einer ganz anderen Welt, einer ganz traditionellen, befindet. Diese Welt scheint weit weg zu sein von der Sportwelt des Fußballs. Mit diesen Schülerinnen ist er nicht wie mit der Fußball spielenden Ina auf einer Ebene, weil sie offenbar aus zu verschiedenen Welten kommen. In der Welt der religiösen Schülerinnen mit türkischem Migrationshintergrund hat man vermutlich kein Verständnis für die kumpelhaften Spaßberührungen der Sportwelt und könnte sie aufgrund des nicht vorhandenen Wissens über kumpelhafte Gesten der Sportwelt missinterpretieren. Die Berührungen von Herrn T. könnten in diesem Kontext eine ganz andere, potenziell grenzüberschreitende Konnotation erhalten. Damit wird eine Zwei-Welten-Ebene konstruiert, auf der sich Ethnie und Sport gegenüberstehen.

In Bezug auf Schüler mit Migrationshintergrund scheint sich die Zwei-Welten-Verständigungsproblematik zu nivellieren, womit aus Geschlechterperspektive die Wahrnehmung von Geschlechterdifferenzen durch die Komponente Ethnie verstärkend wirkt. Auch die Identifikationen mit und die Nähe zu diesen Schülern scheint wiederum größer zu sein als zu den Schülerinnen.

> „In der achten Klasse da habe ich eine Truppe, das ist Haupt- und Realschule, das sind 35 Leute. Das ist die absolute Hammertruppe. Da sind Kerle drin, das ist unglaublich. Die sind ja auch zum Teil dann der deutschen Sprache nicht so ganz

mächtig, ne. Dann kommt da so einer an ‚Mensch T., was hast du wieder für einen Scheiß gepfiffen' oder so irgendwie. Das ist natürlich auch eine Form von Nähe. Dann kommen die auch so mit dem Arm, aber das ist nicht so, dass der dann handgreiflich wird. Der meint das eben dann auch mehr so kumpelhaft. Und das musst du aber einordnen und ab und zu den Jungs dann auch Bescheid sagen können, wo so die Grenze ist, das verstehen sie aber dann auch. [...] Da musst du eine gewisse, ja Burschikosität haben und gewisse Nähe aufbauen, aber die müssen auch klar erkennen, hier ist Schicht und nicht weiter."

Auffallend ist zunächst eine gewisse Härte der sprachlichen Formulierungen: „Truppe", „absolute Hammertruppe", „Kerle", „Scheiß", „handgreiflich", „Burschikosität". Zwar scheint Herr T. den migrantischen Schülern näher zu sein als den Schülerinnen, auf einer Ebene mit ihm, so wie die sportlichen Fußballer, sind sie in Bezug auf das Verständnis für körperliche Gesten dennoch nicht. Dazu ist die Distanz wiederum zu groß, denn Herr T. müsse deren harte Berührungen ihm gegenüber selbst erst einmal in seiner Welt einordnen, so wie die fußballbegeisterten Schüler und Ina die Berührungen von Herrn T. in den sportlichen Spaßkontext einordnen müssen, damit sie nicht missverständlich sind. Herr T. deutet an, dass man die harten Berührungen der migrantischen Schüler auch als grenzüberschreitend auffassen könnten, was sie jedoch nicht sind, da er sie wiederum in den kumpelhaften Kontext einordnet („und das musst du aber einordnen").

„[...], wenn es von Schülerseite drauf angelegt wird, dann kannst du dem nicht entgehen." – Ambivalente Themen für Männer im Sportlehrberuf

Herr T. bringt das Thema Berührungen aber nicht nur in Zusammenhang mit der von ihm beschriebenen Spaßebene im Sportunterricht, sondern sieht in bestimmten Situationen bei Berührungen auch eine gewisse Ambivalenz für sich bestehen.

„Also sensibel ist das Thema auf jeden Fall und immer wieder im Sport und zwar einmal bei jüngeren Schülerinnen, also bis zur siebten achten Klasse, die dann ... Ja ... Die reagieren dann so, dass sie anfangen zu weinen oder sich in die Ecke setzen oder gar nicht mehr machen. Dann blockieren die völlig. Und die andere Sache ist dann so bei älteren Schülerinnen, ab zehnte Klasse aufwärts, da ist ja immer wieder, da denn die Probleme gerade so mit Anfassen. Da muss man also ganz sensibel mit umgehen und ich denke, das kann nur funktionieren, wenn die wirklich alle damit einverstanden sind und wissen, was passiert. Ich meine, es kommt ja im Grunde genommen sowieso nur bei, ja beim Turnen oder so vor. Also bei der Hilfestellung oder beim Trampolin oder so. Ansonsten wenn jemand Basketball spielt, den muss ich ja nicht anfassen."

Dem Sportunterricht schreibt er in Bezug auf Berührungen, so wie auch Frau E. (vgl. Kap. 6.1), eine besondere Stellung im Vergleich zu anderen Unterrichtsfächern zu. Damit meint Herr T vermutlich, dass im Sportunterricht Berührungen auch schon einmal als körperliche Grenzübertritte gewertet werden könnten. Zunächst spricht er von den jüngeren Schülerinnen. Wenn er diese so berührt wie Ina oder die fußballbegeisterten Schüler, dann würden sie anfangen zu weinen oder machten gar nicht mehr mit – dies deutet daraufhin, dass auch sie die Gesten der Sportwelt und deren Spaßcharakter nicht kennen. Die Probleme, die sich dann im Umgang mit den älteren Schülerinnen und Berührungen ergeben, scheinen andere zu sein als jene mit den jüngeren. Hier scheint ihm bewusst zu sein, dass sie seine Berührungen innerhalb eines grenzüberschreitenden Kontextes interpretieren könnten. Deswegen erklärt er im Anschluss, dass er seinen Schülerinnen ganz klar machen müsse, dass seine Berührungen nicht doppeldeutig seien. Er neutralisiert die Ambivalenz jedoch, indem er anführt, dass die Problematik lediglich beim Turnen bestünde.

Darüber hinaus spricht Herr T. einen ganzen Komplex von Themen an, die für ihn als Mann im Sportlehrberuf gefährlich in Bezug auf die Unterstellung eines körperlichen Grenzübertritts werden können. Zu denen gehört unter anderem das Turnen. Ausgangspunkt seiner Bedenken stellen seine Ausführungen zur Besonderheit im Umgang mit den Mädchen im Sportunterricht dar.

„Ja also in manchen Situationen ist das schon ganz klar. Nehmen wir... Also das Paradebeispiel ist ja Geräteturnen, wenn ich dann Hilfestellung geben muss oder so und dann sind da schon mal welche dabei, die dann keine Hilfestellung haben wollen oder so ein bisschen sich nicht trauen da mitzumachen. Gut das akzeptiere ich einfach, wenn sie nicht wollen, dann sollen sie das lassen."

Er zögert hier zunächst kurz, nennt dann aber das Geräteturnen als Paradebeispiel für Besonderheiten im Umgang mit den Mädchen. Wenn er von Hilfestellung beim Geräteturnen „oder so" spricht, dann benennt er eine erste Situation des Komplexes ambivalenter Situationen für Männer im Sportlehrberuf. Dazu zählen nach gängiger Vorstellung neben der Hilfestellung beim Turnen, die Umkleidekabinen, der Schwimmunterricht oder der Aufenthalt mit einer Schülerin allein in einem Raum. Zur erstgenannten ambivalenten Situation führt er aus, dass es beim Geräteturnen Mädchen gebe, die seine Hilfestellung ablehnten oder sich nicht trauten mitzumachen, was er im Unterricht akzeptiere. An dieser Stelle gibt Herr T. im Sportunterricht eigentlich seine Profession auf, die darin besteht, allen dieselbe Bewegung, in diesem Fall das Geräteturnen, beibringen zu wollen.

Er entscheidet sich jedoch dagegen, alle anzusprechen und lässt die Mädchen entscheiden, ob sie mitturnen wollen, um mögliche Ambivalenzen aus dem Weg zu gehen. Ich möchte wissen, ob die Schülerinnen nicht mitmachen würden, weil sie nicht von ihm angefasst wollen würden.

> „Ja so was zum Beispiel. Es hängt auch ein bisschen damit zusammen, wie das Verhältnis zum Lehrer ist. Da muss also einfach ein Vertrauen da sein. Wenn ich also mit denen Handstandüberschlag über einen Kasten mache, da liegen wir dann manchmal beide da hinten drin, weil ich sie einfach rüberziehe bevor alles zusammenbricht. Oder ich habe die da hinten auf dem Rücken liegen und bevor sie auf der Kiste zusammenbrechen, das ist dann so. Ja. Aber das sind wirklich ganz, ganz wenige und wie gesagt meistens halt oder eigentlich immer auch welche, die da vielleicht so eine Ausrede sehen, weil sie das nicht machen wollen. Gut ich kann das nicht so beurteilen, was da wichtiger ist."

Wenn Herr T. hier von Vertrauen spricht, dann sind dafür zwei Lesarten möglich. Entweder meint er, dass die Schülerinnen in seine gute Sportlehrerausbildung vertrauen müssten, die ihn dazu befähigt, jede ohne Verletzungen sicher über das Gerät zu bringen. Die zweite besteht darin, dass die Schülerinnen sich bei der Hilfestellung von einem fremden Mann berühren lassen müssen. Deswegen müssen sie ihm vertrauen, dass er das im rein professionellen Lehrkontext tut, der lediglich darauf abzielt, sie bei der Bewegungsausführung zu unterstützen und zu sichern. Wenn er beschreibt, dass er manchmal mit einer Schülerin zusammen auf dem Rücken in den Matten liege, wenn er sie beim Handstandüberschlag über den Kasten ziehen müsse, dann benennt er damit eine Situation, die für Außenstehende grenzüberschreitend aussehen könnte („komisch aussehen"). Deswegen betont er die Notwendigkeit eines schnellen Handelns beim Geräteturnen („einfach rüberziehen, bevor alles zusammenbricht").

Als weiteres Thema des Komplexes ambivalenter Themen für Männer im Sportlehrberuf benennt er die Umkleidekabinen der Mädchen.

> „Ja gut das fällt denke ich in diesen ganzen Komplex rein. Die Sache ist ja einfach die, wenn es von Schülerseite drauf angelegt wird, dann kannst du dem nicht entgehen. Irgendwo würden sie dich erwischen. Da bin ich ziemlich sicher. Gerade beim Kabinenabschließen. Ich muss die abschließen, sonst gibt es da Gott weiß was für einen Ärger. Gut ich schrei dann rein, klopfe an und brülle und dann melden die sich schon oder auch nicht. Ich meine das ist ja dann am Anfang der Stunde. Die sind ja dann umgezogen und laufen da rum. Gut ich denke, so gefährlich ist das auch nicht. Erstmal laufen die da nicht nackt durch die Gegend. Das machen die schon mal vor den anderen nicht. Auch nicht die Jungs. Einer alleine bleibt also in diesen Klassen sowieso nicht in der Kabine. Wenn dann klucken die da immer zu fünft oder sechst rum und ratschen noch und man muss sie dann rausholen, dass sie sich dann auch in

der Halle mal wieder sehen lassen. Man muss halt einfach so weit es geht drauf achten, dass es nicht passiert. Gut ich meine du hast da ja auch im ganz normalen Schulunterricht, wenn du mit einer Schülerin mal irgendwas besprechen musst und da hast du ja auch nicht immer irgendwen dabei und da kann dir das im Grunde genommen genauso passieren. Wenn die dann hinterher sagt, ‚Der hat mich da angefasst' oder was weiß ich und dann musst du auch sehen, wie du damit rauskommst."

Herr T. nimmt die Umkleidekabinen als bedrohlichen Ort wahr, bei dessen Betreten ihm potenziell Voyeurismus vonseiten einer Schülerin unterstellt werden könnte. Er spricht im ersten Teil des Zitats von Schülern, denen er als Sportlehrer nicht entwischen könne, wenn sie ihm etwas anhängen wollten. Vermutlich will er so betonen, wie schnell es möglicherweise zu Anschuldigungen gegen ihn kommen könnte und wie ausgeliefert er diesen dann wäre. In seiner Formulierung benutzt er nicht die Ich-Form, sondern distanziert sich mit der Du-Form und vermittelt damit, dass es sich um ein generelles Problem für Männer im Sportlehrberuf handelt. Zunächst bezieht er sich auf das Sorgfaltsargument, dass er die Kabinen abschließen müsse, „sonst gibt es da Gott weiß was für einen Ärger".[39] Als Taktik mit der für ihn ambivalenten Situation zu verfahren, schreie und brülle er. Die Überzeichnung der Situation vor allem mithilfe dieser Verben aber auch des vorherigen Ausdrucks vermittelt, wie sorgfältig er dabei ist und vor allem wie groß seine Distanz in diesen Momenten zu den Schülerinnen ist. Damit ist auch seine Wahrnehmung (vgl. auch Frau E. und Frau B.) von ambivalenten Situationen im Sportunterricht von einer heterosexuellen Bezugsnorm-Orientierung geleitet, da er die Umkleidekabinen der Jungen nicht thematisiert. Auch wenn er problematisiert, dass man nicht mit einer Schülerin allein in einem Klassenraum bleiben solle, bezieht er sich damit auf eine heterosexuelle Bezugsnorm-Orientierung.

---

[39] Damit spricht er einen Erlass an, der die Aufsichtspflicht von Sportlehrkräften in Umkleidekabinen regelt. Das Land Nordrhein-Westfalen regelt die Aufsichtspflicht zum Beispiel wie folgt: Die Aufsichtspflicht von Sportlehrkräften gilt grundsätzlich auch in Umkleidekabinen, es sei denn, Lehrkräfte gehören nicht demselben Geschlecht an, außer in der Grundschule, in der das Geschlecht der Lehrkraft und der Schüler keine Rolle spielt. Dafür sieht das Ministerium vor, gegebenenfalls eine andere Person, zum Beispiel Schüler/-innen desselben Geschlechts zeitweise mit der Beaufsichtigung zu vertrauen. „Sollten die so genannten „Hilfskräfte" während der Umkleidezeit der Schülerinnen bzw. Schüler situativ überfordert sein, so muss der Lehrer/die Lehrerin versuchen, eine Aufsichtsperson des entsprechenden Geschlechts der Schülergruppe zur Hilfe holen bzw. holen lassen. Ein direktes Betreten der Kabine während der Umkleidezeit sollte vermieden werden, es ist nur zur Abwendung aktueller ernsthafter Gefahrensituationen zu rechtfertigen, die sich aus der konkreten Situation im Einzelfall ergibt" (Ministerium für Schule, Jugend und Kinder des Landes NRW; zit. n. Pradel, 2005).

Zusammenfassung

Bei Herrn T. kommt das Deutungsmuster des Sportkumpels zum Tragen, dessen Berührungen im Kontext der Sportwelt nicht ambivalent sein können, da Berührungen einer impliziten eindeutigen nonverbalen Codierung unterliegen. Er nimmt seine körperlichen Spaßberührungen im Sportunterricht, hier am Beispiel der Schülerin Ina, nicht als ambivalent wahr und beschreibt sie als integrale Bestandteile der Sportwelt. Das Wissen darum, dass Spaßberührungen wie bei der Schülerin Ina nicht ambivalent oder grenzüberschreitend sein können, ist lediglich den Teilhabenden an dieser Welt bekannt. Nur sie wissen, dass sie die Berührungen nicht in einem grenzüberschreitenden Kontext zu deuten haben, sondern dass sie Bestandteile eines kumpelhaften Miteinander-Sporttreibens vor allem in Mannschaftsspielen zu sein scheinen. Besonders die geteilte Fußballbegeisterung und das Vermögen, gut Fußball spielen zu können, gewinnen in diesem Rahmen an Bedeutung, indem es zum Kumpel verbindenden Element wird, was Herrn T., Ina und die fußballbegeisterten Schüler von den anderen Schülerinnen und den nichtfußballspielenden Schülern abgrenzt. So wissen die sportliche, fußballbegeisterte Ina und auch die Schüler, die von Herrn T. zu schulischen Fußballwettkämpfen begleitet werden, dass der spaßige, kumpelhafte Deutungskontext der richtige für die von ihm ausgehenden Berührungen ist. Herr T., Ina und die fußballbegeisterten Schüler sind alle Angehörige einer durch spezifische körperliche Gesten fußballgeprägten Sportwelt, in der diese Gesten, wie das Hochheben von Ina oder ein im Spaß gemeinter Tritt in den Hintern, den kumpelhaften Umgang miteinander prägen. Diese Gesten könnten von Nicht-Mitgliedern auch als körperliche Grenzüberschreitungen gedeutet werden, da ihnen die implizite Codierung dieser Gesten in der Sportwelt nicht vertraut ist. Als Außenstehende nennt Herr T. die Schülerinnen mit türkischem Migrationshintergrund. Ihnen wird zugeschrieben, dass sie die Gesten nicht in den Rahmen gängiger spaßiger Interaktionsmittel der Sportwelt einordnen können, sondern sie als eine Grenzüberschreitung missinterpretieren würden. Wenn Herr T. Ethnie an dieser Stelle in seine Überlegungen um die Ambivalenz von Berührungen mit einbezieht, so entwirft er diesen Zusammenhang für die Schüler mit Migrationshintergrund anders. Bei ihnen scheint sich die Zwei-Welten-Verständigungsproblematik zu nivellieren beziehungsweise kehrt sie sich um, womit aus Geschlechterperspektive die Wahrnehmung von Geschlechterdifferenzen durch die Komponente Ethnie verstärkend wirkt.

Aus der Fallstudie von Herrn T. gehen auch Probleme hervor, mit denen eine Lehrkraft, die ihre Schüler/-innen-Beziehung vermehrt in Richtung Nähe gestaltet, konfrontiert sein kann. Er berichtet insbesondere in jüngeren Lehrerjahren immer wieder Grenzziehungsprobleme gehabt zu haben. Beim gemeinsamen

Fußballspiel nahm Herr T. die Hierarchieebene aus der Lehrer-Schüler-Beziehung heraus. Außerhalb des gemeinsamen Fußballspielens konnten diese Schüler das dann nicht trennen und hatten Schwierigkeiten, ihn als übergeordnete Lehrperson anzuerkennen. Beim Eingehen großer Nähe zu den Lerngruppen, bei Herrn T. in Form von gemeinsamem Fußballspiel, dem Duzen und gemeinsamen Abklatschens, ist die Herausforderung gegeben, dass die klare Rollen- und Machtverteilung, die die Institution Schule vorgibt, zunehmend aufweicht. Die Schwierigkeit besteht darin, trotz Nähe, die am Beispiel von Herrn T. für beide Seiten angenehm war, seine Berufsrolle weiterhin ausüben zu können.

Herr T. benennt im Interview weiterhin einen Themenkomplex an Situationen im Sportunterricht, in denen er als Mann mit dem Vorwurf eines Grenzübertritts konfrontiert werden könnte: die Hilfestellung beim Geräteturnen und das Betreten der Schülerinnenumkleidekabinen. Bei diesen Themen herrscht auch bei ihm eine heterosexuelle Bezugsnorm-Orientierung in dem Sinne vor, als dass er die Ambivalenz genannter Situationen ausschließlich für die Lehrer-Schülerinnen-Konstellation sieht.

6.3.2 Mütterlichkeit

Kurzbeschreibung Interview

Frau W., 26 Jahre, ist Klassenlehrerin der koedukativ unterrichteten Klasse 2a der Grundschule im sozialen Brennpunkt einer Großstadt. Sie befindet sich unmittelbar vor dem Abschluss ihres Referendariats. Sie hatte sich an diesem Tag extra viel Zeit dafür genommen. Sie erzählte viel und ausführlich. Ich zeigte Frau W. im Verlauf des Interviews vier Berührungssituationen. Für die spätere Analyse wurde nur die Sequenz „Im Sitzkreis mit Colin und Jan" herangezogen, da sich an ihr am anschaulichsten Frau W.s zentrales Deutungsmuster nachvollziehen lässt. Themen unseres Interviews waren ihr eigenes Sporttreiben, die Beziehung zu den Schülern Jan und Colin, Unterschiede in ihrem Berührungsverhalten zwischen der Grundschule und der Sekundarstufe und ihre Körpersprache im Unterricht.

Sequenzbeschreibung „Im Sitzkreis mit Colin und Jan"

Einige Schüler/-innen der 2a sitzen zu Beginn der Stunde bereits in der Hallenmitte auf der Erde im Sitzkreis. Frau W. geht mit vier ineinander gesteckten Kartentöpfchen in der Hand noch um den Sitzkreis herum, um sich einen Platz zu suchen. Lediglich ein paar Jungen sitzen nicht, da sie offenbar noch keinen Platz im Kreis gefunden haben. Frau W. geht außerhalb des Kreises entlang. Amir folgt ihr innerhalb des Kreises und wartet wohl darauf, wo seine Lehrerin sich hinsetzen wird. Diese lässt sich neben Jan nieder, der bereits in ihre Richtung geblickt hat und seine Beine angezogen hat, als sie auf seiner Höhe ist, vermutlich damit sie sich neben ihn setzt. Schon als Frau W. nur ihren Oberkörper nach unten beugt und im Begriff ist, sich hinzusetzen, rutscht Jan schnell ganz dicht an sie heran. Er berührt seine Lehrerin mit seiner linken Hand an deren rechtem Oberschenkel. Als sie sich niedergelassen hat, stützt Jan beide Arme auf ihrem Oberschenkel ab. Seine Knie berühren das rechte Knie seiner Lehrerin. Frau W. stützt sich mit der rechten Hand beim Hinsetzen hinter dem Rücken von Jan ab. Der lächelt in die Richtung seiner Lehrerin, die sich endgültig in einen Schneidersitz zurechtrutscht. Dabei spricht sie mit ihm, woraufhin er etwas von ihr ablässt. Schließlich nimmt sie den Arm hinter seinem Rücken weg, um ein Kartentöpfchen aus ihrem zusammengesteckten Turm hervorzuziehen. Jan hat seine Hände von ihrem Oberschenkel gelöst, berührt mit seinem angewinkelten Knie aber noch immer ihr rechtes Knie. Links von Frau W. sitzt Colin, dessen rechte nach außen angewinkelte Fußsohle unterhalb ihres linken Knies liegt. Auch ihre beiden Fußsohlen berühren sich. Jan macht mit seinem Sitznachbarn zur Rechten eine Handabklatschbewegung. Danach schauen die beiden und Colin ihrer Lehrerin zu, wie sie die vier Kartentöpfchen vor sich auf die Erde stellt. Jan lehnt erneut abgestützt auf Frau W.s rechten Oberschenkel. Sein linker Unterarm ruht gänzlich darauf.

Begründung Sequenzauswahl

Bei Frau W. gab es keine Probleme, viele Berührungssequenzen aus dem Stundenfluss herauszuschneiden. Von den Lehrkräften, die ich begleitete, kamen bei Frau W. die meisten Berührungen im Sportunterricht vor. Viele Berührungen gingen von ihr aus (z. B. lobendes über den Kopf streicheln, in die Arme schließen), viele aber auch von ihren Schülern oder Schülerinnen. Ich habe mich für die Sitzkreissituation mit Jan entschieden, da keine andere Schülerin oder kein anderer Schüler sie in dieser Stunde derart mit ihren/seinen Berührungen vereinnahmte und sich an sie klammerte. Es gab noch eine zweite Situation in der Sportstunde, der diese Sequenz entstammt, in der sich Jan erneut genauso auf ihrem Oberschenkel abstützte und an sie kuschelte. Mich interessierte, wie sie das Bedürfnis nach derart engem Körperkontakt von Jan wahrnimmt.

6.3 Nähe

"Wo er dann zu mir mal ein bisschen Kontakt so haben kann, weil er das zu Hause halt auch überhaupt nicht bekommt." – Fürsorgliches Selbstverständnis

Nach dem gemeinsamen Betrachten der Sequenz erklärt Frau W., dass sie es witzig finde, dass in dieser Szene gerade ihre „Spezis" Colin und Jan neben ihr säßen, die beide extrem anhänglich seien. Dann beginnt sie länger, von Jan zu erzählen. Sie bezeichnet ihn als lernschwachen „totalen Schulverweigerer", der das Schuljahr schon einmal wiederholt habe. Anfänglich sei er nicht gerne zur Schule gegangen und habe Schule „doof" gefunden. Jan male ihr immer „Herzchen" und schreibe ihr „Briefchen", was sie dahin gehend deute, dass er sich „unsterblich" in sie „verliebt" habe. Sie beschreibt, dass Jan das Bedürfnis nach ihrem Körperkontakt habe, da ihm dieser zu Hause fehle.

„Also, ich hab ihm in der Stunde zwar auch mehrmals gesagt, er soll sich jetzt mal bitte richtig hinsetzen und nicht so auf mir draufhängen, aber im Prinzip sind das immer so Momente, die ihm total viel geben und also die für ihn auch ganz wichtig sind. Wo er dann zu mir mal ein bisschen Kontakt so haben kann, weil er das zu Hause halt auch überhaupt nicht bekommt. Und ich dann auch finde, na ja er fühlt sich bei uns in der Schule auch wirklich pudelwohl mittlerweile, obwohl er so lernschwach ist, macht er trotzdem, gibt sich trotzdem Mühe."

Sie schreibt den Momenten, in denen er im Sitzkreis so eng an ihr sitzt und sie berühren kann, eine besondere Bedeutung zu und gebe ihm bewusst ihre körperliche Nähe. In diesen Momenten habe er den Kontakt zu ihr, der ihm zu Hause fehle. Für diesen von ihr formulierten Kontakt sind zwei Lesarten denkbar. Zunächst handelt es sich um den physischen Körperkontakt. Gleichzeitig könnte dieser Kontakt aber auch weitergehen in Richtung eines emotionalen Kontakts, den er zu ihr in diesen Momenten über das Kuscheln aufnehmen kann, indem er sich geborgen fühlt. Wenn Frau W. von Jans Zuhause spricht, dann meint sie dessen alleinerziehende Mutter, wie im informellen Gespräch nach dem Interview noch einmal deutlich wird. Somit steht der Kontakt, der ihm zu Hause fehle, für den fehlenden Kontakt zu seiner Mutter. Um Jans Vernachlässigungssituation zu Hause bei seiner Mutter noch zu verdeutlichen, berichtet Frau W. von einem Vorfall, als er im Winter nachts allein auf dem Schulhof umhergelaufen sei. Morgens sei er „halb erfroren" gefunden worden und habe behauptet, dass seine Mutter ihn zu Hause rausgeworfen hätte. Darauf, ob Jan tatsächlich zu Hause emotional vernachlässigt wird oder ob es sich in Frau W.s Beschreibung um generelle Konstruktionen über das Verhältnis einer alleinerziehenden Mutter zu ihrem Kind handelt, kann an dieser Stelle lediglich zum Nachdenken angeregt werden. Es könnte auch sein, dass Jan ein Typ ist, der einfach gerne mit allen kuschelt, mit denen er im Alltag näher zu tun hat. Frau W.s mögliche eigene Anteile am Kuscheln mit Jan werden im Interview nicht thematisiert.

„[denen versuch ich] halt einen möglichst schönen Vormittag zu machen [...]." – Emotionale Nähe im pädagogischen Konzept

Die Beziehungsarbeit, die sie bei ihren Schülern und Schülerinnen so wie bei Jan auf körperlicher Ebene durch Berührungen ausgleichend leistet, bettet sie ein in eine emotionale Defizittheorie über ihre Schüler/-innen an dieser Grundschule im sozialen Brennpunkt der Großstadt.

„[...] ne, mir ist das überhaupt nicht unangenehm, also ich denk halt immer meine Einstellung ist halt so grob gesagt, ich versuch den Kindern, also an unserer Schule gibt es ja ziemlich viel verwahrloste Kinder, ich versuch den Kindern halt einen möglichst schönen Vormittag zu machen und das ist irgendwie in erster Linie meine Aufgabe. Was noch an dieser Schule denke ich vor dem Unterrichten und vor der Vermittlung von Stoffen halt liegt und es ist gerade bei diesem Kind wie Jan ganz wichtig, weil ... ich finde es überhaupt nicht unangenehm und sehe das auch so als meine Rolle."

Frau W. ist die körperliche Nähe, die sie in der Videosequenz und auch so zu ihren Schülern und Schülerinnen aufbaut, nicht unangenehm. Sie sieht ihre pädagogische Aufgabe in erster Linie darin bestehen, den emotional vernachlässigten Kindern vormittags in der Schule eine schöne Zeit zu bereiten. Die schöne Zeit ist dahin gehend auslegbar, dass sie den Schüler/-innen vormittags emotionale Wärme und Zuwendung geben möchte, die sie nachmittags zu Hause nach Angaben von Frau W. größtenteils nicht erfühlen. Das gewichtet sie stärker als die Vermittlung von Unterrichtsstoff. Damit verankert sie das Bedienen der Bedürftigkeit ihrer Schüler/-innen und Emotionalität in ihrer Berufsrolle und bewertet dies als ihre zentrale Aufgabe in der Schule. Ich beobachte in einer anderen Stunde, wie Frau W. den verletzten Zeigefinger eines Schülers desinfiziert und mit einem neuen Pflaster beklebt. Zu dieser Szene erzählt sie mir im informellen Gespräch nach der Stunde, dass sich im Elternhaus des Schülers niemand um den verletzten Finger kümmere und der Schüler deswegen schon eine Blutvergiftung gehabt habe. Als Lehrerin dürfe sie den Finger zwar eigentlich gar nicht desinfizieren, tue es aber, weil es sonst niemand mache. Die Vernachlässigungssituation vieler ihrer Schüler/-innen stützt sie weiter, indem sie in der Folge erklärt, einen guten Einblick in die Geschehnisse in den Elternhäusern zu haben, weil sie einige Eltern kennengelernt habe.

6.3 Nähe

Berührungen fungieren im pädagogischen Konzept von Frau W. als Mittel, um den Schülerinnen und Schülern positive Emotionen zu geben, die sie sonst größtenteils nicht erführen.

„[...] ich glaube schon, dass das sehr frauentypisch ist, das, was ich da mache." – Geschlechterstereotype und Nähebedürfnis

Die Deutung von Berührungen, das Bedürfnis danach und das Gewähren sind an tradierte Geschlechterbilder geknüpft, was in Frau W.s folgenden Ausführungen deutlich wird. Ich frage Frau W., was sie in körperlichen Situationen, wie der Kuschel-Szene, auf der Ebene als Frau mit einem Jungen empfinde. Mit meiner gewählten Formulierung bleibe ich an dieser Stelle wenig präzise, wodurch ersichtlich wird, wie für mich selbst das Sprechen über Berührungen auch mit einer Grundschullehrerin ein Tabu darstellt. „Ich ... also natürlich ist es so, dass er mich als Frau wahrscheinlich noch inniger, also dass er da noch mehr Kontakt sucht, als wenn es zu einem Mann wär. Ist natürlich klar."

Das Ziel der Frage, mögliche ambivalente Gefühle bei ihr nachzuspüren, gerät zugunsten der Affektivität aufseiten des Schülers aus dem Blick. Für Frau W. ist in dieser gegengeschlechtlichen Berührungskonstellation die affektive, fürsorgliche Seite am Frau-Sein im Lehrberuf augenscheinlich, mit der sie unbewusst eine nach Geschlechterstereotypen tradierte Differenzierung in weiblich gleich affektiv und männlich gleich non-affektiv vornimmt.

„Ja also ich war ja noch nie in der Rolle eines Mannes, aber ich glaube schon, dass das sehr frauentypisch ist, das, was ich da mache. Also auch dieses Anfassen und sich um die zu kümmern, also ich hab dieses Bedürfnis ja auch denen ein Stück von mir auch zu geben. So ein Stück körperliche Nähe also nicht nur körperlich, sondern dann halt auch, also die sollen sich einfach wohlfühlen und ich glaub das gehört bei den Kindern auch dazu, dass sie mir vertrauen können und dass ich jemand bin, den die auch anfassen dürfen und mal drücken dürfen und ich glaube, dass das schon eher so eine Frauenrolle ist. Das denke ich schon ja."

Geschlechtsspezifische Zuschreibungen über Berührungen, den Wunsch danach und das Einfordern körperlicher Nähe dominieren die Wahrnehmung von Frau W. Eine Verknüpfung zwischen ihrer weiblichen Geschlechtsrolle, der sie sich in dieser Passage auch sprachlich zuordnet („frauentypisch"), und Emotionalität durch Körperberührungen wird deutlich. Dadurch wird ein tradiertes Bild von Weiblich- und Männlich-Sein wiedergegeben, das die gängigen Geschlechtsstereotype für männliche und weibliche Charaktereigenschaften reproduziert: weiblich gleich Anfassen und Fürsorge; männlich gleich keinen Körperkontakt, weniger Fürsorge. In der nächsten Formulierung, das Bedürfnis zu verspüren den Schülerinnen und Schülern nicht nur körperliche Nähe, sondern auch etwas Inneres von sich selbst geben zu wollen, werden auch eigene emotionale Anteile an Berührungen sichtbar, die bislang nicht thematisiert worden. Der Ausdruck könnte implizieren, dass Frau W. über die emotionale Verbindung, die sie durch Körperberührungen zu ihren Schülern und Schülerinnen verspürt, hinaus etwas von ihrer Weltanschauung und ihren Werten an sie weitergeben möchte. An dieser Stelle klingt an, dass ihr die körperliche Nähe zu den Schülern und Schülerinnen auch selbst etwas zu geben scheint und es wird eine innige emotionale Verbundenheit, die sie zu ihnen hat, sichtbar. Worum es sich letztendlich konkret bei ihren eigenen Anteilen handelt, bleibt jedoch insgesamt unausgesprochen.

Um auf den Ausgangspunkt dieses Kapitels zurückzukommen, nämlich auf die Frage, ob sie beim Anblick von körperlich engen Nähesituationen wie der Kuschel-Situation mit Jan ambivalente Emotionen entwickelt, muss noch einmal die Reflexion in Bezug darauf dargestellt werden. Da Frau W. in ihrer Antwort direkt aus dem von mir gemeinten ambivalenten Kontext in den emotional-affektiven gerät, liegt eine Lesart dahin gehend nahe, dass sie eine mögliche grenzüberschreitende Deutung bei ihrem Handeln in der Grundschule gar nicht in Betracht zieht. Dies könnte wiederum implizieren, dass bei Berührungen in der Grundschule der emotionale, fürsorgliche Kontext insgesamt dominiert und Ambivalenz hier keine Rolle spielt.

„Also manchmal ist es dann eben einfacher, ihn zu packen, ‚So guck mich jetzt bitte an' [...]." – Berührungen und Disziplinierung

Bei Frau W. wird noch ein anderer Aspekt von Berührungen sichtbar: Sie nutze Berührungen bei dem Schüler Colin, um ihn zu beruhigen oder zu disziplinieren, da er motorisch oft unkontrolliert sei. Dazu zeige ich ihr noch eine Sequenz, in der sie Colin an einer Bewegungsstation am Arm hinter sich herziehend wieder in die Lerngruppenriege einordnete, nachdem der aus der Reihe getanzt war. Sie antwortet, noch während ich die Sequenz abspiele, dass Colin in der Situation gegen eine Regel verstoßen habe. Er habe auf der Matte gestört, weil immer nur ein Schüler darauf sein sollte und er habe sich in der Riege vorgedrängelt. Außerdem habe er einfach so seine Schuhe ausgezogen. Auf Socken dürfe er nicht turnen. Frau W. gibt an, dass Colin immer seine eigenen Gesetze habe, nach denen sich alle richten müssten.

„[...] und dann muss ich ihn halt manchmal so zur Ruhe bringen. Also aber es ist dann auch immer so schwer mit Worten zu bewenden. Also manchmal ist es dann

6.3 Nähe

eben einfacher ihn zu packen, ‚So guck mich jetzt bitte an', das ist das ‚Was habt ihr jetzt falsch gemacht?'."

Hier zeigt sich neben dem mütterlich-fürsorglichen Kontext der Berührungen auch eine zweite erziehende, disziplinierende Seite an Berührungen in der Grundschule. Beim Betrachten dieser Sequenz scheint sie sich dafür, dass eine Situation wie diese mit Worten oft schwer zu regeln sei, rechtfertigen zu müssen. Vermutlich denkt sie, dass ich ihr Zupacken und ihre damit getätigte Disziplinierung als Fehlverhalten im Umgang mit Grundschülern und -schülerinnen bewerten könnte. Sie relativiert in der Folge des Zitats, dass Colin immer genau wisse, was falsch liefe, wenn sie ihn harsch anfasse, denn er könne ihr das hinterher immer sagen. In dieser Situation habe er das im Nachhinein auch gewusst. Wenn sie ihn so anfasse, dann wolle sie ihn dadurch zum Reflektieren über das falsch Gelaufene anregen und sein Nicht-Gehorchen sanktionieren. Wenn Colin einfach seine Schuhe auszieht oder, ohne dass er an der Reihe ist, die Matte betritt, dann bricht er das für den Sportunterricht erstellte Regelkonzept. Regelkonzepte in Form von Plakaten, die häufig Wände in Klassenzimmern in Grundschulen füllen, stellen ein übliches, in der Praxis häufig vorfindbares Erziehungsmittel dar. Sie reflektiert im folgenden Zitat ihr Verhalten selbstkritisch.

„Ja das ist natürlich auch immer so ein Punkt, ja, also da haben wir [Kollegium] uns letztens gerade noch drüber unterhalten, dass man als Lehrerin ja nicht so furchtbar viel Zeit hat, um alles auszudiskutieren und bei ihm ist dann auch schon immer klar, wenn ich dann komme und ihn dann an die Hand nehme, das ist so, also ich hab ihm das schon gesagt ‚Colin, du hast auf der Matte jetzt nichts verloren, ja wie viel Kinder sind hier, nur eins' und dann wollte er sich ja vordrängeln, da hab ich ihn nach hinten gestellt und hab ihn nur kurz geguckt und ihm war dann schon klar, ohne dass ich was sagen musste, dass das natürlich logisch ist, dass wir uns da anstellen, weil das ist eine ganz bekannte Regel und das war schon klar. Aber oft ist es auch so, dass natürlich auch so, dass es natürlich Reaktionen gibt, dass ich die einfach mal so da hinstelle und dass, dass da einfach die Zeit fehlt und ich auch immer, gerade wenn wir Stationen haben, schon die Augen immer überall haben muss, wenigstens, dann immer mit allen darüber zu diskutieren. Ob das jetzt richtig oder falsch war, dann eben auch einfach keine Zeit dafür da ist."

Sie berichtet davon, dass diese Art von Berührungen ein Problem seien, über das sie sogar schon im Kollegium gesprochen habe. Auch das Kollegium habe für sich festgestellt, dass Pragmatismus an dieser Stelle aufgrund von Zeitmangel entscheidend sei. Damit drückt sie aus, dass diese Art der sprachlosen Pädagogik ein Problem sei, mit dem sie sich beschäftigt und welches sie schon reflektiert hat. Im Anschluss beschreibt sie die Situation mit Colin noch einmal ausführlich. Auch hier benennt sie den Faktor Zeit, der sie unter Handlungsdruck setze und schon einmal aus der Situation heraus zu diesem Verhalten ihrerseits führen könne. Zum Schluss bezieht sie die Regeln in ihre Argumentation mit ein, die im herkömmlichen Sportunterricht vieler Grundschulen oftmals die Kommunikationsgrundlage bilden. Wie bereits erwähnt, sind Regeln im Grundschulsportunterricht häufig ein Kernpunkt. Gerade in der Anfangsphase werden oftmals vornehmlich Regeln eingeübt: Die Schüler/-innen werden dazu erzogen, sich bei Sitzkreisen genau auf die Kreislinie zu setzen, bei einem Pfiff aus der Trillerpfeife ein Spiel zu beenden, auf ein bestimmtes ritualisiertes Zeichen hin ein bestimmtes Verhalten zu zeigen etc., damit der Sportunterricht geordnet ablaufen kann.

„14, 15-Jährige sind in einem Alter, wo das völlig uncool wäre, wenn man sich von einer Lehrerin über den Kopf streicheln lässt [...]." – Mütterlichkeit nur in der Grundschule

Ein weiterer Bestandteil der Erscheinungsform Mütterlichkeit ist, dass diese als Konzept in ihrer Reichweite auf die Grundschule limitiert ist. Das verdeutlicht Frau W. mithilfe einer Lehrerfahrung an einer Realschule. In Bezug auf Berührungen sieht sie zwischen der Grundschule und der Mittelstufe einen Unterschied.

„[...] und deswegen finde ich das auch, man kann es nicht so generell sagen, wie, also so wenn ich mich jetzt da so sehe, habe ich sehr viel Nähe, aber das ist auch meine Klasse, mit denen mache ich 24 Stunden, nein 22 Stunden die Woche bin ich mit diesen Kindern zusammen und das ist natürlich ein ganz anderes Verhältnis, als wenn ich jetzt zum Beispiel als eine Fachkraft in eine Klasse gehe. Der Unterschied zur Sek. I ist einfach, da ist diese Nähe gar nicht gefragt. Da wird sie von den Schülern nicht mehr so gefragt. Also das ist ja Quatsch, da setzt sich ja kein Achtklässler neben mich und kuschelt mit mir oder so. Also und da bin ich natürlich auch anders."

Wenn Frau W. davon spricht, dass sie, wenn sie sich da sehe, viel Nähe zu ihren Schülern habe, dann meint sie damit die eingangs beschriebene Sequenz „Mit Colin und Jan im Sitzkreis". In diesem Zusammenhang bezieht sie sich auf die Beziehungsebene zu dieser, ihrer eigenen Klasse. Mit der zeitlichen Intensität begründet sie die Nähe. Sie grenzt ihr Muster zur Sekundarstufe ab, in der es gar nicht nachgefragt werde. Im Kontext mit den älteren Schülern zieht sie Berührungen und Nähe ins Ironische, wenn sie von „Quatsch" spricht. Im Anschluss an dieses Zitat führt sie näher aus, dass ich in der Sek. I so eine Szene wie mit Colin und Jan gar nicht beobachten könne. Ältere Schüler würden so etwas nicht

6.3 Nähe

einfordern. Im Umgang mit älteren Lerngruppen gebe sie sich auch anders. Ihr Auftreten sei dort „resoluter" und „straighter", wie sie es nennt.
Ich möchte wieder in den körperlichen Kontext kommen. Deswegen erzähle ich ein Beispiel vom gefilmten Unterricht in dieser Grundschulklasse, in dem sie einem Schüler nach einer Flugrolle über den Kopf strich. Ich frage, ob sie mehr über eine solche Berührung nachgedacht hätte, wenn es ein älterer Schüler gewesen wäre. Sie antwortet, dass es keine Frage sei, dass sie das dann unterlassen würde.

> „Nein, weil das einfach 14, 15-Jährige sind in einem Alter, wo das völlig uncool wäre, wenn man sich von einer Lehrerin über den Kopf streicheln lässt und das weiß ich auch, und diesen Raum will ich auch gar nicht durchbrechen. Da bin ich auch viel vorsichtiger mit Körperkontakt."

Für das Alter der Sekundarstufe nimmt sie bedrohliche Anteile in ihre Wahrnehmung von Berührungen mit auf, die in der Grundschule noch unwichtig sind. Den Älteren wolle sie ihren eigenen physischen Raum lassen, was für die Grundschüler/-innen möglicherweise nicht gilt, weil sie bei den älteren viel vorsichtiger sei als in der Grundschule. Hier scheint sie eine gewisse Ambivalenz wahrzunehmen – dies stützt erneut den Befund, dass Ambivalenz von Berührungen nur in älteren Lerngruppen virulent wird. In der Folge dieses Zitats zeigt sich weiter, dass Berührungen in älteren Lerngruppen, die sich bereits in der Mittelstufe, also in der Pubertät, befinden eine andere Qualität haben als in der Grundschule. Frau W. würde in der Mittelstufe einem älteren Schüler höchstens einmal freundschaftlich auf die Schulter fassen. In den Arm nehmen, drücken oder über den Kopf streicheln, so wie sie es mit „den Kleinen", wie sie sie nennt, mache, würde sie niemanden mehr. Primarstufe und Sekundarstufe seien für sie „zwei verschiedene Paar Schuhe", wie sie in der Folge formuliert. Einem 14-Jährigen sei so eine Berührung unangenehm und die anderen Jungen würden sich darüber „kaputt lachen". Hier kommt als eine mögliche Lesart in Frage, dass die älteren Schüler ein in der Grundschule wirksames Konzept von emotional auffangenden Berührungen gar nicht annehmen würden und es sogar verhöhnen würden. Mütterlichkeit, Fürsorge und Berührungen werden damit zum Konzept, das nur in der Grundschule zum Tragen kommt und das Ambivalenz bei Berührungen aufgrund des Schüler/-innenalters ausschließt.

Zusammenfassung

Der spezielle Beziehungskontext, in dem Frau W. das Kuscheln mit Jan begreift, ist der einer fürsorglichen Ersatzmütterlichkeit, was auch das übergeordnete

Deutungsmuster in Bezug auf Berührungen darstellt. Sie sieht ihre Lehrerinnenrolle als eine Art Ersatzmutter für ihre emotional vernachlässigten Schüler/-innen im sozialen Brennpunkt der Stadt. Ihre Hauptaufgabe als Pädagogin besteht für Frau W. darin, den Kindern, die vielfach aus Elternhäusern kämen, in denen sie vernachlässigt würden, einen schönen Vormittag in der Schule zu bereiten, indem sie ihre emotionale Bedürftigkeit bedient. Das gewichtet sie stärker in ihrer Berufsrolle als die Vermittlung von Unterrichtsstoff. Sie sieht sich auch während der Unterrichtsstunden für alles Fürsorgliche bei ihren Schülern und Schülerinnen verantwortlich und verankert Emotionalität und Fürsorge in ihrem pädagogischen Konzept. Das Konzept der Mütterlichkeit ist auf die Grundschule limitiert und greift in der Sekundarschule nicht mehr. Aufgrund der Verbindung von Berührungen mit Fürsorglichkeit in der Grundschule ist Ambivalenz nicht virulent.

Ihr, emotionale Aspekte betonendes Verhalten, wie sich um die Schüler/-innen zu kümmern und ihnen zu erlauben, sie anfassen zu dürfen, genderstereotypisiert sie, indem sie es als typisch weiblich klassifiziert im Gegensatz zu männlichem Verhalten. Am Beispiel von Frau W. wird auch eine zweite Seite von Berührungen in der Grundschule sichtbar: die erziehende, disziplinierende. Wenn sie Colin packt, weil er die geltenden Regeln für den gemeinsamen Sportunterricht bricht, dienen Berührungen als Mittel der Körperdisziplinierung, um erneute Ordnung im Unterrichtsablauf herzustellen.

6.3.3 Widersprüchliche Nähewünsche

Kurzbeschreibung Interview

Frau M. steht zu Zeiten meiner Begleitung seit drei Jahren im Beruf. Sie unterrichtet die 2a als Fachlehrerin an einer Grundschule in einer ländlichen Region. Der Sportunterricht findet koedukativ statt. Das Interview fand bei ihr zu Hause statt. Themen unseres Interviews über die Reflexion der Sequenzen hinaus waren ihre eigene sportliche Sozialisation in der Jugend, ihre Abneigung gegen körperkontaktreiche Mannschaftssportarten, ihre Berufswahlmotivation sowie ihre pädagogischen Vorstellungen dazu, wie sie als Lehrerin gerne sein würde. Von den drei im Interview gezeigten Sequenzen wird dabei nur eine detailliert dargestellt.

6.3 Nähe

„[...], weil man da eben auch merkt, dass ich eine wichtige Rolle in ihrem Leben spiele." – Wunsch nach Nähe

Bei Frau M. ist ein Wunsch danach erkennbar, eine wichtige Rolle im Leben ihrer Schüler/-innen zu spielen. Dabei ist die Wertschätzung ihrer Schüler/-innen ebenso bedeutsam wie auch deren Wunsch nach ihrer körperlichen Nähe.

> „Manchmal passiert es den Kindern auch, dass sie manchmal aus Versehen Mama zu mir sagen. Das finde ich immer sehr lustig und sehr niedlich, weil man da eben auch merkt, dass ich eine wichtige Rolle in ihrem Leben spiele. Eigentlich ist das ja ein Zeichen von Zuneigung, wenn sie so eine Mama-Bindung zu einem haben und ich finde das in Ordnung."

Laut Frau M. passiere es nicht oft, dass die Schüler-/innen Mama zu ihr sagten, aber ihr Wunsch nach einem emotionalen Bezug zu ihrer Lerngruppe wird an dieser Stelle deutlich. Der Begriff Mama-Bindung, den sie einbringt, um ihr Verhältnis zu den Schüler-/innen zu charakterisieren, drückt die enge emotionale Bindung aus, die sie sich von Schüler/-innenseite wünscht. Jedoch zeigt sich im Folgenden, dass sie das in diesem Zitat erzeugte Bild von der mütterlichen Grundschullehrerin, deren Lerngruppen eine große Bindung zu ihr haben, in der von ihr begleiteten Klasse nicht glaubt, erfüllen zu können. Dies meint sie rechtfertigen zu müssen, da es vermutlich in ihrer Vorstellung nicht dem erwarteten Beziehungsideal einer Klassenlehrerin zu ihren Grundschülern und -schülerinnen entsprechen scheint. Vielleicht antizipiert sie aber auch eine generelle Norm, von der sie annimmt, dass ich als Interviewerin die Einhaltung jener Norm von ihr als Grundschullehrerin erwarte. Dieser Interpretationsstrang lässt sich aus ihrer Antwort auf die Frage, ob sich Mädchen oder Jungen der Klasse während einer Kreisunterredung auf ihren Schoß setzen würden, rekonstruieren:

> „Das Problem ist, dass ich diese Kinder erst im zweiten Halbjahr übernommen habe. Ich könnte mir vorstellen, dass wenn ich sie in der ersten Klasse als ihre Klassenlehrerin bekommen hätte, hätten sie das am Anfang bestimmt noch so gewollt. An der Hand laufen und auf dem Schoß sitzen und solche Sachen. Als ich dann aber erst dazu kam, als sie schon so etablierte Schüler waren und ich erst mal eine fremde Lehrerin war, ist das so nicht entstanden. Also ich habe das manchmal, dass mal ein Kind sich nah an mich lehnt oder mir durch die Haare fährt. Solche Sachen sind mal da aber das ist kein Vergleich dazu, wie ich das schon so gesehen habe mit so Erstklässlern bei ihren ersten Klassenlehrern."

Problematisch an ihrer Klassensituation sei, dass die Kinder dieser Klasse bereits etablierte Schüler/-innen gewesen seien, als sie sie übernommen habe. Mit etabliert meint sie, dass sie die Übergangsphase zwischen Kindergarten und Schule, in der die Schüler/-innen jemanden gebraucht hätten, der ihnen zeigt, wie Schule funktioniert und an dem sie sich orientieren können, nicht selbst mitmachen und gestalten konnte, da das ihre Vorgängerin bereits getan hatte. Als sie dann die Klasse übernahm, konnte sie den Wunsch der Erstklässler/-innen nach einer engen Bezugsperson in der Schule, die einen emotionalen Halt in dieser Übergangsphase bot, nicht mehr erfüllen. Der Wunsch der Schüler/-innen nach körperlicher Nähe verfliege ihrer Angabe nach im Laufe der Anfangszeit. Wäre sie von Anfang an Klassenlehrerin gewesen, dann hätten die Kinder sich bestimmt auf ihren Schoß gesetzt und mit ihr kuscheln wollen, weil sie ihre erste, auch emotionale, Bezugsperson in der Schule gewesen wäre. An dieser Stelle klingt eine gewisse Wehmut in ihren Formulierungen an. Eigentlich hätte sie sich vielleicht gewünscht, in der Anfangsphase eine derart wichtige Bezugsperson sein zu können, bei der die Kinder sich auf den Schoß setzen wollten, mit der sie kuscheln wollten, an deren Hand sie laufen wollten und zu der sie eine enge Bindung aufbauen wollten. Da die Schüler/-innen aber ab einem gewissen Alter nicht mehr dieses starke Bedürfnis nach emotionaler und körperlicher Zuwendung hätten, wäre dies auch zum Zeitpunkt der Forschungsbegleitung nicht mehr vorhanden gewesen.

„Ich bin immer eher so eine, die das ganz gut findet, wenn man so ein bisschen auf Distanz ist." – Vermeidung von Körperkontakten

Zwar wünscht sich Frau M., dass ihre Schüler/-innen Körperkontakt zu ihr suchen, indem sie das Bedürfnis haben, sich auf ihren Schoß zu setzen oder an ihrer Hand zu laufen, jedoch lehnt sie Körperkontakte eigentlich für sich ab. Schon beim Einstieg in das Interview, bei dem ich von ihr wissen möchte, welche Sportarten sie bislang in ihrem Leben betrieben hat, berichtet sie sogleich von ihrer Abneigung gegen körperkontaktreiche Sportarten.

> „Also ich hatte immer so ein bisschen Probleme mit so Mannschaftsspielen, wo man sich so nahe kommt, also so was mit Abdrängen und Ausweichen und Stop-and-go und diese Geschichten. Das mochte ich nie so gerne, deswegen mochte ich auch gerne Volleyball, weil man da nämlich so eine Position spielt, auf der man eigentlich bleibt und auch seinen Bereich hat, in dem man sich eigentlich gut bewegen kann."

Ohne explizit danach gefragt zu haben, wird an dieser frühen Stelle im Interview bereits eine gewisse Ablehnung von Frau M. gegenüber Berührungen sichtbar. Sie präferiert es beim Sport einen eigenen Bereich um ihren Körper zu haben, in den andere, so wie beim Volleyball, nicht zu nah vordringen können und müssen, weil enger Körperkontakt beim Volleyballspiel im Vergleich zu anderen Mannschaftssportarten wie Basketball nicht vorgesehen ist. Vermutlich fühlt sie sich in diesem kleinen eigenen Bereich auf dem Volleyballfeld wohl, weil sie nicht darauf zu achten braucht, dass ihr jemand zu nahe kommen könnte und sie ausweichen müsste oder möglicherweise einen unangenehmen Anrempler erfährt. Bei den Gründen für die Ablehnung körperkontaktreicher Mannschaftsspiele koppelt sie ihre Angst vor einem zu brutalen Spielgeschehen mit möglichen Verletzungen. Seit einer Knieverletzung habe sich diese Angst noch verstärkt, da sie während des Spielgeschehens gedanklich immer bei ihrem Knie sei. Auch vonseiten ihrer Schüler/-innen mag sie keinen bedrängenden Körperkontakt, den sie nur bedingt selbst steuern kann.

> „[L. W.: Ich kann das] nicht besonders gut haben, wenn Kinder mich so umringen und in die Zange nehmen. Ich mag das gerne, wenn sie mich nicht überfallen, sondern wenn sie so rankommen und ich merke irgendwie, sie wollen so ein bisschen körperliche Nähe oder wenn jemand zum Beispiel getröstet werden muss, lege ich meinen Arm um den und solche Sachen oder ich streichle die."

Körperkontakt, der ihr von den Kindern unkontrolliert entgegengebracht wird, wenn sie sie umringten und in die Zange nähmen, gefällt Frau M. nicht. Beleg dafür ist die Verwendung der Redewendung „in die Zange nehmen". Darunter versteht man, jemanden unter Druck zu setzen, ihn zu bedrängen, sodass er erheblich behindert wird. Vorsichtige Annährerungen hingegen, die sie im Vorfeld schon zu erkennen vermag, sind in diesem Zusammenhang genauso unproblematisch, wie wenn ein/-e Schüler/-in verletzt ist und sie ihn/sie durch Berührungen trösten kann. Der Unterschied zum in die Zange nehmen scheint darin zu liegen, dass sie in den letztgenannten Situationen die Entscheidung selbst darüber fällen kann, ob sie den Körperkontakt zulassen oder ihn selbst aufnehmen möchte. Insgesamt beschreibt sie sich als

> „[…] so eine, die das ganz gut findet, wenn man so ein bisschen auf Distanz ist. Also einfach nur von der persönlichen, so vom Wohlfühlgefühl her. Ich mag es ganz gerne wenn also … Ich mag es nicht so gerne, wenn so ‚Ach hallo' und umarmen und Knutschi hier, Knutschi da, ne. Ich finde und das ist vielleicht auch so eine Schwäche, aber es ist so bei mir auch so …."

Berührungen werden von ihr auch außerhalb der Schule im unmittelbaren sozialen Umfeld, wie in ritualisierten Begrüßungsformen in Form von Umarmen und Küssen, eher vermieden. Wenn sie das selber als Schwäche von sich bezeichnet, dann vielleicht, weil ihre Umwelt ihr das als eine solche gespiegelt hat. Sie könnte aber ebenso eine Norm antizipieren, nach der es en vogue und durchaus üblich ist, näher stehende Personen durch Umarmen und Wangenküsse zu begrüßen oder zu verabschieden – sie selbst möchte dies nicht praktizieren.

Die zu Anfang angeführte persönliche Abneigung gegen körperkontaktreiche Sportarten überträgt Frau M. auch auf ihre Sportklassen. So werde beispielsweise kein Fußball gespielt, was die Jungen oft einforderten, weil sie es selbst nie spielen wollte. Die Angst, die sie beim Fußballspiel immer hatte und noch hat, macht sie auch für die Mädchen der Klasse geltend, weil sie sich mit ihrer eigenen Angst in der Schule vor körperbetonten Mannschaftsspielen möglicherweise in den Mädchen wiedersieht. Sie spiele in ihren Klassen keinen Fußball, „[...] damit sie [L. W.: Die Mädchen] nicht so in Angstsituationen kommen, denn die Mädchen, die das nicht so gerne spielen wollen, weil sie ähnliche Bedenken haben, wie ich früher hatte vielleicht."

Weil sie aufgrund ihrer Ängste nie viel Interesse an körperlichen Kontaktspielen hatte, würde sie im Sportunterricht z. B. auch andere Sportarten, bei denen enger Körperkontakt notwendig ist, wie beim Ringen und Raufen, nicht unterrichten. Zwar werde Ringen und Raufen zurzeit viel angepriesen, damit sich die Schüler/-innen einmal näher kämen und den gegengeschlechtlichen Körperkontakt zulassen könnten, aber trotzdem lehne sie es ab, diese Sportarten zu unterrichten. Eine Kollegin habe gerade die Unterrichtseinheit Ringen und Raufen durchgeführt. Dabei habe sie gemerkt, dass sie dazu „*nicht so Lust*" habe. Weil sie es aber für die Kinder sinnvoll findet, wenn diese einmal miteinander in Körperkontakt kämen, würde sie sich „*irgendwann mal ranwagen*". Diese Bezeichnung verdeutlicht, wie groß ihre Berührungsängste mit Formen des Kämpfens sind und wie groß auch ihr Abstand dazu ist. Die Erzählstelle zum Ringen und Raufen schließt sie mit den Worten ab, dass es für sie „(...) eben immer so was gewesen [ist, L. W.] wo ich gedacht habe ‚Oh ne und jetzt noch Partnermassage. Muss das jetzt noch sein?'." Hier wechselt sie von der sportunterrichtlichen Seite des Kämpfens auf eine private Ebene, wenn sie das Bild der Partnermassage verwendet. Frau M. setzt die sportliche Ebene des Ringens und Raufens und den dabei entstehenden gegengeschlechtlichen Körperkontakt mit einer Partnermassage gleich. Das verdeutlicht, welche Intimität für sie vom gegengeschlechtlichen Körperkontakt auch im Sport auszugehen scheint, den sie für sich nicht als angenehm empfindet, worauf ihre skeptische Frage am Ende des Zitats hindeutet. Damit wird auch in dieser Fallbeschreibung Ambivalenz für gegengeschlechtliche Berührungen als Muster sichtbar.

6.3 Nähe

„Eigentlich ist man ja auch Lehrer, weil man so dieses Schöne an den Kindern erleben will." – Bilder von Kindheit

Frau M. hat bestimmte Vorstellungen darüber, wie sie in der Schule wirkt und wie sie sich ihre Schüler und Schülerinnen vorstellt. Aus diesen geht auch hervor, wieso Ambivalenz als Deutungskontext bei Berührungen ihrer Schüler/-innen nicht bedeutsam ist.

Die Arbeit mit Kindern sei immer das Einzige gewesen, was sie sich beruflich vorstellen konnte. Ihre gesamte Jungend über habe sie sich um Kinder aus der Nachbarschaft gekümmert und später in Kinderkrippen ausgeholfen. Besonders viel Spaß habe ihr die Arbeit mit den unter Dreijährigen bereitet. Die Einschulung ihrer eigenen Tochter sei dann das ausschlaggebende Ereignis gewesen, gerade Grundschullehrerin zu werden. Zwar sei sie an der Universität bereits für Sonderschullehramt eingeschrieben gewesen, aber als sie bei der Feier die „[...] ganzen kleinen süßen Schultütenträger [...], die mit großen leuchtenden Augen völlig aufgeregt gespannt waren, was sie wohl so erwartet." sah, sei sie so „angerührt" gewesen, dass sie dachte „[...] oh da habe ich auch Lust, denen so diese Grundschulzeit zu bereichern".

Hier zeigt sich ein sehr positives, auf gewisse Weise idealisiertes Bild, welches Frau M. von der Tätigkeit in der Grundschule hat. In diesem Rahmen sind Niedlichkeit und Motivation der Kinder, zur Schule zu gehen, bedeutsam. Das geht einher mit einem auf gewisse Weise idealisierten Bild von Kindheit, das auf gängigen Deutungsmustern fußt.

„Eigentlich ist man ja auch Lehrer, weil man so dieses Schöne an den Kindern erleben will. Dieses ,Oh, war sie wieder niedlich'. Also gestern hat Svea auf die Frage ,Ich bin gerne ein Mädchen, weil ...' geschrieben ,weil es schön ist, auf der Welt zu sein und es wäre mir auch egal, wenn ich ein Junge wäre.' Das war einfach total süß und solche Situationen hat man eben manchmal, dass da so diese Kinder sind, die einen wirklich erfreuen."

Die Wahrnehmung ihrer Schüler/-innen wird von den sprachlichen Formulierungen schön, niedlich und süß dominiert. Frau M. ist in der Schule auf der Suche nach den schönen Dingen, die Kindheit ausmachen, um sich daran erfreuen zu können. Schade finde sie, wenn Kinder dabei seien, die Unruhe stifteten, durch negatives Verhalten auffielen und die Aufmerksamkeit auf sich lenken würden.

„Und das ist auch meine Kritik, die ich an dem Ganzen habe. Manchmal kommt man einfach nicht dazu, sich an den Kindern zu erfreuen und ihnen das auch zurückzuspiegeln ,Ihr seid toll', sondern dass eben da so viel ist, an dem man rummäkeln muss."

Den Umgang mit Kindern, die nicht dem entworfenen Bild, das die schönen Dinge an Kindheit betont, entsprechen, weil sie stören und man sie kritisieren muss, bringt sie als Kritikpunkt an Schule hervor. Hier liegt eine Deutung nahe, dass sie allen Kindern eigentlich zeigen möchte, wie sehr sie sie erfreuen – dies sei in Schule jedoch nicht immer machbar, da Disziplinierung, sie spricht von „Rummäkeln", einen genauso großen, wenn nicht größeren Umfang einnehme.

Ein anderer Aspekt, der nicht in gängige Kindheitsbilder passt, ist, dass Kinder eine eigene Sexualität besitzen und ausleben. In Frau M.s Argumentation wird dieser Aspekt an einer Stelle im Interview bedeutsam, an der sie darüber spricht, wie sie es empfände, wenn ein Kind sich in sie verlieben würde.

„[...] ich fände das wär ein großes Kompliment. Da hätte ich nichts dagegen einzuwenden. Ähm, da ist auch noch nicht so ein großer Unterschied zwischen Jungen und Mädchen. Also ich sehe das eher so, dass ich so Mädchen in meiner Klasse habe, die mich manchmal ganz verliebt anlächeln. Also ich meine nicht so richtig verliebt im Sinne von so Mann und Frau verliebt, sondern einfach nur so ‚Oh, ich find Sie so toll und so hübsch'. Weißt du so in dieser Art. Das finde ich dann auch sehr schmeichelhaft. Ich habe eigentlich auch immer meine Lehrer vergöttert, als ich Kind war. Das finde ich auch ganz schön so."

Frau M. würde sich darüber freuen und es als Ausdruck ihrer eigenen Wichtigkeit für die Kinder werten, wenn sich eines in sie verlieben würde. Sie benutzt die Formulierung „Mann und Frau verliebt", die auf sexuelle Liebe hindeutet. In diesem Kontext würden sich die Schüler/-innen nicht verlieben, denn an der Liebe von Kindern ist nichts Sexuelles. Ein anderer Aspekt dieser Formulierung ist die Gegengeschlechtlichkeit, die als Bewertungsfolie für sexuelle Liebe angelegt wird. Bei den Schülerinnen und Schülern von Frau M. handele es sich lediglich um ein Anhimmeln. Dieser Bezugsrahmen zeigt sich auch hinsichtlich ihrer Beurteilung von Berührungen, ist doch für Frau M. die Ambivalenz in der Wahrnehmung und Deutung von Berührungen irrelevant. Wie auch bei Frau W. wird damit an dieser Stelle noch einmal ganz deutlich, dass Ambivalentes bei Berührungen von Schüler/-innen der Grundschule keine Rolle spielt.

Sequenzbeschreibung Jonathan

Die Lerngruppe und Frau M. schwingen mit dem Fallschirmtuch in der Mitte der Halle. Plötzlich packt Frau M. den neben sich stehenden, herumblödelnden und den Unterricht erneut störenden Jonathan am linken Arm und führt ihn, links vor ihm gehend, von der Gruppe weg in Richtung Hallentür. Dabei hält sie mit ihrer linken Hand das linke Handgelenk von Jonathan und fasst ihm mit der rechten

Hand an seine rechte Schulter. Jonathan trottet, den freien Arm schwingend, mit ihr. Zielstrebig geht Frau M. in Richtung Hallentür. Jonathan noch am Handgelenk haltend, öffnet sie mit ihrer rechten Hand die Hallentür und verlässt mit ihm die Halle für einen kurzen Moment. Die anderen Schüler/-innen schwingen allein weiter mit dem Fallschirmtuch. Nachdem Frau M. Jonathan vor die Tür gestellt hat, schließt sie diese beim Hineintreten hinter sich. Sie geht, sich mit beiden Händen gleichzeitig von den Schläfen an durch die Haare fahrend, zurück zur Lerngruppe.

Begründung Sequenzauswahl

An dieser Sequenz fiel mir auf, dass Frau M. Jonathan recht direktiv aus der Halle führte. Sie nahm seine linke Hand als Führung in ihre Hand und fasste ihm mit der anderen Hand auf die Schulter. Jonathan hatte auch vorher in der Stunde schon mehrfach die Aufmerksamkeit dadurch auf sich gezogen, dass er aus der Reihe getanzt war, und ich wollte von ihr wissen, was sie zu dieser Sequenz sagen würde.

„So und jetzt äh wirst du mal hier entmündigt und mal einfach so von den Füßen hochgehoben" – Berührungen und Disziplinierungsstufen

Durch die Thematisierung der Sequenz mit Jonathan erschließt sich ein weiterer wichtiger Punkt zu Berührungen in der Grundschule, der auch schon bei Frau W. bedeutsam war: Sie stellen ein Mittel der Disziplinierung dar, was sich hier an der spontanen Äußerung von Frau M. zeigt.

> „Ja, also das ist hier mit Jonathan. Er hatte sich nicht eingefügt und hat nach mehrmaliger Aufforderung dann einen Hallenverweis bekommen, ich hab ihn angefasst. Ich habe ihn am Arm und an der Schulter so in die richtige Richtung geschoben."

Disziplinierungen durch Körperberührungen im Rahmen von Schule und Unterricht scheinen einem sich steigernden Ablauf zu folgen, den Frau M. in diesem Zusammenhang erklärt. Da Jonathan auch nach mehrmaliger verbaler Ansprache sein Verhalten nicht zu ändern schien, berührte Frau M. ihn, um ihn aus dem Unterricht zu entfernen. Die Angabe der richtigen Richtung meint dabei, ihre Gangrichtung, also den direkten Weg zur Hallentür. Der Gliederung in verbale Ansprache als erstes Disziplinierungsmittel und Berührungen als zweites, folgt eine weitere Steigerung in Bezug auf die Intensivität der disziplinierenden Berührungen, die sie im folgenden Zitat beschreibt.

„Also ich mache das auf jeden Fall so, um Kinder teilweise zu stoppen oder in die richtige Richtung zu bewegen oder um einzugreifen, wenn sie gerade dabei sind, sich und andere zu verletzen, dass ich sie dann eben auch greife und an dieser Bewegung entweder auch hindere oder dass ich ein Kind auch in die Richtung greife oder führe, in die es soll. Na ja, oder wenn jemand zuhaut oder zu tritt, dass ich dann das Kind festhalte und gerade bei Jonathan ist das so, dass er ein Schüler ist, der sich sehr schwer selber kontrollieren kann und der sehr dazu neigt, seine Bedürfnisse und seine Lust einfach direkt auszuleben. Also was gerade so in ihm vorgeht. Er kann ganz schlecht nur sitzen und leise sein und zuhören, sondern er muss sich halt ganz viel bewegen und ganz viel selber seine Stimme und seinen Körper einsetzen. Manchmal ist das auch so für ihn eine Hilfe, wenn er so in der Klasse rumläuft und man ihn mal so an die Schultern nimmt und sagt ‚Lass das! Jetzt bleib hier auch mal sitzen, damit es schneller geht.' Ich finde das auch so in Ordnung."

Zunächst reflektiert sie über Berührungen, die für die Schüler/-innen eine Art Hilfe sein sollen im Sinne von Berührungen, wie die an der Schulter, die ausdrücken „Ich nehme dich wahr und sehe, dass du dich den anderen gegenüber schadend verhältst. Hör auf damit!" Durch solche Berührungen, die Frau M. als Hilfe begreift, soll – dies wäre eine Lesart – den Schülern und Schülerinnen klar gemacht werden, dass sie in der Schule einen partnerschaftlichen Umgang einzuhalten haben, bei dem niemand verletzt wird, denn der ist die Voraussetzung für die gemeinsame Arbeit. Frau M. reflektiert selbst, dass sie diese Art von Berührungen auch für angebracht halte. In der weiteren Folge ihrer Aussage differenziert sie zwischen niedrigeren Formen von Disziplinierung, wie die, die Hände auf die Schulter zu legen, und höheren, die sie für grenzüberschreitend hält.

„Was ich aber zum Beispiel ganz selten nur machen würde, ist, ein Kind hochzuheben, weil das so ein ganz großer Eingriff in das Verhalten ist, in dem Moment wo man quasi von seinen Füßen genommen wird, ist man dieser Situation quasi völlig ausgeliefert. Das ist für mich nur so diese letzte Sache. Wenn also ein Kind absolut nach ganz vielen Anläufen nicht hören würde oder jemanden anders verletzt oder was Zerstörerisches macht, dann würde ich sagen ‚So und jetzt äh wirst du mal hier entmündigt und mal einfach so von den Füßen hochgehoben'."

Hier beschreibt sie im Gegensatz zu disziplinierenden Hilfen des ersten Teils Grenzüberschreitungen, die eigentlich keine Berührungen mehr sind, sondern entmündigende Griffe, die das letzte Mittel in der beschriebenen Abfolge darstellen. Daran wird ein Aspekt an Disziplinierung durch Berührungen deutlich: Frau M. scheint einer Nuancierung in der Härte ihrer Formen zu folgen. Denn in sol-

6.3 Nähe

chen eskalierenden Situationen sei nur noch eine schnelle Auflösung der Situation wichtig, ohne dass sie durch eine verbale Kommentierung, die zur Reflexion des Tuns aufseiten der Schüler/-innen anregen würde, verbunden wäre. Diese Form kommt laut Frau M. aber nur in Ausnahmesituationen vor, weil auch ihr bewusst sei, dass sie nur die letzte Stufe sein könne. Daran wird ebenfalls ersichtlich, dass das Zitat der Überschrift für Frau M. eigentlich weniger Geltung besitzt. Jedoch stellt das Hochheben eines Kindes die höchste, am stärksten entmündigende Form der Disziplinierung in Form von Berührungen dar, so wie es hier beschrieben wird.

Zusammenfassung

In Frau M.s Wahrnehmung spielt Ambivalenz von Berührungen ihrer Schüler/-innen keine Rolle, da sie es mit Grundschülern und -schülerinnen zu tun hat. Sie wünscht sich, dass sie Schüler/-innen als Ausdruck deren Wertschätzung ihre Nähe suchen. Dieses Bild der Beziehung einer Klassenlehrerin in der Grundschule zu ihren Schülerinnen und Schülern scheint sie selbst als Bewertungsfolie an ihre Tätigkeit anzulegen. Diesem Maßstab kann sie jedoch in der Klasse, in die ich sie begleite, nicht entsprechen. Denn sie wertet es als Problem, dass sie die Lerngruppe erst übernommen habe, als diese bereits von einer anderen Klassenlehrerin vom Kindergarten in die Grundschule geleitet worden sei. So sei es nicht entstanden, dass sie sich auf ihren Schoß setzen wollten oder an ihrer Hand liefen im Gegensatz zur Vorgängerin. Auch die Tatsache, dass sie Körperkontakte generell eher vermeide, bewertet sie selbst als Problem. Daraus wird ein gewisser Rechtfertigungsdruck dafür auf ihrer Seite sichtbar, da sie vermutlich einem nicht nur in ihrer Vorstellung sondern gängigen Vorstellung der Grundschullehrerin als fürsorgliche Ersatzmutter, die viel körperliche Nähe zu ihren Lerngruppen hat, nicht glaubt entsprechen zu können.

Zwar wünscht sich Frau M. auf der einen Seite, dass ihre Schüler/-innen körperliche Nähe zu ihr herstellen, auf der anderen Seite lehnt sie Körperkontakte jedoch eigentlich für sich ab. Das veranschaulicht sie anhand ihrer Abneigung gegen körperkontaktreiche Sportarten und anhand von Situationen, in denen der Körperkontakt von Schülerinnen oder Schülern von ihr nicht kontrolliert werden kann. Ihre persönliche Abneigung gegen körperkontaktreiche Sportarten überträgt Frau M. auch auf die Schülerinnen ihrer Sportklassen, weswegen beispielsweise kein Fußball gespielt wird und auch Ringen und Raufen bislang noch kein Bestandteil ihres Sportunterrichts waren.

Frau M. hat ein sehr positives Bild von der Tätigkeit einer Grundschullehrerin. In diesem Rahmen dominieren Zuschreibungen zu Kindheit, die durch die

Adjektive beziehungsweise Formulierungen wie „schön, niedlich, süß" und „motiviert" sowie „gespannt zur Schule gehen" transportiert werden.
Ein weiterer bedeutsamer Aspekt von Berührungen in der Grundschule stellt sich auch im Interview mit Frau M. heraus: Sie stellen ein Mittel der Disziplinierung im Unterricht dar. Diese scheint einem sich steigernden Ablauf zu folgen. Misslingt verbale Ansprache wird disziplinierend berührt. Zunächst in einem helfenden Sinne wie einer Berührung an der Schulter, die dem/der Schüler/-in während des Unterrichts den richtigen Weg und das richtige Verhalten zeigt. Als letzte Steigerung der Disziplinierung nennt Frau M. Berührungen, die ihr eigentlich schon als Grenzüberschreitungen vorkommen. Diese stellten das letzte Mittel in der beschriebenen Disziplinierungsabfolge dar und sind vermutlich nur für den Einsatz in extremen Situationen gedacht.

Zusammenfassung Deutungsmuster

Die drei befragten Lehrkräfte deuten Berührungen ihrer Schüler/-innen vor dem Hintergrund von Deutungsmustern, die auf spezifische Beziehungskonstellationen zurückgreifen. Die körperliche Nähe von Herrn T. und Frau W. Mitgliedern ihrer Lerngruppen gegenüber ist im Vergleich mit den anderen interviewten Lehrkräften am größten.
Innerhalb der besonderen Beziehung von Herrn T. („Sportkumpel") zur berührten Ina können Berührungen nicht ambivalent beziehungsweise grenzüberschreitend sein, da sie sich im Kontext der Sportwelt abspielen, in der Sportkumpel in dieser Art und Weise spaßig miteinander umgehen. Ina, als fußballbegeistertes Mädchen, ist genauso wie die Schüler, mit denen Herr T. zu Fußballwettkämpfen fährt, Angehörige dieser Welt und ist deswegen auch vertraut mit dem spaßigen körperlichen Umgang, der hier miteinander gepflegt wird und ein fester Bestandteil dieser Welt ist.
Auch bei Frau W. spielt Ambivalenz bei Berührungen ihrer Grundschüler/-innen keine Rolle. Sie deutet den Körperkontakt zu Jan vor dem Hintergrund eines fürsorglichen Ersatzmutterkontextes und fängt durch Berührungen seine emotionale Bedürftigkeit auf, die auf einer häuslichen Defizitsituation beruht. Das Deutungsmuster der Mütterlichkeit ist jedoch begrenzt auf die Grundschule und geschlechterstereotypisiert. Am Beispiel von Frau W. wird noch ein zweiter Aspekt von Berührungen sichtbar: In der Grundschule dienen sie als Mittel der Körperdisziplinierung, das die Ordnung im Unterrichtsablauf wiederherstellt.
Die Grundschullehrerin Frau M. („Widersprüchliche Nähewünsche") wird eigentlich nicht gerne berührt. Das veranschaulicht sie anhand ihrer Abneigung gegen körperkontaktreiche Sportarten und anhand von Situationen, in denen der

Körperkontakt von Schülerinnen oder Schülern von ihr nicht kontrolliert werden kann. Sie wünscht sich jedoch eigentlich von ihren Schülern und Schülerinnen, dass sie das Bedürfnis haben, an ihrer Hand laufen oder auf ihrem Schoß sitzen zu wollen, weil sie das als Ausdruck ihrer Wertschätzung ansehen würde. Auch bei ihr wird als Deutungsmuster Mütterlichkeit deutlich, da sie eine Norm antizipiert, nach der die Beziehung zwischen Grundschullerngruppen und deren Klassenlehrerin auch körperlich vertraut sein soll. Sie meint, diesen selbst auferlegten Anspruch nicht erfüllen zu können, denn ihr Berührungshandeln gestaltet sich gegensätzlich bspw. zu dem von Frau W. Ambivalenz spielt in ihrem Deutungsmuster unter anderem deswegen keine Rolle, weil auch bei ihr das im Hintergrund vorhandene generelle Deutungsmuster von asexueller Kindheit wirkt. Darüber hinaus wird auch bei ihr eine Organisations- und Disziplinierungsfunktion von Berührungen in der Grundschule sichtbar.

6.4 Distanz

Für dieses Deutungsmuster gibt es drei Erscheinungsformen im Interviewmaterial. Die Lehrer Herr S. („Vermeidung") und Herr H. („Sachorientierung") gehen mit der Ambivalenz von Berührungen durch bewusst wenige Körperkontakte beziehungsweise Nichtberühren um. Herr H., Lehrer an einer Grundschule, der sich von der Ambivalenz von Berührungen betroffen fühlt, berührt seine Schüler/-innen vornehmlich im Rahmen technisch orientierter Kontexte und hat ansonsten Bedenken, ihm könnten körperliche Grenzüberschreitungen unterstellt werden. Die Grundschullehrerin Frau A. („Zweckorientierung") vermeidet Berührungen in emotionalen Kontexten tendenziell eher.

6.4.1 Vermeidung

Kurzbeschreibung Interview

Herr S., 33 Jahre alt, ist Lehrer an einem Gymnasium in einer ländlichen Region. Ich habe ihn in die 8 d begleitet, in der er als Fachlehrer koedukativ Sport unterrichtet. Herr S. hat an unserem Termin in der Schule sehr wenig Zeit, sodass wir lediglich eine dreiviertel Stunde miteinander sprechen können. Außer über die beiden Filmsequenzen sprechen wir viel über sein Sportstudium. Darüber hinaus berichtet er über seine Motivation für den Lehrberuf, Besonderheiten im Sportunterricht mit Mädchen wie z. B. die Umkleidekabinensituationen, prekäre andere Situationen für ihn als Mann im Sportlehrberuf, und dass er generell Berührungen vermeidet, es sei denn, sie haben unmittelbar etwas mit einem sportlichen Inhalt des Unterrichts zu tun, wie der Hilfestellung beim Turnen oder Kämpfen.

Sequenzbeschreibung „Im Sitzkreis"

Herr S. hockt mit seiner achten Klasse im Sitzkreis. Die Jungen der Klasse sitzen ihm gegenüber an der anderen Seite des Kreises. Er wartet darauf, dass der Rest der Klasse sich dazu setzt. Der Rest sind sechs Schülerinnen. Sie kommen im Grüppchen in den Kreis und vier von ihnen verteilen sich auf die Stellen links und rechts direkt neben Herrn S., die bislang leer geblieben sind. Da neben Herrn S. nur wenig Platz ist, passen die letzten beiden nicht mehr dazwischen. Sie setzen sich daraufhin schräg hinter Herrn S. und sind dadurch vom eigentlichen Sitzkreis ausgegrenzt. Herr S. kontrolliert mittels des Klassenbuches die Anwesenheit der Schüler/-innen. Dazu hakt er jeden einzelnen Namen ab. Einen Namen findet er nicht auf Anhieb. Eine der beiden Schülerinnen, die rechts schräg hinter ihm sitzt, beugt sich nach vorne und zeigt auf den Namen im Klassenbuch. Für einen Moment berührt ihr linkes Handgelenk das rechte von Herrn S. Noch einmal zählt er mit den Fingern die Anzahl der Schüler/-innen nach. Ruhe will in die Gruppe nicht einkehren. Vereinzelt sprechen insbesondere die Jungen durcheinander. „Wer fehlt denn außer Danni, Bartosch und Bilek?" fragt Herr S. in die Runde, ohne vom Klassenbuch aufzublicken. „Sema", erwidern die Schüler/-innen im Chor. Noch immer wartet Herr S. darauf, dass es ruhiger wird. Ein Schüler „Psst. Seid doch mal leise!" „So ihr habt ja vielleicht gemerkt, wir müssen noch ein paar Zensuren festlegen", beginnt Herr S. zu erklären. Währenddessen lässt er sich aus seiner auf den Füßen hockenden Position nach hinten links ins Sitzen nieder. Dort sitzen noch immer die beiden vom Sitzkreis ausgegrenzten Schülerinnen. Er stößt mit dem Rücken gegen den rechten Arm einer von ihnen, woraufhin die ein Stück zurückweicht. Herr S. hingegen zeigt keine Reaktion und es wirkt, als nehme er keine Notiz von der Berührung. Er faltet seine Beine zusammen in den Schneidersitz und beugt sich dabei wieder nach vorne, sodass sich der Abstand zwischen ihm und der berührten Schülerin etwas vergrößert.

Begründung Sequenzauswahl

Bei Herrn S. bestanden nicht viele Auswahlmöglichkeiten, welche Berührungssituationen im Interview thematisierbar sein könnten. Es gab in den beiden Doppelstunden lediglich die Berührung in dieser Szene und noch zwei weitere in

6.4 Distanz

zwei anderen Szenen, die aber nie unmittelbar von Herrn S. ausgingen. Besonders aufgefallen an dieser Szene ist, dass die beiden Schülerinnen hinter ihm gar nicht in den Sitzkreis einbezogen wurden. Auch nicht, als er eine von ihnen in dieser Szene kurz berührt. Deswegen wollte ich mehr zu dieser Situation erfahren.

„Da achte ich nicht drauf." – Orientierung am Stundenablauf

Als erstes Element seines Berührungen vermeidenden Deutungsmusters ist eine Art von Orientierung am organisatorischen Ablauf einer Stunde bedeutsam. Herr S. bezeichnet das Gesehene spontan als das „normale Chaos", wenn Sitzkreise in dieser Klasse gebildet würden. Das rege ihn mittlerweile nicht mehr auf und er hat einen abgeklärten Blick auf die Situation, wenn er das selbst bezeichnete „Chaos" gelassen hinnimmt. Hier kommen zwei Lesarten in Frage. Er könnte die Formulierung „Chaos" in einem ironischen wohlwollenden Kontext meinen. Dagegen spricht, dass die Klasse, in die ich ihn begleite, schwer ruhig zu bekommen erscheint. Mir fallen sofort die große Lautstärke und der unhöfliche Ton, mit dem sie ihren Lehrer ansprechen, auf. Vielleicht hat Herr S. aufgrund dessen bereits ein Stück weit resigniert, was vor einem gewissen Hintergrund auch nachvollziehbar erscheint und er ist an dieser Stelle sehr ehrlich in seiner Wahrnehmungsinterpretation. Auf die Schülerinnen, die in dieser Situation vom Sitzkreis ausgeschlossen sind, geht er nicht ein, weswegen ich ihn frage, wer eigentlich um ihn herum sitze. Er berichtet, dass das meistens dieselbe Reihenfolge sei. Ich will von ihm wissen, ob es denn dann immer Mädchen seien wie hier.

> „Da achte ich nicht drauf. Das kann ich nicht so sagen. In den meisten Klassen ist es so, dass zum Beispiel links von mir die Mädchen sitzen und rechts die Jungen oder umgedreht. Aber immer schön getrennt. Hier jetzt, dass die Mädchen auf beiden Seiten sitzen, ist eher ungewöhnlich."

Auch als ich an dieser Stelle noch einmal gezielt nach der Sitzordnung frage, geht er nicht darauf ein, dass die Mädchen hinter ihm vom Sitzkreis ausgeschlossen waren und er beim Zurücklehnen eine von ihnen aus Versehen kurz berührte, jedoch nicht darauf reagierte. Das zeigt, dass diese Situation keine größere Bedeutung für ihn hatte. Indem er diese Situation nicht wahrnimmt, depersonalisiert er die daran beteiligten Schülerinnen ein Stück weit. Er zeigt ein gewisses Desinteresse daran, dass alle Schüler/-innen in den Sitzkreis mit einbezogen sind. Es scheint so, als ob die Schüler/-innen selbst dafür sorgen müssen, dass sie in den Kreis integriert sind. Auch hier stelle ich noch einmal den Bezug zu dieser mir im Sozialverhalten schwierig erscheinenden Klasse her. Vielleicht gibt Herr S.

sich im Hinblick auf sein Handeln hier mit Minimalzielen zufrieden und ist abgeklärt, was die Erreichung bestimmter Ziele betrifft. Eine gewisse Überspringung von „Kleinigkeiten" dieser Art könnte auch möglicherweise eine Strategie im Umgang mit dieser schwierigen Lerngruppe.

Auch in der zweiten Szene, die ich ihm im Interview zeige, wird deutlich, dass er nicht immer auf Schüler/-innenverhalten um sich herum reagiert, beziehungsweise es nicht wahrzunehmen scheint. Es handelt sich um eine Szene, in der er von einer Schülerin, die gerade eine Rolle rückwärts machte, angerempelt wurde. Die Schülerin ist beim Aufstehen nach der Rolle rückwärts so stark nach rechts gewankt, dass ihr Gesäß seitlich kurz unterhalb von Herrn S. Hüfte gestoßen ist, der neben der Mattenbahn stand, auf der die Schülerin die Rolle ausführte. Er hat daraufhin keine Reaktion gezeigt, außer, dass er seine linke Hand, gegen die sie zuerst stieß, schnell nach oben wegzog. Im Anschluss hat er weder gelacht noch die Schülerin gerügt – dies hätten mögliche Reaktionen sein können. Nach dem Betrachten dieser Sequenz erzählt er, dass dies eine Schülerin sei, die sich ihm oft annähere. Sie gehöre zu den sitzen gebliebenen Schülerinnen und erzähle ihm „überwiegend Unsinn", wenn sie in seine Nähe komme. Was er mit dieser Bezeichnung meint, vermag unser Interview nicht zu klären.

„[...] Sport [...] das ist ja nun das Fach, wo es am ehesten passieren kann." –
Prekäre Situationen im Sportunterricht

Herr S. nimmt eine potenziell ambivalente zwischen seinen Schülerinnen und Schülern wahr, wenn er davon erzählt, dass die im Sportunterricht das Bedürfnis hätten „[...] miteinander ein bisschen rumzuschäkern, ein bisschen rumzumachen [...]." Das bringe Unruhe in den Sportunterricht. Daraufhin möchte ich von ihm wissen, ob denn ein Mädchen auch schon einmal vor ihm rumgeschäkert habe, womit ich seine Formulierung übernehme, um die Frage unbewusst nicht bedrohlich werden zu lassen. Er erzählt, dass das in dieser Klasse noch nicht vorgekommen sei, jedoch passiere es hin und wieder einmal, dass Mädchen aus höheren Klassen „[...] so ein bisschen rumpussieren oder ein bisschen rumschäkern", wie er formuliert. Das mache sich auf die Art und Weise bemerkbar, dass sie versuchen würden, mit ihrer Attraktivität „zu punkten". „Also mal ein bisschen die Haare wedeln vor einem oder sonst irgendwas. Das hat man schon des Öfteren mal. Halt besonders knapp anziehen, das tun sie auch ganz gerne." An dieser Stelle kommen zwei Interpretationsarten für seine Formulierung des „Punktens", welche einem sportlichen Sprachjargon entstammt, in Frage. Er könnte damit sagen wollen, dass die Schülerinnen durch ihre äußerliche Attraktivität und ihr Flirtverhalten meinen könnten, möglicherweise eine bessere Note

6.4 Distanz

im Sport zu erhalten. Er drückt mit seiner anschließenden ironisch anmutenden Formulierung des Haare-Wedelns Abstand zu diesen Schülerinnen aus, indem er meint, diese Situationen durchschaut zu haben und sich außen stehend darüber amüsieren zu können. Er nimmt also durchaus eine ambivalente Ebene bezüglich älterer Schülerinnen wahr. Deswegen interessiert mich, wie er damit umgeht. Er passe sehr auf, dass er niemals irgendwo mit einem Mädchen alleine sei, was ihm auch noch nie passiert sei, und spricht damit die Umkleidekabinen, die er, so wie Herr T., als gefährlichen Ort wahrnimmt, an.

„Also, dass ich in der Kabine als Letzter bin und da ist noch ein Mädchen da alleine oder so, das versuche ich, immer zu vermeiden. Im Unterricht gibt es eigentlich keine Probleme. Also habe ich auch bisher noch nie Stress mit gehabt. Was es aber bei Kollegen schon gibt."

Er baut in seiner Argumentation, so wie Frau B. und Frau E., das Bild der gefährdeten Lehrer-Schülerinnen-Konstellation auf. Nur in dieser kann es zu ambivalenten Momenten in der Umkleidekabine kommen, in denen er dadurch Ärger bekommen könne, dass ihm ein körperlicher Grenzübertritt unterstellt werden könnte, wie er es von Kollegen auch kenne. Wenn er Sport in der weiteren Folge der Interviewpassage zuschreibt, gerade „[...] das Fach [zu sein], wo es am Ehesten passieren kann.", veranschaulicht er eine besondere Anfälligkeit des Sportunterrichts im Hinblick auf Anschuldigungen gegenüber Lehrkräften, eine körperliche Grenzüberschreitung begangen zu haben, so wie auch Frau E. Er berichtet, dass Schülerinnen behauptet hätten, ein Kollege von ihm sei in die Umkleidekabine gekommen, obwohl sie sich noch umgezogen hätten. In solchen Situationen sei schwer nachzuvollziehen, ob dieser Kollege wirklich schon wenige Minuten nach Unterrichtsschluss oder erst nach einer angemessenen Zeit hineingekommen sei. Ersteres schließe er dabei nicht aus.

„Schlimm ist eben, wenn da noch ein einzelnes Mädchen ist und hinterher irgendetwas behauptet. Das ist ein Restrisiko. [...] Wenn es jemand drauf anlegt, klar ein Mädchen steht da noch, dann ist man da allein mit einem Mädchen drin. Klar. Da bleibt immer so ein Restrisiko."

Wenn er vom „Restrisiko" spricht, dann meint er damit, dass es für ihn eine Gefahr sein könnte, wenn ein Mädchen unbekleidet vor ihm steht und ihn danach einer Grenzüberschreitung beschuldigen könnte. Hier entwickelt er die besondere Anfälligkeit des Sportunterrichts für gefährliche ambivalente Momente für Sportlehrer mit den Schülerinnen weiter. Besonders die Umkleidekabinen der Schülerinnen scheinen dabei eine besonders bedrohliche Rolle zu spielen. Wenn er davon spricht, dass es jemand, also eine Schülerin, darauf anlegen könnte, unbekleidet vor ihm zu stehen, dann spricht er den pubertierenden Schülerinnen eine gewisse Unberechenbarkeit zu.

„Also wenn wir turnen oder so, fasse ich ganz normal zu und richtig, ansonsten versuche ich, das zu vermeiden." – Technisches Verständnis

Ich will im Anschluss von Herrn S. wissen, ob er auch Turnen zu den Inhalten zähle, die für Lehrer risikobehaftet sind. Davon habe er noch nie gehört, dass das ein problematischer Bereich sein solle. Er turne mit seinen Lerngruppen genauso, wie er mit ihnen Kung-Fu mache. Mit dieser Aussage lenkt er das Thema vom Turnen aufs Kämpfen. Er erzählt, dass er selbst auch gegen Schülerinnen höherer Klassen kämpfe. Dabei habe es noch nie Probleme gegeben.

„Also zum Beispiel Zwölftklässlerinnen, die sind ja dann im Prinzip schon 17, die denke ich ... Also wie gesagt, die spielen zwar ein bisschen damit und versuchen einen, provozieren will ich nicht sagen, aber so ein bisschen rumzuschäkern, aber ich habe noch nie das Problem gehabt, dass die da jetzt versucht hätten, beim Kämpfen auf Tuchfühlung zu gehen."

Den ersten Satz dieses Zitats beendet er nicht. Vermutlich will er sagen, dass die Schülerinnen mit 17 Jahren schon wieder aus dem kritischen Pubertätsalter, in dem sie auf schwer berechenbare Fantasien kommen könnten, heraus sind. Er bezeichnet es als Spiel, das die pubertären Mädchen mit ihm spielten, wenn sie mit ihm schäkerten. Sein Stocken könnte allerdings zeigen, dass er sich nicht sicher ist, ob die 17-jährigen Mädchen diese Phase auch wirklich schon überwunden haben. Das von ihm bezeichnete Spiel scheint nicht unbekannt. Ich würde es als spielerisches Ausprobieren von Jugendlichen bezeichnen, wie weit sie gehen können und ob sie jemanden mit ihrem Äußeren oder mit Flirtverhalten reizen können.

Nachdem er das Gespräch von sich aus von der Hilfestellung beim Turnen auf Kung-Fu gelenkt hat, möchte ich noch einmal etwas zu den Hilfestellungen beim Turnen wissen und frage, ob er über die Berührungen bei der Hilfestellung mit den Schülerinnen und Schülern spreche. Er überträgt das Thema jedoch sogleich wieder auf Kung-Fu, wo es genauso selbstverständlich sei, zu berühren, „[...] das [wird] ganz selbstverständlich einfach so gemacht."

Aufgrund der Einbettung der Berührung in den sportlichen Kontext des Kämpfens erscheint ihm die Frage nach einer Berechtigung unnötig. Denn die Berührung gehört zum Selbstverständnis der Ausübung der Sportart Kämpfen. Kämpfen ohne Berührungen ist nicht denkbar. Aus dieser Äußerung geht hervor, dass der Charakter der Sportart Kämpfen an sich die Berührungen genauso legi-

6.4 Distanz 139

timiert wie die bei der Hilfestellung im Turnunterricht, was das Verständnis eines technisierten Körpers im Sport impliziert, dessen Berührung immer außerhalb eines ambivalenten Kontextes verstanden wird. Er müsse darüber nicht explizit mit seinen Schülerinnen und Schülern sprechen. Wenn er es täte, befürchtet er, dass einige es ausnutzen würden, um sich nicht beteiligen zu müssen. „Wenn ein Mädchen käme und sagt, sie möchte das nicht, würde ich das natürlich akzeptieren. Aber ich werde das sicherlich nicht von mir aus als Thema auf den Tisch bringen." Herr S. würde das Thema, dass eine Berührung ambivalent sein könnte und dass sie über eine körperliche Grenze hinausgehen könnte, nicht von selbst in seiner Lerngruppe ansprechen.

Ich erzähle Herrn S. schließlich, dass mir aufgefallen sei, dass ich in den zwei Doppelstunden, in die ich ihn begleitete, keine einzige Berührung von ihm gesehen hätte. „Also wenn wir turnen, fasse ich ganz normal zu und richtig, ansonsten versuche ich, das zu vermeiden. Ganz klar." Auch hier drückt sich ein technisches Verständnis des Berührens beim Turnen aus. Er fasse dabei „richtig" zu, so wie man es von einer gut ausgebildeten Sportlehrkraft erwarten würde, die weiß, wie und wo sie richtig zupackt, um korrekt zu sichern. Außerhalb einer Hilfestellung beim Turnen (und beim Kämpfen), vermeide er es, seine Schüler/-innen zu berühren. Durch seine Formulierung, dass das ganz klar sei, bekräftigt er seine Aussage noch einmal. Ich will wissen, warum er es vermeide. „[...], ich würde sagen, ich achte generell auf ein gewisses Maß an Distanz. Unabhängig vom Alter der Schüler oder auch unabhängig vom Geschlecht." An dieser Stelle spricht er aus, dass es etwas mit ihm selber als Person zu tun habe, wenn er auf Distanz zu seinen Schülern und Schülerinnen achte.

Zusammenfassung

Die Wahrnehmung von Herrn S. ist am Stundenablauf ausgerichtet. So nimmt er nicht wahr, dass Schülerinnen aus dem Sitzkreis ausgegrenzt sind. Trotzdem nimmt Herr S. in anderen Situationen potenzielle Ambivalenzen zwischen Schülerinnen und Schülern untereinander und zwischen den Schülerinnen und sich wahr. Er spricht dem Sportunterricht dabei im Vergleich zum Unterricht im Klassenzimmer einen besonders bedrohlichen Charakter für Männer im Lehrberuf (vgl. auch Herrn T. und Frau E.) zu und formuliert die institutionellen Rahmenbedingungen zugespitzt, wenn er Sport als das Fach bezeichnet „wo es am Ehesten passieren kann". Damit veranschaulicht er die besondere Anfälligkeit des Sportunterrichts in Bezug auf mögliche körperliche Grenzüberschreitungen zwischen Lehrkräften Schülern und Schülerinnen sowie diesbezüglichen Anschuldigungen. Der bedrohliche Charakter verwirklicht sich in den Umkleidekabinen der Schülerinnen, wo deren als unberechenbar wahrgenommene mögliche Phantasien und das Ausprobieren und Spielen mit der eigenen Attraktion ihm Bedenken bereiten. Er befürchtet, dass ihm Voyeurismus unterstellt werden könnte, wenn eine einzelne Schülerin nach Ende der Stunde noch in der Kabine ist, er diese abschließen muss und dann Behauptungen aufgestellt werden könnten. Hier spricht er vom „Restrisiko", wenn eine Schülerin fälschlicherweise eine Anschuldigung dieser Art tätige.

Auch beim Kämpfen mit Zwölftklässlerinnen erscheint ihm diese auf gewisse Weise unberechenbare Phantasie der pubertierenden Schülerinnen potenziell bedrohlich zu sein, wenn er ausspricht, dass diese versuchen könnten, bei ihm eine körperliche Grenze zu überschreiten, wenn er mit ihnen im Unterricht kämpft. Berührungen im Kontext von Kämpfen und Turnen sind für Herrn S. Kontexte, in denen er ohne Bedenken berühren würde, da diese Sportarten von ihrem sportartspezifischen Charakter her eine Berührung legitimieren, da beides nicht ohne Berührungen vorstellbar erscheint. Ansonsten vermeide er Berührungen generell, was darauf hindeutet, dass Berührungen außerhalb des sportlichen Kontextes von ihm durchaus als nicht unproblematisch wahrgenommen werden.

6.4.2 Zweckorientierung

Kurzbeschreibung Interview

Frau A. unterrichtet seit 30 Jahren an einer Grundschule in der Großstadt, an der sie auch Direktorin ist. Ich begleite sie in die 2 e, in der sie als Klassenlehrerin den Sportunterricht koedukativ unterrichtet. Zu Beginn unseres Interviews erzählt sie mir von ihrer Tätigkeit als Westernreiterin und ihrer Motivation (Sport-) Lehrerin zu werden. Sie berichtet darüber, was die Belastungen ihres Berufes sind. Sie geht auch ausführlich auf die Beschreibung ihrer bisherigen Berufskarriere ein, die sie von der Praxisarbeit mit Kindern in den administrativen Direktorinnenberuf führte.

Sequenzbeschreibung „Mit Lukas im Sitzkreis"

Frau A. stellt sich mit einem Tamburin in der rechten und dem dazugehörigen Schläger in der linken Hand in die Mitte der Halle zwischen die aufgebauten Bewegungsstationen, an denen die Schüler/-innen in Gruppen noch beschäftigt sind. Sie hebt beide Arme in die Luft und schlägt zwei Mal auf das Tamburin. Noch bevor sie den zweiten Schlag beendet, kommen bereits die ersten Schüler

6.4 Distanz 141

von der Station unmittelbar hinter ihrem Rücken zu ihr gelaufen und stellen sich links und rechts neben sie. Von rechts kommt Lukas angelaufen. Er läuft mit nach hinten gelehntem Rücken. Dabei hat er das Gesäß nach vorne geschoben und wirkt dabei, als wolle er die Bewegung einer witzigen Karikatur nachahmen. So läuft er zielstrebig zu Frau A. und drängelt sich zwischen sie und den Schüler zu ihrer Linken. Die anderen Schüler/-innen laufen von den unterschiedlichen Stationen zeitgleich mit Lukas herbei. Frau A. setzt sich über die Knie hin. Dabei legt sie das Tamburin vor sich ab. Lukas lässt sich ebenfalls ganz dicht neben ihr nieder. Rechts von ihr hat sich mittlerweile Konstantin niedergelassen. Der Großteil der anderen Schüler/-innen steht noch ungeordnet, die Form eines Kreises andeutend, in der Mitte der Halle. Neben Lukas hat sich ein weiterer Schüler gesetzt. Frau A. rückt sich im Schneidersitz zurecht.

Begründung Sequenzauswahl

In den beiden Sportstunden, in denen ich Frau A. gefilmt habe, gab es fast keine Berührungen, die von ihr ausgegangen sind. Die wenigen Berührungen, die von ihr initiiert wurden, hatten für mich immer ordnenden Charakter. Ich hatte direkt nach der ersten Stunde den Eindruck, dass Frau A. in Bezug auf die Quantität und Qualität der Berührungen das Gegenteil von Frau W. darstellt und jemand ist, der seine Schüler/-innen im Grunde nicht berührt.

Auch wenn in dieser Sequenz keine unmittelbare Berührung stattfand, interessierte mich daran trotzdem etwas ganz besonders: Wann auch immer ein Sitzkreis gebildet wurde, kam Lukas blitzschnell zu Frau A. gelaufen und stellte sich neben sie. In der Stunde, aus der die beiden hier beschriebenen Sequenzen stammen, gab es insgesamt vier Sitzkreise. Jedes Mal, wenn Frau A. sich in der Mitte der Halle positionierte und das entsprechende Signal gab, kam Lukas immer sofort heran gelaufen und stellte sich neben seine Lehrerin. Jedes Mal, wenn er herbei gelaufen kam, hat das meine Aufmerksamkeit erweckt, da immer etwas Besonderes an der Art und Weise, wie er sich dabei benommen hat, war. Bei der beschriebenen Szene ist er ähnlich einer witzigen Karikatur gelaufen, bei einer anderen Sitzkreisbildung hat er, nachdem er sich neben Frau A. gestellt hat, die Arme vor der Brust verschränkt. In der dritten Szene stand er bei der Sitzkreisbildung neben ihr, zeigte mit der rechten Hand auf und drehte sich dabei ununterbrochen lächelnd um die eigene Achse. Bei der vierten Sitzkreisbildung in dieser Stunde saßen die Schüler/-innen zunächst auf der Bank an der Hallenwand vor Frau A. Dann gab sie das Signal zum Sitzkreis und Lukas kam erneut als erster angelaufen und setzte sich mit ausgestreckten Beinen an die Füße seiner Lehrerin. Als die noch einen Schritt zurücktrat, robbte er auf dem Gesäß schnell auch ein Stück nach hinten. Zwar hat Lukas sie nie direkt berührt, saß aber immer ganz dicht neben ihr. Die ausgewählte Szene steht repräsentativ für die beschriebene Reihe von Szenen mit Lukas.

„[...] also er braucht immer die Führung." – Sicherheit durch leitende Nähe

Ein Element der Erscheinungsform Zweckorientierung des Deutungsmusters Distanz ist, dass Frau A. ihre körperliche Nähe in Bezug auf den im Schulalltag oft noch unorientierten Lukas, der die zweite Klasse bereits wiederholt, damit verbindet, dass sie meint, ihm so mehr Sicherheit zu geben. Unmittelbar nach dem Betrachten der Videosequenz muss Frau A. lachen und erzählt, dass Lukas immer gleich bei ihr sei, wenn Sitzkreise gebildet würden. „Da ist es am Sichersten. Weil der braucht seine Vertrautheit." Körperliche Nähe von Frau A. bedeute für Lukas Vertrautheit und Sicherheit im Schulalltag. Sie lacht erneut, weiß dann jedoch nicht mehr, was sie Weiteres zu der Sequenz sagen soll. Ich frage sie, ob immer dieselben zwei Schüler in Sitzkreisen links und rechts neben ihr säßen.

> „Das ist typisch für die beiden, denke ich. Das sind so welche, die so etwas unsicher sind und sich auch nicht so gut orientieren können so im Raum. Sie suchen dann erst mal die Nähe zu mir. Das ist im Unterricht auch so ähnlich. Ja der Lukas, der Konstantin nicht unbedingt so."

Frau A. ist der Auffassung, insbesondere Lukas durch ihre körperliche Nähe Sicherheit und räumliche Orientierung zu geben. Ihre Beschreibung löst in mir die Assoziation von der Lehrerin als „Lotsin" aus, die Lukas durch den Unterricht leitet und durch ihre körperliche Nähe dazu beiträgt, ihm seine Orientierungslosigkeit und Angst im Schulalltag, der ihn bisweilen nach Aussagen von Frau A. emotional und organisatorisch noch überfordert, zu nehmen. Deswegen sucht Lukas auch ihre Nähe, weil er zu wissen scheint, dass er dort nichts falsch machen kann und immer unmittelbar neben ihr ist, wenn etwas passiert, mit dem er nicht selbstständig umzugehen vermag. Das beschriebene Bild von Frau A. geht auch einher mit einer Machtverteilung zugunsten der Lehrerin, die sich in einer übergeordneten, wissenden Position befindet, von der aus sie dem unorientierten Schüler den Weg weisen kann. Neben der wissenden Lehrerin zu sitzen, ist nicht nur für Lukas interessant, sondern auch für andere Schüler/-innen. Frau A. beschreibt die Aushandlung der Plätze neben sich in Sitzkreisen als „Wettkampf" unter den Schülerinnen und Schülern (vgl. Kap. 2.3.2). Jede/r wolle die/der Erste sein, die/der bei „den Lehrern" sei.

Eine weitere Äußerung von Frau A. stützt die Interpretation, dass sie Lukas durch ihre Nähe Orientierung und auch Leitung gibt.

6.4 Distanz 143

„Ihm fehlt einfach noch so die Reife. Er ist, das sieht man auch im Verhältnis zu den andern Kindern, ist einfach ... Äh Selbstbewusstsein fehlt ihm noch total äh und Eigenständigkeit, also er braucht immer die Führung. Nachmittags spielt er hier fröhlich auf dem Hof. Also das kann er auch. Aber er ist, er braucht, er fragt morgens ‚Muss ich heute wieder in die Bücherei?'. Da ist denn Förderunterricht. Also er muss immer die Sicherheit haben morgens. So ‚Ist das jetzt hier auch alles in trockenen Tüchern? Finde ich da überall hin oder wo muss ich hin und wie?' Also das alles. Das kann er alleine nicht. Er braucht ganz viel Schonraum. Ne."

Ihre Beschreibung von Lukas untermauert das Bild des orientierungslosen Schülers, der sich noch nicht die notwendigen Kompetenzen, Frau A. nennt Selbstständigkeit, aneignen konnte, die er in ihren Augen benötigt, um in der Schule zu bestehen. Er braucht eine Person, die ihm sagt, wie sein Schultag ablaufen wird und was er alles zu erledigen hat. Diese Person scheint Frau A. für ihn darzustellen. Die Anforderungen an diese Hilfe leistende, leitende Rolle sind konform mit den beruflichen Erfordernissen, die Frau A. im Rahmen ihrer Direktorinnentätigkeit zu erfüllen hat, und zu denen sie eine gewisse Affinität zu besitzen scheint oder dem zumindest gerne nachkommt.

Da sie es gewohnt ist, anzuleiten und Schulalltag zu organisieren, sieht sie sich auch in der Lage, die Bedürftigkeit von Lukas erfüllen zu können. Das ist aber nicht bei jedem/jeder Schüler/-in so. Frau A. berichtet von einer Schülerin, die ebenfalls oft ihre Nähe gesucht habe, was ihr unangenehm gewesen sei.

„Dann sind welche, die haben auch so eine gewisse Distanzlosigkeit diese Kinder. Manche sind ständig bei einem. Und dann auch nicht merken, ‚Also jetzt ist es mal angesagt, dass ich mich mal allein hier irgendwie bewege'. Ständig also ich hatte eine Schülerin, die ist jetzt weggegangen, die, wenn ich in die Schule kam bis mittags ein, denn war dieses Kind wie ein Schatten immer irgendwo neben mir. Wie die das geschafft hat, weiß ich nicht. Aber die war immer in meiner Nähe. Die brauchte wirklich Zuwendung, da war ein schwieriges Zuhause und da sind schon unterschiedliche Konstellationen bei den Kindern."

Das ständige Einfordern von Nähe der Schülerin aus einem „schwierigen" Elternhaus, wobei offenbleibt, was sie mit diesem Begriff meint, hat sie im Gegensatz zu der Nähe, die Lukas bei ihr sucht, als unangenehm empfunden. Vielleicht deswegen, weil diese Schülerin etwas von ihr haben wollte, wozu sie nicht in der Lage war, ihr das zu geben. Lukas kann sie Orientierung, Organisation und Leitung geben, aber die Schülerin, deren Einfordern von Nähe sie als Distanzlosigkeit beschreibt, wollte vermutlich weder Orientierung noch Leitung, sondern möglicherweise emotionale Nähe von ihr, die sie ihr vielleicht nicht geben konnte oder wollte. Im Vergleich mit dieser Schülerin nerve die körperliche Nähe, die Lukas suche, nicht.

„Er ist, das ist zum Beispiel ein Junge, der nicht ständig, er ist nicht ständig, er ist immer in der Nähe, sitzt auch vorne ähm, er ist aber sehr zurückhaltend. Er nervt auch nicht. Also er macht ganz konsequent seine Arbeit. Hat es schwer. Wiederholt auch dieses Schuljahr auf Wunsch der Eltern. Äh hatte von Anfang an ein bisschen Probleme, auch äh die Eltern kümmern sich sehr darum."

Lukas scheint nach Auffassung von Frau A. nicht aus einem schwierigen Elternhaus zu kommen, da die Eltern sich sehr um seine schulischen Probleme kümmern würden. Zwar sei er ständig in ihrer Nähe, aber sie empfinde diese Nähe im Gegensatz zu der Schülerin zurückhaltend und nicht distanzlos. Er habe es schwer, arbeite aber konsequent mit.

„[...] dieses ständige Mütterliche, das ist nicht unsere Aufgabe." – Warnung vor großer Emotionalität im Grundschullehrerinnenberuf

Zur Lesart der Differenz des Einforderns der Nähe von Frau A. durch Lukas und die Schülerin aus „schwierigem Elternhaus" passen die Aussagen von Frau A. insofern, als sie zu große Emotionalität in ihrem Beruf ablehnt. Sie erzählt sehr ehrlich davon, wie lästig ihr zum Teil das große Nähebedürfnis einiger Schüler/-innen sei. Damit umzugehen, erfordere eine „überzogene Geduld, die ein normaler Mensch gar nicht hat.". Man müsse eine sehr hohe „Toleranzgrenze" haben. Ich berichte ihr davon, dass eine andere Lehrerin, die ich begleitet hätte, ihre Rolle in der Grundschule als eine mütterliche auslege und möchte von ihr wissen, wie sie dazu steht. Frau A. sehe sich in der Schule als „Lehrperson" – mit dieser Formulierung stellt sie die fachlichen Inhalte in den Vordergrund und merkt an, dass sich nie als „Mutter" gesehen habe. Zwar wolle sie auch „Vertrauensperson" sein, das bleibe jedoch auf den, wie sie es neutral formuliert, „Lehrberuf" beschränkt. Das Einnehmen einer „Mutterrolle" sei nicht die Aufgabe von Lehrpersonen.

„Erst mal können wir das [L. W.: das Mütterliche] nicht ersetzen und wollen wir auch nicht ersetzen. Wir sind Lehrer, wir sollen den Kindern also Leistung und Selbstständigkeit und so vermitteln. Sicher auch Selbstbewusstsein und Eigenständigkeit, aber eben keine Mutterrolle einnehmen und das hab ich auch nie getan. Damit fühl ich mich auch nicht wohl, weil das ist mir zu äh, ne da würde ich mich irgendwie aufgeben und diese Rolle als Lehrer ist für das Kind auch sehr wichtig."

Frau A. verwendet hier den Plural „wir sind Lehrer" und hebt das Thematisierte damit auf eine unpersönlichere Ebene, mit der sie für den gesamten Berufsstand spricht, was die Allgemeingültigkeit ihrer Aussage unterstreichen soll. Die Aus-

6.4 Distanz

gestaltung einer Lehrrolle und die einer Mutter schließen sich ihrem Verständnis nach gegenseitig aus. Die Vermittlung von Eigenschaften wie Leistung und Selbstständigkeit, die für sie eine Bedeutung in der Ausbildung der Schüler/-innen besitzen, scheinen nicht konform mit einer Mutterrolle zu sein. Mit einer Mutterrolle im Schulkontext könne sie sich nicht identifizieren. Das würde nicht zu ihrer Rolle als Lehrperson passen. Wenn sie sich in eine Mutterrolle für ihre Schüler/-innen begeben würde, würde sie sich selbst aufgeben, womit sie vermutlich meint, dass sie ihr Konzept von der Auslegung der Lehrrolle, so wie sie es seit Jahrzehnten praktiziert, aufgeben müsste.

Man könne auch viel konsequenter mit den Schülern und Schülerinnen arbeiten.

„[…], äh die reagieren ganz anders auf die Lehrkräfte als auf die Mütter und man kann sie auch, ich hab jetzt hier auch einen Schüler in der Klasse, der Martin, der fing ja eben auch schon an immer rumzuspringen und der ist sehr verhaltensauffällig. Sicher habe ich Verständnis für ihn, für solche Sachen, aber es herrschen ganz strenge Absprachen. Er muss sich knallhart an die Absprachen halten und dann gibt es auch kein Pardon, sondern wenn er schon vor der großen Pause vor der Tür steht und mir wieder sagen will, dass er seine Hausaufgaben nicht gemacht hat, das äh da reagier ich nicht drauf, dann muss er in die Klasse zurück und dann kann er mir das sagen. Also dieses ständige ‚Ich bin immer für euch alle da' das hält man auch nicht durch. Denn ist man irgendwann auch wahnsinnig. Auch gerade auch als junge Lehrerin, da sollte man sich nicht drauf einlassen. Das geht gar nicht."

Konsequent-Sein, strenge Absprachen treffen, sich genau daran halten, kein Pardon zu kennen, scheinen für Frau A. keine Eigenschaften zu sein, die im Verhältnis eines Kindes zu seiner Mutter eingehalten werden können, im Lehrberuf für sie jedoch wichtig sind. Mütterlich-Sein verbindet sie also damit, ständig für die Bedürfnisse ihrer Schüler/-innen da zu sein, ihnen immer zuzuhören und scheinbar grenzenloses Verständnis für sie aufzubringen (siehe Beispiel mit Martin). Sich in eine solch starke emotionale Bindung zu den Schülerinnen und Schülern zu begeben, würde ihren Handlungsspielraum als Lehrperson einschränken. Ohne diese starke emotionale Bindung kann sie auch mit Schülerinnen und Schülern, die nicht ihren schulischen Pflichten nachkommen, viel konsequenter und strenger umgehen, auch dies wird an ihrem Umgang mit Martin deutlich. Eine mütterliche Rollenausgestaltung des Lehrberufs würde es nach ihrem Verständnis nicht zulassen, Martins Verhalten derart konsequent zu sanktionieren.

Schließlich spricht sie für junge Lehrerinnen, und bezieht auch mich als mögliche angehende junge Lehrerin mit ein, die Handlungsempfehlung aus, sich nicht auf eine mütterliche Rolle einzulassen. Wenn sie von „einlassen" spricht, dann bieten sich zwei Lesarten an. Zum einen könnte sie meinen, dass die Verführung groß ist, in den Schülern und Schülerinnen so etwas wie die eigenen Kinder zu sehen. Zum anderen könnte sie damit sagen wollen, dass die Schüler/-innen eine Auslegung der Rolle in Richtung eines mütterlichen Verhältnisses einfordern. An dieser Stelle warnt sie vor Überforderung, die das Einlassen auf eine Mutterrolle mit sich brächte. Auch in ihrer Zeit als junge Lehrerin habe sie selbst nie eine Mutterrolle in der Schule einnehmen wollen und bemerkt, dass sie am Anfang noch viel stärker als heute ihr Privatleben von der Schule trennte. Im Zusammenhang mit der Distanzierung von Frau A. zu allzu großer Emotionalität im Beruf könnte dieser Verweis so gedeutet werden, dass sie früher Emotionen aus dem Privatleben vielleicht eher noch vor dem Schultor ließ als heute.

Die hier vorgenommene Lesart, dass sie zu große Emotionalität in ihrem Beruf ablehnt, wird auch von ihrer Motivation für ein Lehramtsstudium gestützt. Die leitete sich ausschließlich aus ihrer jugendlichen Leistungssporttätigkeit ab. Sie habe nicht Lehrerin werden wollen, sondern habe etwas mit Sport machen wollen. Dass der Lehrerinnenberuf auch etwas mit Kindern zu tun haben würde, habe Frau A. bei ihrer Berufswahl gar nicht im Blickfeld gehabt. Auch während ihres praxisfernen Studiums sei ihr das noch nicht bewusst gewesen, sondern erst als sie dann als Berufseinsteigerin in die Schule gegangen sei. Sie habe sich aber schnell an „diese Kinder" gewöhnt. Ihre Formulierung drückt den emotionalen Abstand aus, den sie vor ihrer Berufstätigkeit zu Kindern hatte.

„[...] da ist auch schon so ein bisschen Leistungsgedanke immer dabei [...]." –
Fachliche Berufserfordernisse als Berührungskontexte

Dass Frau A. ein tendenziell zweckorientiertes Bild von Berührungen hat, wird auch an anderer Stelle sichtbar. So wie bereits am Beispiel von Lukas beschrieben, hat Frau A. in manchen Kontexten keine Probleme ihre Schüler/-innen zu berühren oder sie körperlich nah um sich herum zu haben. Den machbaren Berührungskontext stellen dabei die fachlichen Erfordernisse ihrer Berufsrolle als Sportlehrerin dar.

> „Sicher bin ich so ein Typ. Mit Sicherheit, dass ich nicht immer unbedingt die körperliche Nähe da bei den Kindern suche und äh ... Ich nehm sie auch mal in den Arm, aber nur so, dass man sie mal so an den Schultern berührt. So von hinten oder ‚Stell dich da mal hin!'. Aber dass ich sie irgendwie übern Kopf streichel oder so, so diese ganzen, das hab ich noch nie gemacht. Das hab ich in meiner ganzen Lauf ... Das äh wahrscheinlich ist das auch von meiner Persönlichkeit her so. Ich mach das so, dass ich dann mit Worten oder mit Geste oder Zeichen oder netter Ansprache. Aber jetzt nicht unbedingt so mit körperlichen Gesten."

6.4 Distanz

Sie rechtfertigt sich zunächst mit der Eigenschaftsdefinition, nicht der Typ zu sein, der viel berühre. Der Rechtfertigungsdruck, den sie offenbar verspürt, zeigt, dass Grundschullehrerinnen nach gängigen Vorstellungen viel körperliche Nähe zu ihren Schülern und Schülerinnen haben müssen und sie hinter meiner Frage zumindest dieses Bild vermutet. Daraus wird auch ein gewisser Druck ersichtlich, unter dem Grundschullehrerinnen stehen, die nicht diesem Bild entsprechen. Frau A.s Berührungen im Kontext von organisierenden Anweisungen („Stell dich da mal hin!") sind dabei eine Form von Körperkontakt, die sie praktiziert. Als Körperstelle gibt sie dazu die Schultern an. Als Gegensatz nennt sie über den Kopf streicheln, was sie Berührungsformen zuordnet („so diese ganzen"), die ihr möglicherweise als zu emotional für den Schulkontext erscheinen. So etwas habe sie auch in ihrer ganzen Laufbahn, sie hält in ihrer Formulierung kurz inne, nie gemacht. Hierdurch verweist sie unter Rückgriff auf ihre lange Lehrerinnentätigkeit erneut darauf, eher emotional distanzierter mit Schülern und Schülerinnen umgegangen zu sein und nicht emotionalisiert in dem Sinne, Schüler-/innen in den Arm zu nehmen oder Ähnliches.

Konkret auf ihre Aussage bezogen, dass sie zwecks Lob nicht berühren würde, beschreibt Frau A., wie sie lobt.

> „[...] und ähm lobe sie sicher auch. Oder beim Weitsprung da steh ich dann daneben und denn kann ich sie auch richtig anfeuern und dann sagen, so jetzt und noch mal weiter und Beine nach vorne und aber da ist auch schon so ein bisschen Leistungsgedanke immer dabei äh, wo sie dann auch drauf also das machen die dann auch mit. Da merkt man, dass man die durch Anfeuern dann auch wirklich zu besserer Leistung bringen kann. Da freuen die sich auch drüber."

In diesem Zitat erklärt sie ihre Form von Loben für gute sportliche Leistungen oder im Rahmen von Anfeuern, denn anfassen würde sie ihre Schüler/-innen auch in diesen Kontexten nicht. Was bei anderen Sportlehrkräften wie z. B. Frau W. (vgl. Kap. 6.3.2) die Berührungen sind, das sind bei ihr anfeuernde technische Anweisungen, die die sportliche Leistung verbessern sollen. Das kann sie wiederum auch „richtig", wie sie beteuert, machen. Auch hier scheint sie eine Rechtfertigung für das zuvor Gesagte liefern zu wollen, weil sie vielleicht denkt, dass man als Grundschullehrerin nach gängigen Vorstellungen Körperkontakt zu den Schülern und Schülerinnen haben müsste, um sie zu loben. Sie hebt hervor, dass beim Loben und Anfeuern immer der Leistungsgedanke mit dabei sei.

Dass sie mit Berührungen außerhalb emotionaler Kontexte keine Probleme hat, scheint sie selbst zu reflektieren, was folgende Ausführung zeigt.

> „Ne wenn wir da dann Grätsche über den Bock oder dann da gehört das dazu, die dann richtig anzupacken oder rüberzuziehen oder auch am Reck, sie dann mal rund

rumzukullern oder richtig anzupacken, dass sie dann mal das Gefühl kriegen, ne komm ich denn da jetzt einfach rum. Also das ist für mich überhaupt kein Problem. Das ist aber auch eine andere Ebene wieder. Ist das ne... Finde ich. Praktisch eben Unterstützung oder eben Hilfeleistung äh, da habe ich keine Probleme, die Kinder da anzufassen oder anzupacken."

Auf dieser „anderen Ebene" beim Turnen habe Frau A. keine Probleme, die Kinder zu berühren. Dabei handelt es sich um eine Ebene, auf der sie ihre fachliche Berufsrolle ausübt. In diesem Zitat räumt Frau A. selbst ein, dass es für sie unproblematisch ist, die Schüler-/innen in diesem technischen Kontext zu berühren – dies impliziert wiederum, dass sie für sich durchaus reflektiert hat, auf einer emotionalen Ebene, außerhalb der fachlichen Erfüllung ihrer Berufsrolle, Probleme, wie sie es selber ausdrückt, damit zu haben.

Zusammenfassung

Die Erscheinungsform „Zweckorientierung" des Deutungsmusters Distanz, für die Frau A. steht, sieht nur bestimmte Berührungskontexte für sich als machbar an. Dabei orientiert sie sich vermehrt an den zu vermittelnden Inhalten ihres Berufes und lehnt das Einnehmen einer Mutterrolle im Lehrberuf gänzlich ab, da sie befürchtet, dass ihre Konsequenz als Lehrerin unter zu großer Emotionalität im Beruf leiden könnte. Die stärker an den Inhalten ihres Berufes orientierte Auffassung zeigtsich auch in ihrem Berührverhalten. So ist z. B. ein Leistungskontext wie das Anfeuern bei einem schulischen Sportwettkampf, ein Kontext, in dem sie einen Schüler oder eine Schülerin anfassen würde. Bei der körperlichen Nähe zum Schüler Lukas spielt Leitung die hauptsächliche Rolle. Da Lukas noch unorientiert im Schulalltag sei, gebe sie ihm durch ihre Nähe Sicherheit und lenke ihn ein Stück weit durch den Schulalltag. Eine Schülerin oder einen Schüler einfach so aus Emotionalität über den Kopf zu streicheln oder in den Arm zu nehmen, kommt für sie weniger in Frage. Frau A. berichtet weiter von einer Schülerin aus einem schwierigen Zuhause, die ständig ihre körperliche Nähe gesucht habe, weil sie Zuwendung bräuchte, die sie Zuhause nicht erfahren würde. Frau A. empfindet das im Gegensatz z. B. zu Frau W. jedoch als unangenehm und distanzlos und wolle dem nicht nachkommen. Im Gegensatz dazu kann sie der Bedürftigkeit von Lukas, dem sie durch ihre Berührungen Orientierung in der Schule bietet, nachkommen.

Auch in ihrer Wahrnehmung spielt Ambivalenz bei Berührungen keine Rolle und Berührungen werden tendenziell als Mittel zum pädagogischen Zweck wahrgenommen. Am Beispiel von Frau A. wird auch die negative Seite des zu stark auf Nähe einlassenden Verhaltens reflektiert. Sie warnt vor zu großer Emotionalität im Beruf, da sie sonst befürchtet, ihre Berufsrolle nicht mehr konsequent ausführen zu können. Zu große Emotionalität, also Nähe, empfindet sie als Einengung für ihren Handlungsspielraum als Lehrerin. Sie konkretisiert das am Beispiel von Sanktionierungen für schlechte Leistungen, die sie aus der Distanz viel konsequenter vornehmen könne als aus einer vermehrten Näheposition.

6.4.3 Sachorientierung

Kurzbeschreibung Interview

Herr H., 34 Jahre alt, ist seit zehn Jahren an der Grundschule einer Großstadt tätig. Hier unterrichtet er die 3a als Fachlehrer koedukativ im Sportunterricht. Das Interview mit ihm, für das er sich viel Zeit nahm, fand im leeren Lehrerzimmer statt.

Themen unseres Interviews, die wir über die Reflexion der Sequenzen hinaus besprachen, waren seine eigene sportliche Sozialisation in der Jugend, seine Ausbildung und Berufswahlmotivation. Von den zwei im Interview gezeigten Sequenzen wird im Folgenden nur eine detailliert dargestellt.

„[...] um mich vor dem zu schützen, dass mir nachgesagt wird, der hat da immer Kuscheleinheiten mit seinen Kindern." – Ambivalenzempfinden auch in der Grundschule

Herr H. äußert im Interview bei Schüler/-innen-Berührungen Bedenken, dass ihm körperliche Grenzüberschreitungen unterstellt werden könnten. Deswegen gebe es für ihn „Grenzen" hinsichtlich des Körperkontaktes im Unterricht. „Wenn der Körperkontakt zu intensiv wird, dann ist es eine Grenze, die ich setze. Einfach auch aus Selbstschutz. Man weiß ja, was heutzutage schnell interpretiert wird in solche Sachen."

Mit der Angabe, dass er den Schülerinnen und Schülern aus Selbstschutz Grenzen setze, verweist er auf den Diskurs zu sexuellem Missbrauch von Kindern. Er sagt, dass Außenstehende, er könnte damit die Eltern meinen, in Körperkontakte („in solche Sachen") schnell einen sexuellen Missbrauch hineininterpretieren könnten, da Körperkontakte zwischen Lehrer und Grundschülerinnen und Grundschülern vor dem Hintergrund gestiegener Sensibilität für den Missbrauchsdiskurs aber auch Hysterisierung ein ambivalentes Thema für Lehrkräfte darstellen können. Dass Ambivalenz seine leitende Empfindung ist, wenn er über seine Körperkontakte zu Schülerinnen und Schülern reflektiert, verdeutlicht er anhand des folgenden aktuellen Beispiels aus dem Kollegenkreis:

„Es gab vor nicht allzu langer Zeit einen Fall von Missbrauch in der Stadt hier. Da ist ein Lehrer verurteilt worden, weil er eben Kinder sexuell missbraucht hat. Auch im Sportunterricht. [...]. Und das ist sehr ambivalent das Ganze. So sehe ich das jedenfalls. Die Kinder heutzutage haben große emotionale Bedürfnisse an Zuwendung, auch an körperlicher Zuwendung und das ist so ein Balanceakt, den man immer wieder neu abwägen muss, ‚Wie weit lass ich das zu, wo setz ich die Grenze?'"

Über den beschriebenen Fall des Lehrers, der im Sportunterricht Kinder sexuell missbrauchte, leitet Herr H. seine Reflexion über engen Körperkontakt zu Schülern und Schülerinnen ein. Er beschreibt das Abwägen des Zulassens von Körperkontakten als ambivalent und Balanceakt. Hier verortet er sein ambivalentes Empfinden, das sich auf folgende Fragen zuspitzen lässt: Inwieweit lasse ich mich als Lehrkraft auf das Bedürfnis der Schüler/-innen nach emotionaler und auch körperlicher Nähe ein und wo muss ich die Grenze ziehen, um mich vor eventuellen Anschuldigungen des sexuellen Missbrauchs zu schützen?

Zunächst baut auch er dabei eine heterosexuelle Bezugsnorm-Orientierung auf, verbessert sich dann aber und sieht Ambivalenz auch für seinen Körperkontakt zu den Jungen bestehen.

„Ich neige dann dazu, gerade wenn Mädchen dann bei mir, aber auch Jungs, ist eigentlich egal, wenn das zu intensiv wird, dann sag ich, das möchte ich nicht und setze diese Grenze. Eben um mich vor dem zu schützen, dass mir nachgesagt wird, der hat da immer Kuscheleinheiten mit seinen Kindern oder so. So etwas ist ja schnell mal dann Gerede und das möchte man natürlich vermeiden. [...] Aber da sind eben diese sensiblen Grenzen und die muss man deutlich machen, denke ich."

Herr H. reflektiert als einzige befragte Lehrkraft auch eine homoerotische Komponente mit, wenn er nicht nur den Mädchen, sondern auch den Jungen Grenzen bei intensivem Körperkontakt setzt. Er erachtet generell enge Körperkontakte zu seinen Schülerinnen und Schülern für sich als prekär. An dieser Stelle liegt es nahe, diesen Umstand daraus abzuleiten, dass Herr H. als Mann eher mit Anschuldigungen eines körperlichen Grenzübertritts auch gegenüber den Jungen konfrontiert werden könnte als eine Grundschullehrerin, egal ob diese ein Mädchen oder einen Jungen berührt. Sicherlich spielen auch Bedenken von Herrn H., als pädophil bezeichnet werden zu können, eine Rolle in seiner Wahrnehmung. Er verwendet für die Formulierung der Grenzen, die er seinen Schülern und Schülerinnen in Bezug auf Körperkontakte zu ihm setzt, die Umschreibung sensibel. Damit drückt er aus, dass er mit besonders viel Sorgfalt, Umsicht und Fingerspitzengefühl mit diesem heiklen Thema umgehen muss – dies verstärkt die zuvor skizzierte Interpretation dieser Interviewpassage.

Sequenzbeschreibung „Freie Erwärmung"

Herr H. tritt aus dem Handballtor hervor und geht in Richtung der am Rand der Halle stehenden Sitzbänke, auf denen eine kranke Schülerin und ein paar andere Schüler/-innen sitzen, die sich eigentlich selbstständig mit Kleingeräten erwärmen sollen. „Ihr sitzt schon wieder. Ihr sollt euch doch bewegen. Los!" Mit raumgreifenden Schritten und schwingenden Armen eilt er auf sie zu. Eine Schülerin steht von selbst auf. Herr H. klatscht ihr im Gehen von hinten noch leicht auf die Schulter. „Komm. Bewegung, Bewegung!" Er geht zu Natalie, die auf der Bank sitzt, legt seine linke Hand auf ihren Rücken, ergreift mit der rechten Hand ihr rechtes Handgelenk und zieht sie nach vorne oben. Er schiebt sie mit der linken Hand am Rücken weiter an. Natalie läuft weg. „Komm!" Mit Annika, die danebensitzt, macht er dasselbe. Diese stemmt sich jedoch mit dem Rücken gegen seine ziehende Schiebbewegung, sodass sie nur einen Meter auf den Füßen nach vorne rutscht. Herr H. schiebt sie so lange an, bis sie von selbst losgeht. Ein Schüler kommt auf ihn zu und spricht ihn an. Annika verweilt noch immer in unmittelbarer Nähe von Herrn H. Er fasst sie noch einmal bei der Schulter und schiebt sie weg. Daraufhin läuft sie im Bogen um ihn herum, um sich wieder auf die Bank neben eine andere Schülerin zu setzen.

Begründung Sequenzauswahl

An dieser Sequenz ist mir beim Betrachten die Bestimmtheit der Berührung aufgefallen, mit der Herr H. Natalie und Annika zum Mitmachen aufforderte. Sie und ein paar andere Schülerinnen wollten sich nicht selbstständig erwärmen, sondern lieber auf der Bank sitzen, zugucken und vermutlich sich miteinander unterhalten. Ich wollte im Interview seine Sicht auf diese Situation erfahren.

„Ich bin euer Vorgesetzter und sage jetzt, was ihr macht" – Berührungen und Disziplinierung

An der Reflexion von Herrn H. zu dieser Videosequenz zeigt sich, dass Berührungen für ihn auch ein Mittel darstellen, um die Schüler/-innen im Unterricht zu disziplinieren.

„Ja, und in dieser Szene war es jetzt so, dass die drei Mädchen sich zurückgezogen hatten und anscheinend keine Lust hatten und ich versuche, das nicht zuzulassen, sondern ich bin dann hin, hab sie hochgezogen, auch angefasst und wieder reingeschubst und auch geschoben. ‚Macht was! Beschäftigt euch!' Dann versuche ich das auch zu vermitteln, glaube ich, dass ich das da gesagt habe, ich hab ja auch mit ihnen gesprochen, dass sie sich entsprechend aufwärmen sollen. Von daher hat das ja auch einen sportlichen Sinn sich zu bewegen. Und nicht da rumzusitzen, während andere sich bewegen. Das vermindert natürlich die Leistungsfähigkeit bei der anschließenden Thematik der Stunde. Das versuche ich dabei auch, zu vermitteln. Einige sind dann natürlich auch trotzdem so frech, dass sie sich dann gleich wieder hinsetzen. Ja gut, ich spreche sie dann zwei drei Mal an, und wenn man nichts machen kann, dann werde ich strenger und sage ‚Wenn du hier nicht mitmachst, dann musst du hier nicht hinkommen. Die Konsequenz ist aber auch, dass du entsprechend bewertet wirst.' Das sage ich auch ganz klar."

Da die Ansprache der Schülerinnen in dieser Situation nicht gelang, verwendet Herr H. Körperberührungen, die er mit Hochziehen, Reinschubsen und Schieben umschreibt, um den Schülerinnen zu vermitteln, dass es sich um eine klare Anweisung handele, der er durch Berührungen Nachdruck verleihen wollte. Diese Disziplinierungsmaßnahme versieht er mit einem sportlichen Sinn, wenn er sich auf die verminderte Leistungsfähigkeit bezieht. Auch die Disziplinierung von Herrn H. folgt einer Abfolge, die sich in ihrer Strenge steigert. Folgen die Schüler/-innen verbalen Aufforderungen sich zu bewegen nicht, sondern widersetzen sich immer wieder, indem sie sich nach einer Weile erneut dem Sportunterricht entziehen und sich hinsetzen, droht Herr H. ihnen im letzten Schritt damit, sie vom Sportunterricht auszuschließen mit der entsprechenden Konsequenz einer schlechten Note.

Welchen Nutzen Körperkontakt als Disziplinierungsmittel im Unterricht hat, beschreibt er folgendermaßen weiter:

„Man setzt alles ein, was man da einsetzen könnte. Man spricht an, man setzt ein entsprechendes Gesicht auf und man fasst auch an und schiebt an im wahrsten Sinne des Wortes. So war es ja in der Szene. Ich hab hochgezogen ‚Rafft euch auf. Ich helf euch hoch und schieb euch rein. Jetzt macht mal! Dann seid ihr aber dran.' Und wenn das dann nach zwei, drei Mal wirklich nicht kommt, dann hätte ich gesagt ‚Gut dann nicht, dann könnt ihr euch umziehen.' Das ist dann die letzte Chance zu reagieren."

Herr H. beschreibt das mimische und gestische Disziplinierungsrepertoire, das man als Lehrkraft einsetzen könne. Durch die Verwendung der Formulierung „man" verallgemeinert Herr H. den Einsatz dieser Abfolge, wodurch das Gesagte auf Lehrkräftehandeln im Generellen übertragen wird. Wenn sowohl Ansprache

6.4 Distanz

als auch ernste Mimik nicht ausreichen würden, um alle Schüler/-innen zum Mitmachen aufzufordern, dann käme eine Berührung zum Einsatz. Herr H. betrachtet seine Berührung im helfenden Sinne, wenn er die Schülerinnen hochzieht und in die Halle schiebt. Danach endet seine Verantwortung für das Mitmachen beim Sportunterricht jedoch und die Schüler/-innen seien selbst dafür verantwortlich, weiter am Sportunterricht teilnehmen zu dürfen, indem sie seine Anweisungen befolgen oder nicht. Tun sie es nicht, dürfen sie nicht mehr teilhaben und werden als letzte Stufe in diesem sich steigernden Disziplinierungsvorgehen des Unterrichts verwiesen.

Noch eine weitere Videosequenz deutet auf die Lesart hin, die Körperberührungen als pädagogische Mittel der Unterrichtsorganisation und Disziplinierung zu interpretieren. Dabei handelt es sich um eine Situation, in der Herr H. die Schüler-/innen im Sitzkreis in Gruppen einteilt und ihnen dazu beispielsweise auf den Kopf tippt oder vorne auf das T-Shirt fasst.[40] Herr H. kommentiert sein Vorgehen folgendermaßen:

„Das ist eher aus einer distanzierten Haltung von mir gegenüber den Kindern so eingeteilt worden, einfach aus der Position als Chef sozusagen in dieser Stunde. Das ist eine Vorgabe, die die Kinder dann einfach umzusetzen haben und da bin ich dann ganz klar in der Rolle ‚Ich bin euer Vorgesetzter und sage jetzt, was ihr macht'. An der Station selber, da sind die Kinder ja dann wieder freier in ihrer Tätigkeit. Aber manchmal, gerade im Sportunterricht, wenn es um Aufbauen und Beginn einer Phase geht, dann ist, denke ich, so etwas auch wichtig, dass man immer wieder deutlich macht, das ist jetzt eine klare Vorgabe und das kann man dann eben auch aus der Beziehung Nähe Distanz regulieren. Und das war dann eben hier ganz klar von oben herab."

In dieser Situation spielt Ambivalenz in der Reflexion von Herrn H. keine Rolle, da er diese Situation in seinen Ausführungen als eindeutig direktiv charakterisiert. Das Gegenbeispiel zu dieser Situation bildet das von ihm beschriebene Kuscheln, das er als ambivalent wahrnimmt. Er bezeichnet seine Position innerhalb der Lerngruppe in dieser Situation als die eines Chefs und Vorgesetzten, der qua seiner übergeordneten Rolle hier Distanz zu den Schülern und Schülerinnen hat. Ich sage Herrn H., mir sei aufgefallen, dass es in dieser Stunde wenig Körperkontakt zu seinen Schülern und Schülerinnen gegeben habe, woraufhin er noch einmal den Aspekt von Berührungen als pädagogisches Mittel näher ausführt.

„Das war sicherlich so in der Stunde. Erstens relativ wenig und zweitens instrumentalisiert. Hatte immer eine Funktion. Also eine ganz klare Grundlage, warum ich das

---

[40] Ausführliche Beschreibung Videosequenz „Gruppeneinteilung" siehe Kap. 10.

so gemacht habe. Ich denke, das liegt an der Situation. Das gibt durchaus Sportstunden, wo das bei mir ganz anders ist. (…) Von daher denke ich, war das eine Stunde, wo ich relativ wenig körperliche Nähe gesucht habe und wo die auch nötig gewesen wäre. Das war nicht so. Aber wie gesagt eine andere Stunde, ein Ballspiel zum Beispiel, da wo ich dann auch mitspiele unter Umständen, da passiert natürlich viel mehr. Oder eine Turnstunde, wo bestimmte Übungen ablaufen, da passiert natürlich auch viel mehr in Form von Hilfestellung. Das ist natürlich dann auch wieder instrumentalisiert. Aber Ballspiele zum Beispiel, wenn wir das noch mal nehmen, das läuft ja viel freier und da passieren die Kontakte ganz anders. Da ist relativ wenig instrumentalisiert. Da kommt man sich ja dann automatisch auch körperlich näher und da klatscht man ab, wenn ein Tor gefallen ist und man jubelt zusammen. Man nimmt sich in den Arm. Klar, das gehört alles dazu und das passiert dann auch."

Herr H. ist sich über die Funktion seiner Berührungen sehr bewusst und versieht sie mit einer klaren Grundlage. Diese Formulierung deutet an, dass auch er in punkto Berührungen einem gewissen Rechtfertigungsdruck zu unterliegen scheint, dass sie stets eindeutig zuordenbar sein müssen. Aufgrund ihrer klaren Funktion haftet den Berührungen auch nichts Ambivalentes an. Aber nicht nur in Bezug auf die Eindeutigkeit seiner Berührungen scheint er einen gewissen Druck wahrzunehmen, sondern auch auf die Form seiner Berührungen. Möglicherweise deutet er meine Äußerung, dass er in der Stunde wenig Körperkontakt zu den Schülern und Schülerinnen gehabt habe als Vorwurf. Und so nennt er in dem zweiten Teil seiner Argumentation als Gegenbeispiel eine Stunde, in der es mehr Körperkontakte geben könnte, weil er mit den Schüler-/innen turne oder Ballspiele veranstalte. Die Berührungen beim Turnen versieht er mit Begriff instrumentalisiert. Diese hätten jedoch einen anderen Charakter als die Berührungen, die bei Ballspielen entstünden. Am Beispiel von Fußball beschreibt er emotionale Körperkontakte, wie zusammen zu jubeln, sich abzuklatschen und sich in den Arm zu nehmen. Die Körperkontakte, die in diesem Rahmen geschehen, kennzeichnet er als automatisiert, womit er sie der Sportart zuschreibt. Die Sportart Fußball sei an sich so beschaffen, dass man sich beispielsweise in die Arme falle. Auch damit baut er einen Legitimationsrahmen für die Berührungen auf – dies veranschaulicht auch bei ihm, dass Berührungen scheinbar trotz hoher sozialer Normierung im professionellen Setting des Sportunterrichts in der Wahrnehmung der betroffenen Lehrkräfte teilweise trotzdem der Legitimation bedürfen.

6.4 Distanz

„Aber das sind auch Dinge, die naturgegeben in der Sache des Sports liegen [...]" – Berührungen als natürliche Bestandteile von Sport

Berührungen, die sich aus einem unmittelbaren sportlichen Kontext ableiten, nimmt Herr H., wie im letzten Kapitel gesehen, nicht als ambivalent wahr. So wie Herr S. verweist auch er auf eine technische Bedeutung von Berührungen und die natürliche Verknüpfung mit dem Sport, die sie für die Mitglieder der Sportwelt nicht ambivalent sein lassen. Herr H. spricht über Berührungen älterer Schüler/-innen, die er mit dem Umgang mit einem älteren Mädchen aus seiner Sportvereinstätigkeit vergleicht.

„Aber wir haben einen Verein, wo wir regelmäßig auch spielen, wo ein Mädchen auch mit dabei ist. Und die spielt auf sehr hohem Niveau Handball. Die wechselt jetzt in unsere Mädchenmannschaft. Aber sie spielte immer noch bei den Jungs mit. Gegen meine Jungs dann. Und da kommt es natürlich zu engsten Körperkontakten. Wo die dann beide am Boden liegen und übereinander wegrollen und solche Dinge. Aber das sind auch Dinge, die naturgegeben in der Sache des Sports liegen und so ablaufen. Die Wahrnehmung ist hier nicht anders bei mir jetzt als im Sportunterricht der Grundschule. Wenn man das als naturgegebene, natürliche Sache hinnimmt und damit entsprechend umgeht, dann entstehen da auch keine Probleme. Das Mädchen muss natürlich zum Duschen immer eine eigene Kabine haben. Das ist dann das größte Problem meistens. Da den Aufwand zu betreiben. Aber die andere Sache so Körperkontakt, Nähe, Distanz, das ist im Sport kein Problem, würde ich aus meiner Erfahrung so sagen."

Herr H. beschreibt Berührungen hier noch einmal als natürliche Bestandteile des Sports. Auffallend in diesem Zitat ist der häufige Gebrauch der Adjektive natürlich. Die Wirkung dessen ist, dass Berührungen im Sport auch in der gegengeschlechtlichen Konstellation enttabuisiert werden. „Natürlich" bildet hier das Gegenstück zu künstlich konstruiert. Akzeptiere man Körperberührungen im Sport als naturgegeben, dann könne es auch keine Probleme geben. Damit meint er, dass dann keine Probleme in Bezug auf Vorwürfe körperlicher Grenzüberschreitungen entstehen könnten. Körperberührungen können nach dieser Argumentation im Sport nicht grenzüberschreitend sein, da sie in der Natur der Sache liegen. Wer Sport treiben will, der muss Berührungen auch als natürlichen Bestandteil von Sport anerkennen und ihren eindeutigen sportlichen Charakter, in dessen Rahmen Berührungen nicht ambivalent sein können.

Herr H. würde Berührungen immer nur aus einem konkreten „peinlichen" Anlass heraus vor seinen Schülerinnen und Schülern thematisieren. Sonst würde er die Berührungen bei der Hilfestellung im Sportunterricht als „so natürlich empfinden", dass keine Notwendigkeit bestünde, Berührungen zu thematisieren.

Für den Umgang mit Mädchen in der Pubertät sieht er eine Besonderheit für das Berührungsthema bestehen.

„Ich kann mir schon vorstellen, je älter die Mädchen werden, jetzt aus meiner Rolle als Mann zu den Mädchen, wenn die sich dann körperlich entwickeln, dann wird das vielleicht dann noch peinlicher, wenn da eine Hand verrutscht oder so. Aber wie gesagt, ich versuche naturgegeben damit umzugehen, natürlich damit umzugehen. Dann ist das normal denke ich."

Aus der Aussage von Herrn H. kristallisiert sich heraus, dass Körperberührungen mit älteren Mädchen, die sich bereits in der Pubertät befinden, problematischer für ihn als Sportlehrer werden. Damit markiert er einen Wendepunkt hinsichtlich der Ambivalenz von Berührungen in der gegengeschlechtlichen Mann-Mädchen-Konstellation für die Pubertät. Auch hier verwendet er die Adjektive naturgegeben und natürlich, die den Wendepunkt normalisieren und enttabuisieren.

Zusammenfassung

Herr H. hat als einzige Grundschulsportlehrkraft Bedenken, dass ihm, z. B. wenn sich im Sitzkreis ein/e Schüler/-in an ihn herankuscheln würde, eine körperliche Grenzüberschreitung bei Berührungen unterstellt werden könnte. Er hat dann Angst, dass ihm „Kuscheleinheiten" mit den Schülerinnen und Schülern unterstellt werden könnten. Dabei sieht er Berührungen nicht nur in der Lehrer-Schülerinnen-Konstellation für sich als problematisch an, sondern hat auch Bedenken bei Berührungen eines Jungen, womit er als einzige der befragten Lehrkräfte auch eine homosexuelle Komponente von Berührungen anspricht. So erscheint ihm die Thematik trotz der Tatsache, dass er es mit Grundschülern und -schülerinnen zu tun hat, was bei den drei Grundschullehrerinnen der Grund war, die Berührungen nicht als ambivalent wahrzunehmen, präsent.

In speziellen sportlichen Kontexten, wie einer Ballsportart oder direktiven Situationen, in denen er aus seiner übergeordneten Rolle heraus als Lehrer die Schüler/-innen berührt, nivelliert sich in seiner Wahrnehmung die Ambivalenz, da diese Berührungen in eindeutige Kontexte eingeordnet sind und dort eine bestimmte technische Funktion besitzen. Herr H. meint, dass wenn man Berührungen als natürliche Bestandteile von Sport ansehe, es auch keine Probleme mit ihnen gebe. Mit der Verbindung von Berührungen und Natürlichkeit im Rahmen des Sports baut auch er eine integrale Verbindung von Sport und Berührungen auf, die auch in gegengeschlechtlichen Berührungssituationen keine Ambivalenz hervorzubringen scheinen kann. Eine gewisse Zäsur sieht er für Berührungen

6.5 Zusammenfassung der Fallstudien 157

von Mädchen, die das Pubertätsalter erreicht haben, bestehen, wobei er aber auch hier für einen natürlichen Umgang plädiert.

Auch Herr H. beschreibt die Wichtigkeit von Berührungen in disziplinarischen Kontexten.

Zusammenfassung Deutungsmuster

Die Lehrkräfte Herr S. („Vermeidung"), Frau A. („Zweckorientierung") und Herr H. („Sachorientierung") suchen von sich aus im Vergleich mit den Lehrkräften Deutungsmusters „Nähe" eher weniger bis gar keinen Körperkontakt beziehungsweise muss er immer eine klare unterrichtliche Grundlage haben, die sich aus der Sache ableitet. Herr S. und Herr H. berücksichtigen in ihren Ausführungen eine mögliche Ambivalenz von Berührungen und berühren die Schüler/-innen deswegen nur, wenn die Berührungen mit einer klaren Funktion versehen sind und eine Grundlage haben, die aus ihrer unmittelbaren Berufsrolle ableitbar ist wie z. B. die Hilfestellung beim Turnen. Bei beiden ist wichtig, dass sie Berührungen als natürliche Bestandteile von Sport begreifen, was anhand der Darstellungen von Herrn H. besonders deutlich wird. Die natürliche Verbindung von Sport und Berührungen bedarf keiner expliziten Legitimation und enttabuisiert Berührungen insofern, als sie wegen der Einbettung in den sportlichen Kontext nicht grenzüberschreitend sein könnten.

Für die Grundschullehrerin Frau A. („Zweckorientierung") spielt Ambivalenz von Berührungen in ihren Ausführungen keine Rolle. Frau A. sieht nur bestimmte Berührungskontexte für sich als machbar an. In diesen Kontexten dienen Berührungen als Mittel zum pädagogischen Zweck. Sie sind fachlich ebenfalls mit der unmittelbaren Ausübung ihrer Berufsrolle – wie dem Sichern beim Turnen – und weniger mit dem Ausleben von Emotionen verbunden.

6.5 Zusammenfassung der Fallstudien

Aus dem vorliegenden Interviewmaterial wurden vier übergreifende Deutungsmuster rekonstruiert, die in ihren verschiedenen Erscheinungsformen auf unterschiedliche Weise mit der Ambivalenz der Körperberührungen von Schülern und Schülerinnen im Sportunterricht umgehen, beziehungsweise die Berührungen in anderen, nicht ambivalenten Kontexten deuten.

Für die befragten Grundschullehrkräfte Frau A. („Zweckorientierung"), Frau W. („Mütterlichkeit") und Frau M. („Widersprüchliche Nähewünsche") spielt Ambivalenz bei Berührungen ihrer Schüler/-innen keine Rolle – dies ist lediglich bei Herrn H. der Fall („Sachorientierung"). Für den Bereich der Grundschule deutet sich dafür in den Deutungsmustern verstärkt eine Verbindung zwischen Berührungen und der Beziehungsgestaltung zu den Schülern und Schülerinnen an, die sich durch Berühren beziehungsweise Nicht-Berühren vermittelt. Anhand der vier Grundschulsportlehrkräfte wird auch ersichtlich, dass Berührungen in der Grundschule ein häufig genutztes Werkzeug zur Unterrichtsorganisation und Disziplinierung darstellen.

Im Gegensatz zu den Grundschullehrkräften wird Ambivalenz von allen Mittelstufenlehrkräften problematisiert. Anhand des ersten Deutungsmusters „Reflektierte Ambivalenz" zeigt sich die Problematik des Themas am Deutlichsten. Die Mittelstufenlehrerin Frau E. (Kap. 6.1), die zu einer Videosequenz befragt wurde, in der sie einem Schüler beim Handstand zur Hilfestellung auf den nackten Bauch fasste, nimmt eine Ambivalenz ihrer Berührung wahr und reflektiert umfassend und offen, dass Berührungssituationen prekär für sie sein können. Zwar existiert hier ein Deutungsmuster, das sich zum einen auf das Verhältnis von Alter und Berührungsambivalenz bezieht und das darüber hinaus darauf rekurriert, dass nur die gegengeschlechtliche Konstellation Ambivalenz bei Berührungen hervorrufen kann. Dennoch steht Frau E. kein übergeordnetes Deutungsmuster zur Verfügung, welches die Ambivalenz ihrer Berührungen z. B. neutralisieren helfen würde. Das lässt sie in Berührungssituationen im Unterricht mit sich hadern.

Den beiden Mittelstufenehrerinnen der Erscheinungsformen „Qua Geschlecht nicht betroffen" und „Qua Alter nicht betroffen" des zweiten Deutungsmusters „Nichtbetroffenheit" (Kap. 6.2) ist eine Ambivalenz bei Berührungen im Sportunterricht zwar bewusst, jedoch fühlen sie sich selbst davon nicht betroffen. Frau B. („Qua Geschlecht nicht betroffen"/Kap. 6.2.1), die dem Schüler Hans nach dem Ausführen eines missglückten Handstandes einen Klaps auf den Po gibt, sieht sich aufgrund ihres weiblichen Geschlechts nicht von der Ambivalenz von Berührungen betroffen. Hier wirkt im Hintergrund ein Deutungsmuster, dem zufolge nur Berührungen von Lehrern Schülerinnen gegenüber ambivalent sein können. Bei diesem Deutungsmuster spielt eine geschlechterstereotype Vorstellung zu Grenzüberschreitungen die tragende Rolle. Frau B. hat Erfahrungen als Jugendliche mitgrenzüberschreitenden Berührungen im Sport am eigenen Körper erfahren. Bei der älteren Sportlehrerin Frau P. („Qua Alter nicht betroffen"/Kap. 6.2.2), die dem Schüler David beim Dehnen auf das Knie fasst, wirkt ein Deutungsmuster als Hintergrundfolie, das Frauen vorangeschrittenen Alters Geschlechtslosigkeit und Unattraktivität zuschreibt. Deswegen können ihre Berührungen auch nicht ambivalent sein. Tritt Ambivalenz trotzdem einmal auf, neutralisiert sie sie durch einen Witz. Prägender Bestandteil dieses

6.5 Zusammenfassung der Fallstudien

Deutungsmusters sind kollektive Vorstellungen zu Geschlecht, Alter und sexueller Attraktion.

Die Erscheinungsformen „Sportkumpel", „Mütterlichkeit" und „Widersprüchliche Nähewünsche" des dritten Deutungsmusters „Nähe" (Kap. 6.3) interpretieren ihre Berührungen der Schüler/-innen im Rahmen einer spezifischen Beziehung, die sie zu der entsprechenden Schülerin beziehungsweise dem Schüler haben. Der Mittelstufenlehrer Herr T. („Sportkumpel"/Kap. 6.3.1) deutet die Spaßberührung der Schülerin Ina, die er im Sitzkreis an den Knöcheln nach oben zieht, vor dem Hintergrund des Deutungsmusters des Sportkumpels. In diesem Kontext könnten Berührungen, die in erster Line auf der Spaßebene durchgeführt werden, nicht ambivalent sein, was den Angehörigen der Sportwelt auch bewusst sei. Außenstehende dieser Welt, wie beispielsweise die türkischen Schülerinnen, würden diesen dem Sport innewohnenden Spaßcharakter nicht erkennen und sie könnten daher seine Berührungen als grenzüberschreitend werten. Herr T. benennt mit der Hilfestellung beim Turnen und dem Betreten der Umkleidekabinen der Schülerinnen weitere Situationen, die für Männer im Sportlehrberuf prekär sein können.

Die Grundschullehrerin Frau W. („Mütterlichkeit"/Kap. 6.3.2) deutet ihre Berührungen dem Schüler Jan gegenüber, der im Sitzkreis mit ihr kuschelt, im Rahmen eines fürsorglichersatzmütterlichen Deutungsmusters. Frau W. sieht ihre pädagogische Aufgabe an der Grundschule im sozialen Brennpunkt der Großstadt in erster Linie darin bestehen, den Schülern und Schülerinnen vormittags in der Schule eine schöne Zeit zu bereiten. Ihren Wunsch danach, die Emotionalität der Schüler/-innen zu bedienen, verbindet sie mit geschlechterstereotypen Zuschreibungen. An Frau W. wird ebenfalls eine weitere Seite von Berührungen deutlich: Sie sind ein Mittel zur Unterrichtsorganisation und Disziplinierung.

Auch bei der Grundschullehrerin Frau M. („Widersprüchliche Nähewünsche"/Kap. 6.3.3) herrscht das mütterliche Deutungsmuster beim Blick auf Berührungen vor, von dem sie glaubt, es aber nicht erfüllen zu können. An ihre Berufsrolle als Grundschullehrerin legt sie ein Bild an, nach dem sie ihren Lerngruppen nicht nur emotional, sondern auch körperlich nah sein müsste. Und so wertet sie es als Problem, dass sie die Lerngruppe erst übernommen habe, als diese bereits von einer anderen Klassenlehrerin vom Kindergarten in die Grundschule geleitet worden sei. So sei es nicht entstanden, dass Schüler/-innen sich auf ihren Schoß setzen wollten oder an ihrer Hand liefen im Gegensatz zur Vorgängerin. In diesem Rahmen bewertet sie auch die Tatsache, dass sie Körperkontakte generell eher vermeide, selbst als Problem. Dabei wird ein gewisser Rechtfertigungsdruck dafür auf ihrer Seite sichtbar, da sie vermutlich einem nicht nur in ihrer Vorstellung sondern gängigen Vorstellung der Grundschullehrerin als Ersatzmutter, die viel körperliche Nähe zu ihren Lerngruppen hat, nicht glaubt entsprechen zu können. Die Fallstudie von Frau M. könnte auch die Hinterseite des mütterlichen Deutungsmusters bezeichnet werden: Sie wünscht sich eine enge emotionale Bindung, die sich auch durch enge Körperkontakte bemerkbar macht, kann das aber nicht verwirklichen. Frau M. hat ein auf gewisse Weise idealisiertes Bild von der Tätigkeit in der Grundschule. In diesem Rahmen dominieren stereotype Zuschreibungen zu Kindheit. Auch für Frau M sind Berührungen ein Mittel der Disziplinierung im Unterricht.

Die Lehrkräfte des vierten Deutungsmusters „Distanz" (Kap. 6.4), mit seinen drei Erscheinungsformen „Vermeidung" (Kap. 6.4.1), „Zweckorientierung" (Kap. 6.4.2) und „Sachorientierung" (Kap. 6.4.3), berühren ihre Schüler/-innen nicht beziehungsweise nur in bestimmten Kontexten, die sich unmittelbar aus den Berufserfordernissen, beispielsweise Hilfestellung geben zu müssen, ableiten lassen.

Herr S. („Vermeidung"), der beim Zurechtrutschen im Sitzkreis mit dem Rücken gegen den rechten Arm einer Schülerin stößt, zeigt keine Reaktion auf diese und auch auf die andere Berührung einer Schülerin, die nach dem Ausführen der Rolle rückwärts beim Aufstehen an seine Hüfte stößt. Er umgeht Ambivalenz von Berührungen durch Nichtberühren beziehungsweise, er berührt Schüler/-innen nur dann, wenn die Berührung sich aus einem unmittelbaren sportlichen Kontext, wie z. B. beim Kung-Fu mit seinen Lerngruppen, ergibt. Herr S. attestiert dem Sportunterricht eine besondere Anfälligkeit für Anschuldigungen, die in Richtung körperlicher Grenzüberschreitungen gehen könnten. In diesem Zusammenhang spricht er über seine Befürchtung, seine Schülerinnen könnten ihn, indem sie ihre pubertären Fantasien ausleben, in der Umkleidekabine in prekäre Situationen bringen.

Die Grundschullehrerin Frau A. („Zweckorientierung"), der ich jene Videosequenz zeigte, in der der Schüler Lukas ihre Nähe suchte, berührt ihre Schüler/-innen ebenfalls nur in bestimmten technischen Unterrichtskontexten, die tendenziell eher außerhalb emotionaler Zusammenhänge angesiedelt sind. Durch ihre Nähe möchte sie dem Schüler Lukas Leitung und Orientierung bieten, damit er sich im Schulalltag besser zurechtfindet. Zu ihrem Deutungsmuster gehört auch, dass sie eine zu intensive emotionale Verbindung zu ihren Lerngruppen ablehnt, da sie befürchtet, ihre Lehrrolle sonst nicht mehr konsequent ausüben zu können. Mögliche Berührungskontexte für sie sind Leistungssituationen, in denen sie ihre Schüler/-innen durch Berührung zu besserer Leistung anspornen möchte.

Der Grundschullehrer Herr H. („Sachorientierung"), der die Schülerin Natalie an der Hand in die Hallenmitte zog, da diese auf der Bank nicht an der Erwärmung teilnehmen wollte, berührt nur in eindeutigen sportunterrichtlichen Kontexten. In diesen Kontexten müssen seine Berührungen eine klare Grundlage und Funktion haben, da er befürchtet, er könne als Mann in der Grundschule mit

6.5 Zusammenfassung der Fallstudien 161

der Unterstellung konfrontiert werden, Schülern und Schülerinnen gegenüber übergriffig geworden zu sein. Herr H. ist die einzige Grundschullehrkraft, die sowohl bei der Berührung von Schülerinnen als auch Schülern Ambivalenz empfindet. Ein wichtiger Bestandteil seines Deutungsmusters ist ein technisierter Blick auf den Körper im Sport. Da er Berührungen im Sport als natürliche Bestandteile versteht, kann es seines Erachtens in sportlichen Situationen nicht zu einem ambivalenten Empfinden kommen. Er verwendet Berührungen ebenfalls als Organisation- und Disziplinierungsmittel im Unterricht.

7 Berührungen als Teil professionellen Lehrkräftehandelns

Im vorangegangenen Kapitel wurden die Deutungsmuster mit ihren jeweiligen Erscheinungsformen und Bestandteilen aufgezeigt. In diesem Kapitel werden nun die wesentlichen Ergebnisse der vorliegenden Studie im Vergleich und Kontrast der Deutungsmuster zueinander formuliert. Die aus dem empirischen Material rekonstruierten Befunde werden dabei zu den im Eingangsteil der Arbeit aufgeführten theoretischen Vorannahmen in Beziehung gesetzt. Die theoretischen Vorannahmen werden schließlich durch die Angabe weiterer Quellen verfeinert bzw. expliziert. Als theoretische Rahmung dieses Ergebnisteils wird dabei noch einmal explizit auf die Diskussion um pädagogisch professionelles Lehrkräftehandeln, was in Kapitel 3 entwickelt wurde, zurückgegriffen. Diese Hintergrundfolie ist deswegen bedeutsam, weil die Studie gezeigt hat, dass Berührungen von den Lehrkräften zum Teil als hoch problematisch wahrgenommen werden und der Umgang mit ihnen erscheint zum Teil diffus zu sein. Deswegen soll dieses Kapitel verdeutlichen, dass Berührungshandeln und die Reflexion darüber in den Professionalisierungsbereich von (Sport)lehrkräften gehören. Der so genannten Wissensverwendungsforschung (v.a. Helsper, 1996), die die Ungewissheit pädagogischen Handelns zwischen Antinomien beschreibt, folgend, wird die Professionalisierungsdiskussion in der vorliegenden Arbeit entwickelt.

Formal wird in diesem Kapitel eine grobe Teilung in Berührungen in der Mittelstufe und in der Grundschule vorgenommen. Zunächst wird der Ausgangsfrage nachgegangen, ob überhaupt bzw. wie die Lehrkräfte bei Schüler/-innen-Berührungen Ambivalenz wahrnehmen (Kap. 7.1). Dieser Aspekt von Berührungen spielt überwiegend in den Deutungsmustern der Mittelstufenlehrkräfte eine Rolle. Deswegen bezieht sich der erste Ergebnisteil auch vornehmlich auf die Deutungsmuster der Mittelstufenlehrkräfte. Der zweite Ergebnisteil (Kap. 7.2) zeigt über den Umgang und die Deutungsmuster, die bei Berührungen greifen, hinaus auf, welche weiteren ambivalenten Bereiche Lehrkräfte für sich im Sportunterricht wahrnehmen (Kap. 7.2.1.). Anhand dieses Kapitels wird auch noch einmal die Relevanz von Deutungsmustern für die Neutralisierung problematischer Situationen im Sportunterricht deutlich (Kap. 7.2.2). Kapitel 7.3 hat die Beziehungsebene, die sich, wie herausgearbeitet, auch durch Berührungen vermittelt, im Blick. Hier wird eine Funktion von Berührungen für die Lehrkräfte-Schüler/-innen-Beziehung als weiteres wesentliches Ergebnis der Studie aus den Deutungsmustern abgeleitet: Unterrichtsorganisation und Disziplinierung. Die empirischen Ergebnisse werden am Ende zusammengefasst rückgebunden an die Frage des pädagogisch professionellen Umgangs mit Berührungen (Kap. 7.4).

7.1 Wahrnehmung von Ambivalenz

Die Ausgangsfrage der vorliegenden Studie bestand darin, ob Sportlehrkräfte trotz sozialer Normierung von Berührungen im professionellen Berufskontext bei Berührungshandlungen potenziell Ambivalenz verspüren beziehungsweise ob andere Deutungskontexte bedeutsamer sind. Hinsichtlich der Wahrnehmung von Ambivalenz haben sich mehrere Faktoren als relevant erwiesen, die in diesem Kapitel dargelegt werden. Wie schon in der Einleitung zu diesem Kapitel erwähnt, spiegelt sich vor allem in den Deutungsmustern der Mittelstufensportlehrkräfte eine potenziell ambivalente Berührungswahrnehmung. Demzufolge ist das Alter ein wesentlicher Faktor. Die Pubertät der Schüler/-innen stellt sich in diesem Zusammenhang als Zäsur dar (Kap. 7.1.1). Aufgrund der Zweiteilung der Ergebnisse für Mittel- und Grundschullehrkräfte soll hier zuerst auf das Alter eingegangen werden. Die Fallstudien zeigen auch, dass anscheinend nicht nur das Alter der Schüler/-innen bedeutsam ist, sondern auf gewisse Weise auch das der Lehrkräfte.

Als zweiter Faktor spielt das Geschlecht beim ambivalenten Berührungsempfinden eine Rolle (Kap. 7.1.2). Diesem Faktor widme ich mich am ausführlichsten, da er sich vor der theoretischen Hintergrundfolie von genderangemessenem Berührungsverhalten (Kap. 2.4) und Heteronormativitätsvorstellungen (Kap. 2.3.4) als besonders wichtig für die Fragestellung der vorliegenden Studie erwiesen hat. An mehreren Deutungsmustern wird evident, dass Berührungen im Sportunterricht für einen großen Teil der Lehrkräfte eine nichtambivalente Bedeutung haben, da Berührungen im sportlichen Kontext im Rahmen eines funktionalisierten Körperverständnisses gedeutet werden (Kap. 7.1.3).

7.1.1 Alter: Pubertät als Zäsur

Bei der Entstehung ambivalenten Berührungsempfindens kristallisierte sich das Alter der Schüler/-innen als wichtiger Faktor heraus. War in der Einführung in diesen Ergebnisteil bereits die Rede davon, dass die Wahrnehmung von Ambivalenz von Berührungen fast ausschließlich in den Deutungsmustern der Mittelstu-

7.1 Wahrnehmung von Ambivalenz

fenlehrkräfte relevant ist, dann müssen dafür die Erklärungszusammenhänge von Pubertät der Mittelstufenschüler/-innen auf der einen Seite und stereotypen Bildern von Kindheit in der Grundschule auf der anderen Seite herangezogen werden.

Wie die Deutungsmuster der drei befragten Grundschullehrerinnen („Mütterlichkeit", „Widersprüchliche Nähewünsche", „Zweckorientierung") verdeutlichen, spielt die potenziell sexuelle Konnotation von Berührungen in der Grundschule noch keine Rolle. Die Berührungen von Grundschülerinnen und -schülern sind in der Wahrnehmung der befragten Grundschullehrkräfte im Gegensatz zu denen der Mittelstufe unbedenklich. Der Grund ist darin zu verorten, dass sich Grundschüler/-innen noch nicht in der Pubertät befinden, in der sich der Kinderkörper zu einem Erwachsenenkörper mit den entsprechenden primären Geschlechtsmerkmalen (vgl. „Sachorientierung") entwickelt. Durch die körperlichen Veränderungen, die sich in diesem Rahmen vollziehen, wird der Abschied von der Kindheit markiert und die Herausbildung einer erwachsenen Geschlechtsidentität eingeleitet. Damit eröffnen sich neue Gestaltungsräume und Lustmöglichkeiten, unter die verstärkte sexuelle Wünsche fallen, die Beziehungen zu Familie und zu Personen des anderen oder gleichen Geschlechts verändern (vgl. Flaake & King, 2005). Die Pubertät markiert hierdurch auch eine Zäsur in der Wahrnehmung von Berührungen, deren erotisch-sexuelle Komponente nun als elementar erlebt wird. Vor diesem Hintergrund können Berührungen ab der Pubertät insofern für ambivalentes Erleben sorgen, dass Berührungen ungefähr ab dem Zeitpunkt der sechsten Klasse nicht mehr unbefangen erfahren werden und sich für die berührenden Sportlehrkräfte wesentlich prekärer gestalten als noch in der Grundschule. Das kann auf Lehrkräfteseite zu einer ambivalenten Wahrnehmung von Berührungen im Unterricht führen, beispielsweise wenn sie im Rahmen ihrer Berufsrolle beim Sichern und Helfen berühren. Bei der Festlegung der Altersangabe, ab wann Berührungen ambivalent empfunden werden, ergibt sich in den Deutungsmustern kein einheitliches Bild, aber in allen ist eine Orientierung am ungefähren Eintritt der Schüler/-innen in die Pubertät sichtbar. Dieser Zeitpunkt wird von der sechsten (vgl. „Reflektierte Ambivalenz") bis zur zehnten Klasse (vgl. „Sportkumpel") abgesteckt, was empirisch verdeutlicht, dass es nicht ein bestimmtes Pubertätsalter gibt, sondern der Eintritt individuell differiert wie auch die individuellen Meinungen und Vorstellungen der Lehrkräfte zum Eintrittsalter.[41]

---

[41] Der Beginn der Pubertät kann am Alter nicht eindeutig festgemacht werden. Generell sind die Begriffe Pubertät und Adoleszenz voneinander zu unterscheiden. Pubertät meint die Phase, in der einschneidende physiologischbiologische Veränderungen, die die Geschlechtsreife mit sich bringt, vollzogen werden. Dabei sind weder der Beginn noch das Ende der physiologischen Entwicklungsschübe und den mit ihnen in Beziehung stehenden psychischen und sozialen Entwicklungen punktu-

Die Zeit davor wird von gängigen Vorstellungen geprägt, die Kindern eine eigene Sexualität absprechen. Leonore Tiefer (vgl. 1981, S. 37) gibt dazu an, dass zwar Akzeptanz darüber herrsche, dass Kinder ihre Körper in Form von so genannten Doktorspielen gegenseitig untersuchten, man glaube jedoch, dass, wenn man Kinder darin nicht ermutige, die Kindheit eine Zeit der sexuellen Reinheit sei. Lilian Fried (vgl. 2008) spricht auch von einem „althergebrachten Kindbild", das Kinder von Natur aus als „gute", „reine" und „unschuldige", was mit „asexuell" gleichzusetzen sei, Wesen charakterisiere. Dass hier ein Deutungsmuster dominiert, das Kindern abspricht, Liebe im Kontext begehrender Liebe zu empfinden, bringt das Deutungsmuster „Widersprüchliche Nähewünsche" hervor. Hieran wird ersichtlich, dass verliebt sein von Kindern kollektiv eher im Rahmen eines bewundernden Kontextes interpretiert wird, der Sexuelles gänzlich ausschließt.

Diese Vorstellung zu Kindern und Sexualität ist noch nicht sehr alt. Der Umgang mit ihnen war in den letzten Jahren des 16. und am Beginn des 17. Jahrhunderts viel unbefangener und sexueller als heutzutage (vgl. Ariès, 1975, S. 175). Der Ursprung dieses Wandels wird darauf zurückgeführt, dass sich im Laufe des 17. Jahrhunderts ein beträchtlicher Sittenwandel vollzog. Dieser setzte sich durch eine starke Bewegung, die die Vorstellung von der kindlichen Unschuld propagierte, durch. Durch umfangreiche moralische und pädagogische Literatur, die von Eltern und Erziehenden gelesen wurde, wurde dieser Gedanke verbreitet (vgl. ebd., S. 187).

Blickt man auf das Alter und seine Beteiligung an ambivalentem Berührungserleben, dann verdeutlicht sich an dem Deutungsmuster „Qua Alter nicht betroffen" auch, dass es nicht nur eine Altersuntergrenze gibt, ab der Berührungen als ambivalent wahrgenommen werden, sondern auch eine Altersobergrenze, ab der sie nicht mehr als ambivalent gelten. Das scheint sich für Männer und Frauen unterschiedlich zu gestalten. Im Deutungsmuster „Qua Alter nicht betroffen" lässt sich vorfinden, was Susan Sontag (1977) den „double standard of aging" (den – geschlechtsspezifisch unterschiedlichen – Doppelstandard des Alterns; übersetzt von Sydow, 2003) nennt. Für Männer existieren zwei Attraktivitätsideale: der junge Mann und der ältere Herr mit grauen Schläfen. Im Gegensatz dazu gilt für Frauen lediglich das Schönheitsideal des jungen Mädchens. Äußerliche Spuren des Alternsprozesses wie Falten und graue Haare werden bei

---

ell angebbar. 13 und 18 Jahre sind ungefähre Angaben für Beginn und Ende. 13 Jahre, weil ab diesem Zeitpunkt mit dem puberalen Wachstumsschub die Geschlechtsmerkmale reifen. Die physiologischgeschlechtliche Entwicklung ist ungefähr mit spätestens 17 oder 18 Jahren beendet. Ist die eigentliche Pubertät beendet, heißt das nicht, dass auch ihre sozialen und emotionalen Folgen bereits bewältigt sind. Hier spricht man von Adoleszenz (vgl. Baacke, 2003, S. 41).

7.1 Wahrnehmung von Ambivalenz 167

Frauen als stärker attraktivitätsmindernd wahrgenommen als bei Männern und ihnen wird zugeschrieben sexuell weniger begehrenswert zu sein.

7.1.2 Geschlecht: Heteronormativität und geschlechtsspezifisch erwartete Verhaltensweisen

Neben dem Alter der Lerngruppen ist ein weiterer Aspekt bei als ambivalent wahrgenommenen Berührungen bedeutsam: Sowohl das Geschlecht der Schüler/-innen als auch das der Lehrkräfte.

Der institutionelle Kontext von Sport in der Schule bringt Sportlehrkräfte in die Situation, Schüler/-innen im Unterricht oftmals berühren zu müssen. Die untersuchten Lehrkräfte – Männer wie Frauen – unterrichteten alle koedukative Lerngruppen. Die gemischtgeschlechtliche Organisationsform bringt Sportlehrer genauso in die Situation, Schülerinnen berühren zu müssen wie auch Lehrerinnen Schüler. Zwar wird mit dieser Argumentationsführung eine heteronormative Bezugsnorm-Orientierung beim Blick auf das Thema angelegt, jedoch spiegelt diese die in den Deutungsmustern enthaltene Orientierung wieder. Dabei bleiben homosexuelle Konstellationen außen vor, die thematisch wichtig sind, aber in der Studie nicht vorkamen. Homoerotische Konstellationen scheinen bislang kaum den gängigen Vorstellungen zu entsprechen, auch wenn ein Teil der Wissenschaft diesen defizitären Blick längst überwunden hat und sich ausgewiesen mit Forschungsfragen befasst, in denen homo-, trans- oder intersexuelle Identitäten die tragenden Rollen spielen (vgl. Gender- und Queerstudies).

7.1.2.1 Heterosexuelle Normorientierung

In allen Deutungsmustern, die bei den befragten Mittelstufenlehrkräften zum Tragen kommen („Reflektierte Ambivalenz", „Qua Alter nicht betroffen", „Qua Geschlecht nicht betroffen", „Sportkumpel", „Vermeidung"), zeigt sich, dass eine heteronormative Bezugsnorm bei Berührungen vorherrscht. Im Material tritt diese in der Form auf, dass wenn, dann ausschließlich gegengeschlechtliche Berührungskonstellationen von den Lehrkräften als prekär betrachtet werden. Dass auch gleichgeschlechtliche Berührungen ambivalent sein können, wurde in den geführten Interviews durchgängig nicht thematisiert (vgl. v.a. „Reflektierte Ambivalenz", „Qua Geschlecht nicht betroffen"), womit homoerotische Konstellationen beim Blick auf das Thema gänzlich übergangen werden.

Bei Frauenberührungen scheint sich Ambivalenz in gegengeschlechtlichen Konstellationen dahin gehend ein Stück weit zu nivellieren, als dass ihren Berührungen durchgängig Harmlosigkeit zugeschrieben wird, auch bei Schülerberührungen.

Heterosexualität gilt als gesellschaftliche Norm der Geschlechterverhältnisse und lenkt das sexuelle Begehren. Aus der heterosexuellen Bezugsnorm-Orientierung gehen normative Annahmen über Geschlecht und jeweils angemessenes Verhalten hervor (vgl. Hartmann & Klesse, 2007, S. 9). Nach gängigen Vorstellungen existieren zwei biologisch festgelegte Geschlechter, männlich und weiblich, die unveränderbar und wechselseitig aufeinander bezogen sind. Diese Annahmen entspringen einem Glauben an Natürlichkeit und Eindeutigkeit von Geschlecht und sexuellem Verhalten (vgl. ebd.), was durch klassische naturwissenschaftliche Forschungen abgesichert zu sein scheint. Nach diesem Prinzip unterscheiden sich beide Geschlechter körperlich und sozial klar voneinander. Sexuelles Begehren wird dahin gehend strukturiert, dass sexuelles Verlangen ausschließlich auf das jeweils andere Geschlecht gerichtet ist – dies bringt Verhaltensnormen im Umgang der Geschlechter miteinander mit sich. Davon abweichende Geschlechterkonstellationen werden als Abweichungen von der Norm verstanden (vgl. Jackson, 1999; zit. n. Wagenknecht, 2007, S. 18). Heteronormativität beeinflusst neben dem alltäglichen Miteinander der Geschlechter auch die Wissensproduktion und wirkt strukturierend auf Diskurse ein (vgl. Wagenknecht, 2007, S. 17), wie den Diskurs zu körperlichen Grenzüberschreitungen und sexuellem Missbrauch, der die Berührungsthematik flankiert (vgl. Kap. 2.3.3).

Im Rahmen dieser Normorientierung wird noch ein weiterer Gesichtspunkt bedeutsam: Das geschlechterstereotype Deutungsmuster vom Mann als Täter körperlicher Grenzüberschreitungen und sexuellen Missbrauchs (vgl. Kap. 2.3.3/2.3.4), denn in mehreren Deutungsmustern wird evident, dass die gegengeschlechtliche Berührungskonstellation zwischen Lehrer und Schülerin als besonders prekär bewertet wird (vgl. v.a. „Qua Geschlecht nicht betroffen"). Das hier wirkende Deutungsmuster zeigt, dass ein stereotypes Geschlechterbild von männlicher Täterschaft das Berührungsthema maßgeblich flankiert. In den Deutungsmustern der befragten Lehrer kommt bei allen zum Tragen, dass sie sich mit diesem geschlechterstereotypen Täterbild konfrontiert sehen, was insbesondere auch anhand der Erzählungen über die Umkleidekabinen verdeutlicht wurde (vgl. „Sportkumpel", „Vermeidung").

Dieses Deutungsmuster taucht auch in Schulerlässen zur Thematik auf. In einer Empfehlung zum Verhalten geschlechtsgemischter Begleitteams in Schullagern heißt es z. B., dass bei Krankheitsfällen oder Unfällen, bei denen es notwendig sei, pflegerisch zu berühren, die Berührungen besser von einer Lehrerin durchgeführt werden sollten. Denn das „Zulassen" einer Frauenberührung sei in der Regel akzeptierter. Da viele Lehrkräfte großen Respekt vor solchen Berüh-

7.1 Wahrnehmung von Ambivalenz

rungen hätten, sollte diese Maßnahme ergriffen werden, um den Vorwurf der sexuellen Belästigung möglichst auszuschließen (vgl. Erziehungsdepartment des Kantons St. Gallen, Amt für Mittelschulen und Lehrerbildung, 2003).

7.1.2.2 Männlich- und Weiblichkeitsbilder in der Grundschule zwischen Nähe und Distanz

Da Berührungen ein Thema darstellen, das an bestimmte Bilder von Männlichkeit und Weiblichkeit geknüpft ist (vgl. Kap. 2.4), tauchen in den Deutungsmustern auch nach Geschlecht differierende Zuschreibungen dazu auf, welches Geschlecht wen nur wie berühren darf. Gelten fürsorgliche Berührungen von Lehrerinnen in Bezug auf ihre Schüler/-innen in Form von Streicheln als sozial erwünscht, sind diese für Lehrer nicht unproblematisch.

Für Männer als Lehrer in der Grundschule ist neben dem stereotypen Täterdeutungsmuster, das bereits Thema des vorhergegangenen Kapitels war, weiterhin von Bedeutung, dass sie sich bei Berührungen auch mit pädophilen oder homosexuellen Vorwürfen konfrontiert sehen könnten, wenn sie ihre Schüler/-innen in fürsorglichen Kontexten berühren (vgl. „Sachorientierung"). Streichelnde Berührungen gehören bislang nicht in das herkömmliche allseits anerkannte männliche Handlungsrepertoire, auch wenn sich Veränderungen dieses Stereotyps durchaus andeuten. Streicheln Männer, laufen sie trotzdem Gefahr, auf der einen Seite marginalisiert bzw. auf der anderen Seite stigmatisiert zu werden. Mögliche pädophile Unterstellungen in Berührungssituationen sind für sie im Gegensatz zu Grundschullehrerinnen (vgl. „Mütterlichkeit") nicht zu unterschätzen.

Der Zusammenhang, in den dieser Umstand neben der Repräsentation hegemonialer Männlichkeit einzuordnen ist (vgl. Kap. 2.4), ist auch die nach Geschlechtszuschreibungen separierte Strukturierung der Arbeitswelt. Frauen seien Berufe von sozial niederem Status, die idealtypisch mit der Erziehung von Kindern zu tun hätten, zugedacht (vgl. Allan, 1993). Im Gegensatz dazu seien Berufe mit hohem Status für Männer vorgesehen. Vor diesem Hintergrund erklärt sich aus geschlechtertheoretischer Perspektive die Unterrepräsentanz von Männern in der Grundschule (vgl. Deutschland im Jahr 1999/2000: 19 Prozent, vgl. Bundesministerium für Bildung, Wissenschaft und Kultur, 2005, S. 5). Aus dieser Unterrepräsentanz ergibt sich für sie ein Rechtfertigungsdruck, den Janet Smith (2004) im Rahmen ihrer Interviewstudie wie folgt beschreibt: Männliche Lehrkräfte in der Grundschule müssten beweisen, dass sie aufgrund ihrer Berufswahl weder homosexuell noch pädophil seien. Den Beweis, nicht homosexuell zu sein, müssten sie erbringen aufgrund ihrer Entscheidung für einen typisch weiblich konnotierten Beruf. Und dass sie nicht pädophil sind, müssen sie belegen, weil sie sich beruflich für den Umgang mit Kindern entschieden haben. Jim Allan (1993) weist auf die Funktion dieser beiden Zuschreibungen als soziale Kontrollmechanismen hin, die dazu dienten, die Zahl von Lehrern in der Grundschule auf ein Minimum zu begrenzen, da die nach Geschlechtern bipolar strukturierte Arbeitswelt sonst durcheinandergebracht werden würde. Für Frauen im Grundschullehrberuf spielt das keine Rolle, da man ihre Berührungen dem mütterlich-fürsorglichen Kontext zuordnet. Sie weisen nach dieser Theorie ein genderangemessenes Berufswahlverhalten auf. Smith (2004) beschreibt, dass Grundschullehrer viel Energie darauf verwendeten, diesen potenziellen Anschuldigungen entgegenzuarbeiten, weil der mediale Diskurs zu Pädophilie einen großen Einfluss auf ihren Berufsalltag habe (vgl. auch Lewis, Butcher & Donnan; Allan, 1999, S. 125; Sargent, 2000). Körperberührungen spielten dabei eine zentrale Rolle. Die Befragten ihrer Studie berichten davon, dass Grundschüler/-innen oftmals Berührungen einforderten. Männliche und weibliche Lehrkräfte seien sich jedoch darüber einig, dass die Grundschullehrer niemals ein Kind anfassen sollten, auch wenn der Beruf viele Situationen mit sich brächte, in denen Berührungen vonnöten seien (Trösten, Unterstützen, Aufmerksamkeit, vgl. Kap. 2.5.2 dieser Studie). Der Druck, den die Anforderungen eines solch wenig an Emotionalität orientierten Männlichkeitsbildes auf Grundschullehrer ausüben (vgl. „Sachorientierung"), gebietet es ihnen quasi, das Verhältnis zu der Lerngruppe im Gegensatz zu ihren Kolleginnen (vgl. „Mütterlichkeit") distanzierter zu gestalten.

Im Deutungsmuster „Mütterlichkeit" wird ebenfalls ein historisch gewachsenes Mütterlichkeitsideal im Rahmen der Professionalisierung pädagogischer und sozialer Berufe sichtbar.[42] Denn die tradierte Vorstellung von der Grundschullehrerin ist die einer Art Ersatzmutter, zu deren pädagogischem Handlungsrepertoire auch fürsorgliche Körperkontakte gehören. Rita Casale (2004) dazu:

> „Nicht nur gestatten die kürzeren Arbeitszeiten den Frauen Beruf und Haushalts bzw. Mutterpflichten leichter zu vereinbaren, sondern auch umgekehrt wird gerade ihre Mutterschaft als die beste Voraussetzung ihrer Arbeit angesehen. Denn in der Schule tue die Frau schließlich nichts anderes, als die erzieherische Tätigkeit, die ihr als Mutter obliege, auf einer anderen Ebene auszuüben."

Damit verweist sie, wie auch Eva Nadai et al. (vgl. 2005, S. 42ff.), die von der „symbolischen Codierung" des Lehrerinnenberufs sprechen, auf ein tradiertes

---

[42] Einen anderen interessanten Zugang zur Identifikation von Frauen mit einem mütterlichen Ideal, der an dieser Stelle im Sinne des Themas jedoch nicht näher ausgeführt werden soll, liefert aus psychoanalytischer Perspektive Nancy Chodorow (vgl. 1985, S. 224 ff.)

7.1 Wahrnehmung von Ambivalenz 171

Geschlechterbild, dem zufolge die Fähigkeit zur Kindererziehung der Frau – im Gegensatz zum Mann – quasi von Natur aus mitgegeben und in ihrem Charakter verwurzelt sei. Die im Deutungsmuster „Zweckorientierung" enthaltene vermehrte Berufsausrichtung in Richtung Distanz bricht mit diesem Mütterlichkeitsideal und wirkt ein Stück weit die vorherrschenden Geschlechterstereotype dekonstruierend, was wiederum Rechtfertigungspotenzial aufseiten der Interviewten erzeugt, wie in der Fallbeschreibung gezeigt werden konnte.

Anhand der aufgeführten Deutungsmuster mit ihren implizierten gesellschaftlichen Erwartungen und Normen verwirklichen sich über Berührungen geschlechtstereotype Vorstellungen zu Männlichkeits- und Weiblichkeitsbildern im Lehrberuf, wie hier für die Grundschule aufgezeigt. Berühren, Nähe suchen oder nicht werden, durch die sozialkonstruktivistische Forschungsbrille betrachtet, zu Elementen der aktiven Herstellung oder Verwerfung von klassischen Geschlechterrollen und an sie geknüpfte Erwartungen.

7.1.3 Sportwelt: Technisierte Körper, implizite Codierungen und konstruierte Gegenwelten

Berührungen im Sport kommen nicht selten vor. Denkt man an körperkontaktreiche Sportarten wie American Football oder Kämpfen und Ringen, so bilden sie einen festen Bestandteil in der Ausübung dieser Sportarten. Aber es müssen nicht nur solche Sportarten angeführt werden, bei denen Körperberührungen so unmittelbar notwendig erscheinen, um über die Verbindung von Sport und Berührungen nachzudenken. So wie bei der Ausübung wird auch beim Erlernen bestimmter sportlicher Techniken berührt. Insbesondere bei der turnerischen Hilfestellung wie beim Salto oder Handstand berühren Lehrende die Lernenden. Diese Art der Hilfe leistenden, unterstützenden Berührungen, die im Kontext der vorliegenden Studie schon mehrfach erwähnt wurden, sind aus dem Sport nicht wegdenkbar. Der Kontext des Sports verleiht diesen Berührungen zum Teil notwendigen Charakter und lässt sie zu integralen Bestandteilen bestimmter Sportarten werden, was auch in den Deutungsmustern einiger befragter Lehrkräfte sichtbar wird. Dahinter wird ein funktionalisierter Blick auf den Körper und dessen Berührungen im sportlichen Kontext deutlich – darum soll es in diesem Kapitel gehen.

Anhand der Deutungsmuster „Sachorientierung" und „Vermeidung" wird die Funktionalisierung von Berührungen im Sport dadurch deutlich, dass die Lehrkräfte Sportarten wie Fußball, Kämpfen und Turnen anführen. Dieser Befund deutet daraufhin, dass die im Theorieteil dieser Arbeit entworfene Perspektive, dass Berührungen außerhalb der privaten Sphäre oder ritualisierter Interaktionsformen tabuisiert sind, in sportlichen Berührungssituationen nicht relevant ist, oder zumindest von den Berührenden nicht als wichtig bewertet wird. Einen Zugang bietet der in Kap. 2.3.1 bereits entworfene Bezugsrahmen von Berührungen im Zusammenhang mit funktionalprofessionellen Settings. Riedel, der auch professionelle Berührungen im Sport vor Augen hat (vgl. 2008, S. 14), weist daraufhin, dass diese Berührungen vom Generalverdacht sexueller Absichten ausgenommen seien. Durch die unmittelbare Verbindung von Berührung und zu erfüllender Berufsaufgabe im Arbeitsfeld Sport unterliegen auch die Berührungen der Sportlehrkräfte einer sozialen Normierung. Damit einher geht neben dem Professionsaspekt der eben dargestellte spezielle Blick auf den Körper und auf Körperlichkeit im Sport. In diesem Kontext ergibt sich weiterhin die Besonderheit, dass Berührungen, die zu technisch normierten Bewegungsausführungen hinführen sollen, auch funktionalisiert von den Berührenden wahrgenommen werden – Ambivalenz wird weitestgehend als unbedeutend empfunden. Ein Teil der befragten Lehrkräfte weist daraufhin, dass die Funktionalisierung der Berührungen den Berührten immer deutlich sein sollte. Deswegen berührt ein Teil von ihnen lediglich in ganz eindeutigen sportlichen Zusammenhängen wie der Hilfestellung oder der Bewegungskorrektur (vgl. „Vermeidung", „Sachorientierung", „Reflektierte Ambivalenz").

Neben der sozialen Normierung und einem technisierten Blick auf Körperberührungen in sportlichen Settings kommt hinsichtlich der Mannschaftsspiele im Sport ein weiteres Deutungsmuster zum Tragen, welches eine spezielle nonverbale Codierung von Berührungen im Rahmen eines kumpelhaften Spaßkontextes beinhaltet. In der Studie wird das anhand der Welt des Fußballs deutlich (vgl. „Sportkumpel"). Im Kreis der Fußballspielenden ist die Einordnung von spaßhaft gemeinten Berührungen hier in einen nichtambivalenten Kumpelkontext dominierend. Das ist jedoch nur den unmittelbar Teilhabenden an dieser Welt bekannt. Es gibt auch Personenkreise, die die spaßige Codierung solcher Berührungen im Sport nicht verstehen, da sie die entsprechende Sportart nicht ausüben. Im Deutungsmuster „Sportkumpel" wird als Gegenentwurf zur fußballerischen Sportwelt mit ihren Spaßberührungen die türkisch-muslimische Welt konstruiert, der zugeschrieben wird, die Berührungen nicht im Rahmen von Spaß im Sport zu deuten. Dabei wirkt in diesem Deutungsmuster noch ein weiterer Zuschreibungsmechanismus, der sich auf das Geschlecht bezieht: Türkischmuslimische Schülerinnen werden als unberührbar wahrgenommen, wohingegen die türkisch-muslimischen Schüler als körperlichgrenzüberschreitend beschrieben werden, was gängige Klischees zu Migration und Geschlecht widerspiegelt.

7.2 Handeln im Sportunterricht

In diesem Ergebniskapitel geht es darum, wie sich das konkrete Handeln der Lehrkräfte im Sportunterricht vor dem Hintergrund einer potenziellen Ambivalenz von Berührungen gestaltet. Aus den Deutungsmustern der Mittelstufensportlehrkräfte geht hervor, dass Sportunterricht eine besondere Rolle im Vergleich mit anderen Fächern einnimmt, wenn es um die Entstehung ambivalenter Situationen zwischen Lehrkräften und Schülern und Schülerinnen geht (Kap. 7.2.1). Es wird auch deutlich, dass Deutungsmuster eine das Tabuisierte neutralisierende Funktion besitzen können, die sie zum Mittel der Problembewältigung in konkreten Unterrichtssituationen beziehungsweise dem späteren Deuten dieser werden lassen können (Kap. 7.2.2).

7.2.1 Problematische Situationen im Sportunterricht

Zwar brachte das vorhergehende Kapitel hervor, das Teile derjenigen, die in der Sportwelt handeln, Berührungen nicht als ambivalent wahrnehmen, da sie auf einem technisierten Körperverständnis beruhen. Trotz allem werden Berührungen im Rahmen des Sportunterrichts im Vergleich zu anderen Unterrichtsfächern als besonders prekär wahrgenommen. Denn trotz der Einbettung der Berührungen in den funktionalisierten Sportkontext, spielen sie sich ebenfalls im Setting Schule ab. In drei der fünf Deutungsmuster („Reflektierte Ambivalenz", „Sportkumpel", „Vermeidung") aus dem Bereich der Mittelstufe zeigt sich, dass Berührungen gerade im Sportunterricht als besonders problematisch wahrgenommen werden. Die Rahmung von Sportunterricht in der Institution Schule bringt für Sportlehrkräfte im Gegensatz zu ihren Kollegen und Kolleginnen anderer Fächer in bestimmten Situationen des beruflichen Alltagshandelns prekäre Situationen hervor. Die institutionelle Rahmenbedingung des Sportunterrichts in der vorliegenden Studie gestaltete sich so, dass sowohl Schülerinnen als auch Schüler von Sportlehrerinnen und Sportlehrern koedukativ unterrichtet und nicht nach Geschlechtern getrennt wurden. Dieser Umstand macht vermutlich aufgrund der festgestellten heterosexuellen Normorientierung bei Berührungen (vgl. Kap. 7.1.2) einen nicht geringen Teil an der Entstehung einer möglichen Ambivalenz aus.

Als schwierige sportunterrichtliche Situationen tauchen in den Deutungsmustern das Betreten der Umkleidekabinen (vgl. „Reflektierte Ambivalenz", „Vermeidung", „Sportkumpel") und die Berührungen im Rahmen der Hilfestellung beim Turnen auf. Sportlehrkräfte sind qua Schulerlass dazu verpflichtet, auch die Umkleidekabinen zu beaufsichtigen und samt den Wertsachen der

Schüler/-innen abzuschließen. Wenn sich Schüler/-innen dann noch umziehen, kann sie das in problematische Situationen bringen, was in den Deutungsmustern auch anhand von Beispielen thematisiert wird. Im Theorieteil dieser Arbeit wurde schon einmal Widmer (vgl. 1982, S. 54) zitiert, der darauf aufmerksam macht, dass im Sportunterricht im Gegensatz zu den Fächern, die im Klassenraum unterrichtet werden, die Sportlehrkräfte insbesondere bei der Hilfestellung, aber auch in andren Bereichen, den „physischen Toleranzspielraum" der Schüler/-innen durchbrechen würden. Deswegen findet sich im Deutungsmuster „Reflektierte Ambivalenz" der Hinweis wieder, dass vor allem Sportlehrkräfte besonders sorgsam mit ihren Schüler/-innen-Berührungen umgehen müssten. Dieser Aspekt ist dahin gehend erweiterbar, dass auch die anderen bereits genannten institutionellen Voraussetzungen für den Sportunterricht ein sorgsames Verhalten erfordern, um nicht auch in anderen Situationen möglicherweise Gefahr zu laufen körperliche Grenzen zu übertreten.

Dass die Ambivalenz von Berührungssituationen verstärkt für Männer im Sportlehrberuf von Bedeutung zu sein scheint, verdeutlichen die Deutungsmuster „Vermeidung" und „Sportkumpel". Aufgrund der bereits in Kapitel 7.1.2 thematisierten Befunde scheinen diese institutionellen Besonderheiten für Männer zum Teil besonders problematisch zu sein, und sie gebieten ihnen, besonders sorgsam damit umzugehen. Die Befunde zeigen, wie groß der Druck für Männer im Sportlehrberuf durch die stereotypen Täter- und Männlichkeitsbilder sein kann und welchem Rechtfertigungsdruck sie unterliegen können.

7.2.2 Deutungsmuster und Problembewältigung

Berührungen, die aufgrund ihrer potenziellen sexuellen Konnotation trotz der aufgezeigten zugeschriebenen Nivellierung in der Sportwelt, Ambivalenz bei den berührenden Sportlehrkräften auslösen können, können diese in prekäre Situationen bringen. Die rekonstruierten Deutungsmuster besitzen aus psychologischer Perspektive auch die Funktion, eine potenzielle Ambivalenz zu neutralisieren. So stecken in einem Teil der Deutungsmuster der Mittelstufenlehrkräfte gesellschaftlich tief verankerte Vorstellungen darüber, in welchen Konstellationen, oder innerhalb welcher Rahmenbedingungen Berührungen nicht ambivalent sein können, und sie wirken damit handlungsabsichernd.

Man könnte hier auch, mit psychologischem Vokabular gesprochen, von Bewältigungsstrategien (Coping-Muster) reden. Was aus psychologischer Perspektive Coping-Muster sind, kann unter einem soziologischen Zugriff auch die Funktion von Deutungsmustern und ihrer Elemente sein. Nach Richard Lazarus (1966) meint Coping (*engl.: to cope = bewältigen*) das gesamte Spektrum von

7.2 Handeln im Sportunterricht

behavioralen, kognitiven und erlebnismäßigen Reaktionen und Prozessen, die ein Individuum dazu befähigen, mit einer potenziell bedrohlichen oder belastenden Situation umzugehen. Durch Coping-Muster, habituelle konsistente Verarbeitungs- und Bewältigungsmuster, werden belastende Faktoren in schwierigen Situationen abgewehrt. Unter Abwehr versteht man Mechanismen, die darauf abzielen, das psychische Gleichgewicht einer Person trotz ambivalenter, bedrohlicher Wahrnehmungen oder Emotionen aufrechtzuerhalten. Äquivalent dazu stehen Deutungsmuster, die ebenfalls bei der Bewältigung objektiver gesellschaftlicher Handlungsprobleme, die auf interindividuellen Kollektivierungen fußen, zum Tragen kommen. Diese Deutungsmuster, die dem Individuum vorreflexiv zur Verfügung stehen, betreffen verschiedene Ebenen: die konkrete Handlungsebene im Unterricht oder die kognitive Interpretationsebene, über die die Berührungen (im Nachhinein) mit Bedeutungen versehen werden.

In der vorliegenden Studie tauchen die Neutralisierungsstrategien auf konkreter Handlungsebene einmal in Form der Berührungsvermeidung in unterschiedlichen Varianten auf („Vermeidung", „Sachorientierung"). Berührungen und deren Thematisierung werden z. B. gänzlich vermieden. Indem erst gar nicht berührt wird, kann auch keine problematische Situation entstehen. Im Deutungsmuster „Reflektierte Ambivalenz" steckt eine weitere Neutralisierungsstrategie, die sich auf die konkrete Handlungsebene während des Unterrichts bezieht: die öffentliche Thematisierung in der Lerngruppe. In diesem Rahmen werden die Berührten gefragt, ob ihnen etwas an den Berührungen unangenehm war. Damit wird ihnen einerseits eine Form der Partizipation zugedacht, andererseits stellt die öffentliche Thematisierung aber auch eine Rückversicherung für die berührende Lehrkraft im Hinblick darauf dar, dass die Berührungen nicht als grenzüberschreitend bewertet wurden. Eine andere Neutralisierungsstrategie, die in den Deutungsmustern der Studie vorkam, war Ironie. Ironie und Witz gelten als gängige Mittel, um bedrohliche Situationen zu neutralisieren (vgl. auch Freud, 1984).

Auf kognitiver Interpretationsebene der Berührungen kam in den Deutungsmustern der Mittelstufensportlehrkräfte der Studie zuerst Nichtbetroffenheit vor. Dieses übergreifende Deutungsmuster konkretisierte sich über kollektive stereotype Meinungen zu Geschlecht und Grenzüberschreitungen („Qua Geschlecht nicht betroffen") und zu weiblicher Attraktion und Altern („Qua Alter nicht betroffen"). Eine weitere vorreflexive Neutralisationsstrategie auf der Ebene der Berührungsinterpretation stellt die Einbettung einer Berührung in eine spezielle Beziehungskonstellation dar, die kollektiv als privater wahrgenommen wird. Diese Strategie bezieht sich darauf, dass Berührungen im Rahmen privater Beziehungen legitim sind. In der Studie tauchte im Bereich der Mittelstufe dazu das Deutungsmuster des Sportkumpels auf. Darin spiegelt sich die Vorstellung, dass Berührungen im Kontext von Spaß und im Rahmen einer engeren Kumpelbeziehung nicht ambivalent sein können.

7.3 Beziehungsebene

Die vorliegende Studie hat noch hervorgebracht, dass Berührungen ein wesentliches Element der Gestaltung der Lehrkräfte-Schüler/-innen-Beziehung sind und dabei unterschiedliche Aspekte von Fürsorge bis Disziplinierung umfassen. Berührungen spiegeln nicht nur das je eigene Verständnis der Berufsrolle wieder, sondern geben ebenso Aufschluss über die Lehrkräftesicht auf ihre Schüler/-innen und den zu vermittelnden Gegenstand. Im zweiten Teil dieses Kapitels geht es darum, dass Berührungen insbesondere in der Grundschule ein Mittel zur Unterrichtsorganisation und Disziplinierung darstellen.

7.3.1 Nähewünsche und Rollendistanz

In den Deutungsmustern der Grundschullehrkräfte („Mütterlichkeit", „Zweck- und Sachorientierung") zeigt sich, dass sich über Berührungen auch das konkretisiert, was Helsper (1996) als soziale Modernisierungsprobleme bezeichnet, mit denen Schule umzugehen habe. Die befragten Lehrkräfte erleben, dass ihre Schüler/-innen zu Hause zum Teil emotional vernachlässigt werden und Bedürfnisse nach Zuwendung und auch körperlicher Nähe mit in die Schule bringen. Wie bereits in Kapitel 2.5.2 dargestellt, spricht auch der Sportpädagoge Neuber (vgl. 2007, S. 65) in Anlehnung an Helsper (ebd.) davon, dass das Bedürfnis nach emotionaler und körperlicher Nähe in der Schule wüchse, da die klassischen Orte, in denen traditionell Emotionalität, körperliche Nähe etc. verwirklicht werden, zunehmend instabiler würden. Aus der vorliegenden Studie geht hervor, dass Lehrkräfte im Unterricht mit Schülerinnen und Schülern konfrontiert sind, die ihnen in Bezug auf körperliche und emotionale Nähe als bedürftig erscheinen. Diese Bedürfnisse beispielsweise dadurch zu befriedigen, dass man die Schüler/-innen in den Arm nimmt oder mit ihnen kuschelt, stellt für die Lehrkräfte jedoch einen Balanceakt zwischen Nähe zulassen und damit den Ansprüchen der Kinder nachzukommen und Distanz halten und herstellen, wozu Lehrkräfte im Rahmen ihres institutionellen Berufskorsetts angehalten sind, dar. Wollen sie auf die emotionale und körperliche Bedürftigkeit ihrer Schüler/-innen eingehen, kann sie das in prekäre Nähesituationen bringen, wie die Studie gezeigt hat. Dieser Balanceakt spielt sich vor einem medialen Diskurs ab, der immer wieder Missbrauchsfälle in der Schule aufgreift, in denen Lehrkräfte Schü-

7.3 Beziehungsebene 177

ler/-innen missbrauchen, was zwar auf der einen Seite ein Bewusstsein dafür geschaffen hat, dass diese Thematik auch in der Schule relevant ist. Auf der anderen Seite findet an dieser Stelle zum Teil aber ebenso eine, um Schmauch (vgl. 1996, S. 287) erneut aufzugreifen (siehe Kap. 2.3.3), „Hyperpublizität" statt, die zur Hysterisierung des Themas beiträgt, im Rahmen derer plötzlich alle männlichen Lehrkräfte, die Schüler/-innen anfassen zu Tätern körperlicher Grenzüberschreitungen werden und Eltern äußerst sensibilisiert sind.

Vor diesem diskursiven Hintergrund sind die Lehrkräfte in der Schule meistens alleine, da das Thema tabuisiert ist, in einer ambivalenten Bedürfnissituation im Klassenzimmer. Vor dem aufgespannten medialen Diskurs und auch aus dem Blickwinkel der in Teilen aufgezeigten behördlichen Erlasslage (vgl. z. B. Kap. 2.5.3) werden auf der einen Seite rigide Ansprüche formuliert, die die positive Seite von Berührungen gänzlich ausblenden und mit Berührungen im Rahmen der Lehrkräfte-Schüler/-innen-Beziehung vornehmlich potenzielle Grenzüberschreitungen assoziieren (vgl. Kap. 2.5.2). Auf der anderen Seite steht die Konfrontation mit der Defizitsituation an körperlicher und emotionaler Zuwendung der Schüler/-innen. Entwicklungsbedingt und auch ohne familiäre Defizite wollen Grundschüler/-innen sich in manchen Situationen aber auch einfach beispielsweise beim Vorlesen einmal an die Lehrkraft ankuscheln oder kommen ihr auf dem Schulhof entgegengelaufen und begrüßen sie vor Freude durch eine stürmische Umarmung. Aufgrund des Größenunterschieds umklammern sie dabei die Hüfte, eine eigentlich tabuisierte Körperzone.

Im Rahmen der beschriebenen sozialen Modernisierungsprobleme taucht in den Deutungsmustern auch der Begriff des *schwierigen* Elternhauses (vgl. „Mütterlichkeit", „Zweckorientierung") auf. Gemeint ist damit das Aufwachsen in emotional vernachlässigten Verhältnissen. Ein weiteres Schlagwort aus den Deutungsmustern zur Etikettierung ist „sozialer Brennpunkt" der Stadt. Im Rahmen der Studie kann nicht geklärt werden, inwieweit es sich bei der Beschreibung der Elternhäuser der Schüler/-innen ein Stück weit um Konstruktionen der Lehrkräfte handelt, die sieanhand bestimmter gesellschaftlich verankerter Bilder z. B. zur emotionalen Situation eines Kindes, das bei seiner alleinerziehenden Mutter im sozialen Brennpunkt der Stadt aufwächst, handelt. Auffällig ist jedoch die Rede vom schwierigen Elternhaus in Verbindung mit emotionaler und auch körperlicher Vernachlässigung. Von Sabine Toppe (vgl. 2001) befragte Lehrkräfte an so genannten Brennpunktschulen äußern, dass ihr Schulalltag zunehmend von Erscheinungsformen der Kinderarmut geprägt sei. Die Lehrkräfte sprechen von „seelischer Verkümmerung" bei den Schülern und Schülerinnen. Das drücke sich unter anderem in Sehnsucht nach körperlicher und emotionaler Zuwendung aus. So wie die von Toppe befragten Lehrkräfte meinen auch die in der vorliegenden Studie interviewten mit der Bezeichnung „schwieriges Elternhaus" ein soziales

Milieu, das sich aus arbeitslosen Eltern, alleinerziehenden Müttern und Zugewanderten zusammensetzt. Die Bezeichnung „schwieriges Elternhaus", wie es die aus der Mittelschicht stammenden interviewten Lehrerinnen formulieren, wird damit auch zu einer Art sozialer Distinktion, die von den Lehrkräften unbewusst selbst mitkonstruiert wird.

Neben dem Balanceakt aus Nähe und Distanz, der sich aus den thematisierten sozialen Modernisierungsproblemen für die Lehrkräfte ergibt, zeigt die Studie auch auf, zu welchen Problemen ein vermehrt in Richtung Nähe orientiertes Lehrkräfteverhalten führen kann. Wird die Beziehung zu eng und ohne Differenzen, die sich eigentlich aus der vorgesehenen klassischen Rollenkonstellation innerhalb der Institution Schule ergeben, versucht zu führen, dann kann die Abgrenzung und Berufung auf die übergeordnete Lehrrolle danach umso schwieriger werden (vgl. „Sportkumpel"). Als Situationen im Sportunterricht, die die klassische Rollen- und Machtverteilung, welche die Institution Schule vorgibt, aufweichen, kamen im empirischen Material gemeinsames Sporttreiben mit der Lehrkraft in einer Mannschaft im Rahmen von Ballspielen und Duzen der Lehrkräfte vor. Wird z. B. hierdurch viel Nähe zu den Lerngruppen hergestellt, dann können später u.U. Grenzziehungsprobleme entstehen. Lerngruppen können dann in anderen schulbezogenen Situationen Schwierigkeiten haben, Lehrkräfte wieder als übergeordnete Lehrpersonen anzuerkennen. In diesen Situationen stehen Lehrkräfte vor der Herausforderung, trotz der Nähe andere Bereiche der Berufsrolle weiterhin distanziert auszuüben. Im empirischen Material wurden auch Vorteile genannt, die aus einer distanzierteren, weniger emotional betonten Lehrkräfte-Schüler/-innen-Beziehung entstehen können (vgl. „Zweckorientierung"): Hierzu gehört die konsequentere Ausübung von Teilbereichen der Lehrkräferolle wie z. B. bei der Sanktionierung von schlechten Leistungen wie dem Vergessen der Hausaufgaben. Die Studie zeigt also auch auf, welche Konsequenzen Lehrkräfte befürchten oder auch selbst haben, wenn sie die Beziehung zu den Lernenden zu einseitig entweder in Richtung Nähe oder Distanz gestalten.

7.3.2 Unterrichtsorganisation und Disziplinierung

Aus drei der vier rekonstruierten Deutungsmuster im Bereich der Grundschule („Sachorientierung", „Widersprüchliche Nähewünsche", „Mütterlichkeit") geht hervor, dass Berührungen ein Mittel zur Schüler/-innendisziplinierung und Unterrichtsorganisation darstellen. Im empirischen Material trat das beispielsweise in der Form auf, dass Schüler/-innen an der Schulter aus der Halle geführt wurden (vgl. „Widersprüchliche Nähewünsche"), man sie am Arm zum Mitmachen

7.3 Beziehungsebene

in die Hallenmitte zog (vgl. „Sachorientierung") oder Schüler/-innen am Arm in die wartende Lerngruppenriege eingeordnet wurden (vgl. „Mütterlichkeit"). Auch die von Langer (vgl. 2008, S. 234f.) interviewten Lehrkräfte betonen die Wichtigkeit von Berührungen als Mittel pädagogischer Arbeit, die von ihnen strategisch eingesetzt und zur pädagogischen Praktik würden. Beobachtbar sei das unter anderem in Situationen, in denen ermahnt oder sanktioniert werde. In dieser Studie rechtfertigen die interviewten Lehrkräfte im Rahmen der Sequenzkommentierung ausführlich ihr Handeln (vgl. „Mütterlichkeit", „Sachorientierung", „Widersprüchliche Nähewünsche"). Langer (vgl. ebd., S. 163) verweist hier wiederum auf die diskursive Praxis, die es Lehrkräften nicht erlaube, außerhalb eines historischen Strafdiskurses über disziplinierende Maßnahmen zu sprechen. Darin sei Strafe moralisch und normativ nicht gerechtfertigt und das hätten Lehrkräfte stets vor Augen, wenn sie über disziplinarische Maßnahmen sprächen – dies kann von der vorliegenden Studie bestätigt werden.

Ebenso wie das Sprechen über Berührungen im schulischen Kontext aufgrund der Nähe zu sexuellem Kindesmissbrauch tabuisiert ist, so ist auch die schulische Strafe ein Tabu. Kaum eine Lehrkraft findet sie berechtigt, aber fast alle praktizieren strafähnliche Maßnahmen wie Anschreien oder des Raumes verweisen (vgl. Osterwalter, 2000; zit. n. Langer, ebd., S. 160). Fritz Osterwalder bemerkt, dass viele Lehrkräfte nur mit rotem Kopf zugäben, zu strafen. Gründe dafür sieht er zum einen in der im 16. Jahrhundert beginnenden Kontinuitätsgeschichte der Körperstrafe und ihrer Kritik, zum anderen im antiautoritären Erziehungskonzept der „68er" (vgl. ebd.).

Langer bezeichnet die Disziplinierung des Schüler/-innen-Körpers als eine Anforderung gemäß eines „heimlichen" Lehrplans (Langer, ebd., S. 155) der Schule und auch eine Grundbedingung für Schul- beziehungsweise Gesellschaftsfähigkeit. In diesem Sinne kann Schule auch „als Macht- und Anpassungsinstrument" bezeichnet werden, dass das Fortbestehen der Gesellschaftsform sichert (vgl. Strotzka, 1985, S. 99).

Über Disziplinierung von Körpern in der Schule kann man nicht diskutieren, ohne den machtanalytischen Zugang von Foucault zu berücksichtigen. Er untersuchte machtvolle Wirkungen auf individuelle Körper und deutete sie als moderne Formen der Vergesellschaftung. In seinen Studien untersuchte er die Transformation der Strafsysteme. Dabei widmete er sich der Frage, wie unterschiedliche Disziplinen individuelle Körper unterwerfen und gelehrig machen. Eines seiner Forschungsfelder war in diesem Rahmen die Schule, die er als „große Einschließungsinstitution" verstand und die gelehrige vergesellschaftete, an die standardisierten Normen angepasste Körper hervorgebracht habe (vgl. Schmincke, 2007, S. 17). In der Schule haben Schüler/-innen-Körper, im Anschluss an Foucault, zu funktionieren. Fehlt ihnen Selbstdisziplinierung, droht der Ausschluss von der schulischen Bildung (vgl. „Sachorientierung", „Widersprüchliche Nähewünsche"). Als Grundlage von Disziplin in der Schule beschreibt Langer (ebd., S. 165) das Verhältnis zwischen dem Lehrer als Chef und der Lerngruppe als Untergeordnete (vgl. „Sachorientierung"), was auf einen berufsbedingten Machtvorsprung der Lehrkräfte hinweist (vgl. auch Plaßmann, 2003, S. 243ff.).[43]

Gerade in der Grundschule spielen ritualisierte Regeln zur Disziplinierung des Schüler/-innen-Körpers eine große Rolle (vgl. „Mütterlichkeit"). In der Anfangsphase eines herkömmlichen Grundschulsportunterrichts werden hauptsächlich Regeln eingeübt, die helfen, den eigenen Körper, der noch Schwierigkeiten hat, anzuerkennen, dass er seinem Bewegungsdrang in der Schule nicht ungezügelt nachgehen darf, zu disziplinieren. Langer (vgl. 2008, S. 176) spricht an dieser Stelle von Unterricht strukturierenden Praktiken, die vornehmlich in der Grundschule und Sekundarstufe I aufträten, da diese ordnenden Praktiken nach einer Weile so eingeübt seien, dass sie auch ohne gezielte Zeichen funktionierten. So werden Lerngruppen dazu erzogen, sich auf ein bestimmtes vorher vereinbartes Zeichen hin bei Sitzkreisen genau auf die Kreislinie zu setzen, bei einem Pfiff aus der Trillerpfeife ein Spiel zu beenden, auf bestimmte ritualisierte Zeichen hin bestimmte Verhaltensweisen zu zeigen wie sich exakt an einer farbigen Linie aufzustellen, um in der Riege eine Übung ausführen zu können. Die Funktion der Lehrkraft im Rahmen der Disziplinierung des Schüler/-innen-Körpers in der Institution Schule ist so angelegt, dass sie eine anleitende, vorgebende Position innehat, die den Schüler/-innen-Körper auch mithilfe von Berührungen in Disziplinierungsrituale einführt, die ihn bis an das Ende seiner Schulkarriere begleiten.

7.4 Konsequenzen für das professionelle Handeln von Lehrkräften

Betrachtet man die Ergebnisse der Studie hinsichtlich eines pädagogisch professionellen Umgangs mit Berührungen, dann stechen zwei Ergebnisbereiche hervor, die eine Diskussion in diese Richtung nahe legen: der Umgang mit der Ambivalenz von Berührungen und das Deuten dieser, sowie die Beziehungsgestaltung zu den Lerngruppen zwischen Nähe und Distanz.

---

[43] Anica Maria Plaßmann (2003, S. 246 ff.) unterscheidet in fünf Arten von Macht, die Lehrkräfte den Schülern und Schülerinnen gegenüber ausüben: Überzeugungsmacht, Informationsmacht, Verfügungsmacht, Animiermacht und Amtsmacht.

7.4 Konsequenzen für das professionelle Handeln von Lehrkräften

7.4.1 Sensibilisierung für den Diskurs über Berührungen und die Beziehungsebene

Sportunterricht ohne Berührungen zu erteilen, ist nicht oder nur schwer vorstellbar. Die vorliegende Studie zeigt auf, dass Berührungen in der Wahrnehmung vieler Lehrkräfte problematisch sind und auch andere Situationen im Sportunterricht wie das Betreten der Umkleidekabinen als prekär bewertet werden. Die Studie verdeutlicht weiter, dass der Umgang mit Berührungen schwierig ist. Aber um im Sportunterricht auch weiterhin Sportarten wie z. B. Turnen oder sonstige Unterstützungen, die eine Berührung beinhalten, ohne ein schlechtes Gefühl durchführen zu können, muss die Thematik problematisiert und reflektiert werden. Der implizite Bezug auf Deutungsmuster wie z. B. auf das der Sportwelt, nach dem Berührungen im Sport keiner Legitimation bedürfen, da sie an ein funktionelles Körperverständnis anknüpfen, scheint aus Professionalisierungsperspektive nicht durchgängig angebracht zu sein. An diesem Deutungsmuster wird eine für den Professionalisierungsprozess hinderliche Barriere erkennbar: eine gefestigte Vorstellung zu Sport und Berührungen (vgl. ähnlich auch Blotzheim & Kamper, 2007), die nicht reflektiert wird, sondern als selbstverständlich gilt. Zudem bildet es keine auch für die Schüler/-innen transparente Lösung des Problems ab, da dieses Deutungsmuster eine Ausblendung der von den Lehrkräften wahrgenommenen Problematik enthält.

Was heißt es dann aber, pädagogisch professionell mit Berührungen umzugehen? Die Studie bringt erstens hervor, dass um Berührungen herum eine ganze Reihe von Deutungsmustern und Zuschreibungen wirken, aus denen implizit normative Ansprüche an Berührungshandeln abgeleitet werden. Betrachtet man den ersten Ergebnisteil der Pubertät als Zäsur, der heterosexuellen Normorientierung, den stereotypen Bildern von Weiblichkeit und Männlichkeit und die Bedeutung, die Berührungen im Kontext der Sportwelt zugeschrieben wird, dann handelt pädagogisch professionell, wer dieses Wirkungsgeflecht für sich reflektiert. Sich mit den daraus resultierenden eigenen Bildern geprägt von Normen und Werten, wenn nicht gar Moralvorstellungen, auseinander zu setzen und Aspekte davon auch im alltäglichen Handeln mit Schülern und Schülerinnen zu erkennen und selbstkritisch zu hinterfragen, wären Eckpfeiler eines professionellen Umgangs. Insbesondere die Reflexion der hinter den Deutungsmustern liegenden normativen Zuschreibungen wie z. B., dass nur Berührungen in der heterosexuellen Konstellation als potenziell ambivalent wahrgenommen werden, ist vonnöten.

Was bedeutet pädagogisch professionelles Handeln vor dem Hintergrund der zweitens herausgearbeiteten Bedeutung von Berührungen im Rahmen der

Lehrkräfte-Schüler/-innen-Beziehung und wie viel Nähe bzw. Distanz ist angemessen?
Unterschiedlichen theoretischen Zugängen zu pädagogischer Professionalisierung, wie sie exemplarisch an dem Antinomienkonzept von Werner Helsper (vgl. Kap. 3.2) dargestellt wurden, ist u.a. gemeinsam, dass sie auf

„[...] antinomische und paradoxe Spannungen im professionellen Handeln hin[weisen], die diesem prekäre Vermittlungsleistungen zwischen zum Teil widersprüchlichen Handlungsanforderungen abverlangt" (Kraul, Marotzki, Schweppe, 2002, S. 8).

Margret Kraul et.al. (vgl. ebd.) bündeln, dass der Umgang mit Widersprüchlichkeit und Ungewissheit ein wichtiger Bestandteil des pädagogischen Professionalisierungprozesses ist. Das beschriebene Austarieren widersprüchlicher Handlungsanforderungen wurde in der vorliegenden Studie exemplarisch und explorativ anhand des Handelns in Berührungssituationen und dessen Deuten empirisch mit Inhalt gefüllt.

An die Ausführungen in Kapitel 3.2 zur Gestaltung der Lehrkräfte-Schüler/-innen-Beziehung anknüpfend kann mit Anica M. Plaßmann (vgl. 2003) die Frage beantwortet werden, wie viel Nähe bzw. Distanz vor dem Hintergrund dieses Spannungsverhältnisses professionell erscheint: Lehrkräfteverhalten wird sowohl von einer professionell-distanzierten Rolle als auch von einer nichtpädagogischen, privaten Rolle beeinflusst (vgl. Grace, 1973, S. 66 ff; zit. n. ebd. S. 241). Somit enthält das Lehrkräfte-Schüler/-innen-Verhältnis immer auch Anteile einer privaten Beziehung. Plaßmann (vgl. ebd.) bezeichnet den privaten Anteil in der Beziehung als diffus und beeinflusst durch eine Vielzahl unterschiedlicher Rollen wie die der Mutter oder des Sportkollegen. Beide Beziehungsanteile, sowohl der private als auch der institutionell-distanziertere müssten miteinander vereinbart werden, was Ungleichgewichte erzeugen könne. Ulich (1976, S. 131; zit, n. ebd.) sagt, dass professionell handele, wer beide Rollen miteinander in Einklang bringen könne. Würde der distanzierte Teil überwiegen, würde die Beziehung unterkühlt bleiben. Plaßmann beruft sich in ihrer Argumentationsführung hier auch auf Gudjons (1987, S. 20), der schreibt, dass Nähe von diesen Lehrkräften mit Angst vor einem „Verschlungenwerden" von den Schülerinnen und Schülern erlebt würde (vgl. auch „Zweckorientierung"). Die Schwelle überzogener und diffuser Intimität würde in dem Moment überschritten, in dem die Lehrkraft die Rolle eines Elternteils (vgl. „Mütterlichkeit") oder guten Kumpels (vgl. „Sportkumpel") übernehmen würde. Ursachen in dieser Orientierung lägen in einem großen Bedürfnis nach Nähe und Anerkennung. In Kapitel 3.2 wurde mit Oevermann (vgl. 1981; zit. n. Helsper, 2000, S. 26) aufgezeigt, wie eine einseitige Orientierung zwischen den Antinomien Nähe und Distanz droht, in eine „rollenförmig-vergleichgültigte Distanz" oder eine „familialistisch-intimisierte Elternposition" zu geraten, was zu Enttäuschungen in der pädagogischen Interaktion führt. Bei Lehrkräften, die stark an Nähe orientiert seien, würde der Wunsch vorherrschen, die Zuneigung der Schüler/-innen zu gewinnen, was die Beziehung zu intim werden lasse. Mit der gegensätzlichen einseitigen Orientierung an einer übertrieben professionell-distanzierten Beziehung würde ein Authentizitätsverlust der Lehrkraft einsetzen. Wer stets die völlige Kontrolle über seine Gefühle und Bedürfnisse habe und rigide den Handlungsspielraum von Schülern und Schülerinnen beschränke, würde zu einer „entmenschlichten Erziehungsmaschinerie" verkommen. Die gegenteilige „gefühlsduselige Verbrüderungsstrategie" (Grace, 1973, S. 67ff.; zit. n. Plaßmann, 2003 S. 242) könne aber ebenso wenig professionell sein.

7.4.2 Reflexion der eigenen Einstellung zu Berührungen und die offene Thematisierung

Wenn aus der Studie hervorgeht, dass Berührungen im Sportunterricht bei einem Teil der interviewten Lehrkräfte Bedenken und Handlungsunsicherheit hervorrufen, dann kommt eine (sport-)pädagogisch gedachte Arbeit nicht Umhin, am Ende eines Kapitels, das sich *Konsequenzen für das professionelle Handeln von Lehrkräften* nennt, auch Empfehlungen in Richtung einer reflektierten Praxis für den konkreten Umgang mit Berührungen im Unterricht zu formulieren. Dazu können zwei Ausgangspunkten genutzt werden. Erstens geht es darum, die Berührungsthematik in die Aus- und Fortbildung von Lehrkräften zu integrieren, zweitens soll überlegt werden, wie das Thema Berührungen mit Lerngruppen im Unterricht besprochen werden könnte.

Dass die Problematik körperlicher Grenzüberschreitungen durch Sportlehrkräfte im Unterricht sich nicht mit Berührungsregeln in Form von Geboten oder Verboten lösen lässt, beschreibt auch Rosemarie Wipf (2003). Sie fordert stattdessen die sorgfältige Überprüfung der eigenen inneren Haltung zur jeweiligen Berührung. Das spitzt sie mithilfe der Frage „Geht es mir bei dem, was ich gerade tue, um meinen Schützling, oder geht es um mich selbst?", zu. Mit ihren Überlegungen arbeitet sie dem in Kapitel 3.3 dieser Arbeit geforderten Reflektieren des eigenen Handelns, wie es von vielen, die sich mit der Professionalisierung pädagogischer Berufe befassen, gefordert wird, zu. Die Voraussetzung sich diese selbstreflexive Frage, die die eigenen Bedürfnisse aufdecken soll, stellen zu können, besteht in einem hohen Grad an Bewusstheit und Kenntnis seiner Selbst. Eine Selbstvergewisserung, ob die eigenen Bedürfnisse nach Nähe, Berührung und Sexualität erfüllt sind oder ein Mangel erlitten wird, kann nur jede/r für sich selbst beantworten. Problematisch wird es, wenn für die Befriedigung der eigenen Bedürfnisse Berührungssituationen mit den Schülern und Schülerinnen ausgenutzt werden (vgl. ebd.). Wipf formuliert, dass es Pflicht sei, hier genau hinzuspüren und achtsam zu sein. Dabei sollten die eigenen unerfüllten Wünsche, seien sie sexuell motiviert oder entsprängen sie aus einem eigenen emotionalen Nähedefizit, reflektiert werden. Da dieser Reflexionsgrad aber nicht einfach in jeder angehenden (Sport-)lehrkraft von selbst vorhanden sein kann, gehört zumindest die Anregung zur Reflexion in die Ausbildung, für die Wipf eine Thematisierung von Selbstwahrnehmung, ehrlicher Selbstbefragung und Selbstkenntnis im körperlichen Bereich vorschlägt. Im Rahmen der Ausbildung müsse ein offener und angstfreier Raum, der Zugang zur eigenen Bedürftigkeit und dem Umgang damit ermöglicht, geschaffen werden. Da Wipf mit ihren Überlegungen ein massives Eindringen in die private Gefühls- und Erlebenswelt anregt, soll hier noch einmal darauf verwiesen werden, dass solche Reflexionsprozesse im Grunde nur jeder für sich im privaten geschützten Raum vollziehen sollte. Wichtig an Wipfs Überlegungen ist jedoch der Charakter des Anstoßes zur Reflexion, den die Ausbildung bieten könnte. Eckpunkte eines professionellen Umgangs mit Berührungen im Sinne dieses Kapitels sind Reflexionsprozesse der eigenen körperlichen Berührungspraxen, also des Berührungshabitus und den treibenden eigenen Emotionen und Bedürfnissen. Dabei sollte man erkennen, dass Berührungen immer problematisch sein können und nicht jede/r Schüler/-in von der Lehrkraft angefasst werden möchte, auch wenn sie/er sich scheinbar in einer Situation befindet, in der man meinen könnte, dass eine aufmunternde Umarmung gut tun könnte. Professionell ist es an dieser Stelle bewusst mit Berührungen umzugehen und zwar so, dass es auf der einen Seite den Schülern und Schülerinnen gut tut, aber gleichzeitig auch eine eigene Distanz aufgebaut und bewusst gestaltet wird.

Eine offene Thematisierung von Berührungen im Sportunterricht leitet sich implizit aus den Anforderungen der Rahmenpläne der Bundesländer ab. Diese erachten Körpererfahrung als eine der zentralen pädagogischen Perspektiven im Hinblick auf das Sporttreiben in der Schule. Körpererfahrung wird dort jedoch nur soweit ausgelegt, als dass damit die Sinneswahrnehmung und das Bewegungserlebnis des Körpers verbessert werden sollen. Die Lehrpläne des Landes Hessen sehen z. B. für die Realschule unter dieser Perspektive vor, dass die Erfahrungen mit dem eigenen Körper, die Wahrnehmung des Körpers anderer Menschen und die Erfahrung des Körpers im Spiegel der anderen im Zentrum stehen sollen (vgl. Hessisches Kultusministerium, 2006, S. 8). Körperberührungen werden dabei explizit nicht zum Thema gemacht. Diese sind aber vor allem dann entscheidend, wenn auch die körperlichen Grenzen während des gemeinsamen Sporttreibens verdeutlicht und erfahren werden sollen. Es gilt jedoch zu

7.4 Konsequenzen für das professionelle Handeln von Lehrkräften

bedenken, dass ein offener konstruktiver Umgang nicht bedeutet, jegliche Berührungskonventionen infrage zu stellen, und die Schülerinnen und Schüler in ihrem Berührungsverhalten bzw. dem Ausdeuten dessen gänzlich zu verunsichern. Es könnte aber bedeuten, sensibel übliche Berührungspraktiken gemeinsam zu thematisieren und zu hinterfragen, was innerhalb eines Sportunterrichts, der auf die Bedürfnisse, Befangenheiten, Ängste und Wünsche der Lerngruppe eingehen will, anzustreben ist. Pädagogisch professionell handelt also, wer an dieser Stelle Partizipationsmöglichkeiten für Schüler/-innen schafft. Bastian und Combe (vgl. 2008, S. 242) betonen die Wichtigkeit von Schüler/-innenpartizipation im Unterrichtsgeschehen. Professionstheoretisch sprechen sie an dieser Stelle von Explizitheitsverpflichtung, die durch die gemeinsame Aushandlung Transparenz schafft. Explizitheitsverpflichtung wirkt gleichzeitig vertrauensbildend zwischen allen Beteiligten. Diesem professiontheoretischen Kriterium entsprechend, könnte gemeinsam eine Art Regelwerk für Berührungen im Sportunterricht erstellt werden, in dem jede/r die Möglichkeit hat, seine Vorstellungen, Abneigungen und Wünsche diesbezüglich zu konkretisieren. Auch die Umkleidekabinensituation könnte durch Schüler/-innenpartizipation entschärft werden. Indem nur über Berührungen im Sportunterricht gesprochen würde, würde allen Beteiligten, sowohl Schülerinnen und Schülern als auch Lehrkräften, möglicherweise ein Stück weit mehr Unsicherheit und Unbehagen genommen werden.

8 Schlussbemerkungen

Im Rahmen der vorliegenden Studie wurde der potenziellen Ambivalenz nachgespürt, die Berührungen im Sportunterricht zwischen Lehrkräften und Schülerinnen und Schülern auslösen können. Untersucht wurde, welche Deutungsmuster sich aus den Aussagen der Sportlehrkräfte zu den eigenen Berührungen rekonstruieren ließen. In diesem abschließenden Kapitel sollen nun die bisherigen Ergebnisse zusammengefasst werden. Dies geschieht in zwei Schritten: Im ersten Kapitel wird der methodische Rahmen der Studie noch einmal kritisch beleuchtet, um die Reichweite der Ergebnisse abzustecken. Im zweiten Kapitel wird die gesamte Studie dann zusammengefasst und mündet in ein Fazit.

8.1 Methodenkritische Reflexion

Die vorliegende Studie leitete ihre zentralen Erkenntnisse aus der Darstellung von Einzelfallstudien ab. Dieses methodische Vorgehen erscheint im Rahmen einer explorativen Untersuchung wie der vorliegenden, der jegliche thematische Vorstudien fehlten, als sinnvoll. Trotzdem müssen die Grenzen der Reichweite von Studien, die mit Einzelfällen arbeiten kritisch betrachtet werden. Die *Grounded Theory* (Strauss & Corbin, 1996) beispielsweise spricht am Ende von einer theoretisch gesättigten Theorie. Diese ist dann erreicht, wenn sich auch bei Befragung einer neuen Person keine weiteren thematischen Aspekte mehr hinzufügen lassen. Übertragen auf die vorliegende Untersuchung schließe ich nicht aus, dass es nicht noch andere Deutungsmuster zu Berührungen im Sportunterricht gibt, als die hier anhand von neun Fallstudien rekonstruierten. Die geringe Zahl der Interviews lässt keine Aussagen über die Häufigkeit oder theoretische Sättigung bestimmter Deutungsmuster zu. Dennoch konnte die Studie generalisierbare Typiken und Phänomene aus Einzelfällen rekonstruieren, die wesentlich für das Thema Berührungen im Sportunterricht sind. Mit der Durchführung einer fallrekonstruktiven Studie schließe ich mich einer recht verbreiteten Tradition innerhalb qualitativer Sozialforschung an. Ihr Ziel ist es, aus der intensiven Interpretation einzelner Fälle generalisierbare Erkenntnisse zu gewinnen. Dabei werden Theorien nach der Maßgabe entwickelt, dass sich im Einzelfall dokumentierende Verweise auf allgemeine Strukturen ableiten lassen (vgl. Nentwig-

Gesemann, 2007, S. 277). Im Rahmen des durchgeführten explorativen Vorgehens wurde ein erstmaliger Versuch unternommen, wesentliche Strukturtypen auf dem Forschungsfeld Sportunterricht und Berührungen aufzuspüren. Die vier Deutungsmuster, die aus dem Interviewmaterial mit ihren jeweiligen Erscheinungsformen rekonstruiert worden sind, haben offenbar einen grundsätzlichen Charakter und enthalten wesentliche Dynamiken in Bezug auf Berührungen. Diese stehen nicht nur exemplarisch für den Umgang mit der Ambivalenz von Berührungen, sondern auch dafür, wie Berührungen im Sportunterricht noch wahrgenommen und gedeutet werden. Trotzdem konnte die Leerstelle im Diskurs mit empirischen Ergebnissen angereichert werden und durch Fallstudien und deren fallübergreifende Analyse veranschaulicht werden. Die Rekonstruktion weiterer Deutungsmuster wie auch die Überprüfung ihrer Repräsentativität obliegt nun fortführenden Studien.

Ein weiterer Punkt, der noch einmal kritisch diskutiert werden soll ist die Interviewführung in Bezug auf mehrere Stellen. So wie es auch Antje Langer (vgl. 2008, S. 255-265) für ihre Interviews mit Lehrkräften feststellt, fiel das Sprechen über Schüler/-innen-Berührungen den von mir Befragten zum Teil schwer. Aber nicht nur sie hatten Schwierigkeiten, über die eigenen Körperberührungen im Sportunterricht zu sprechen, sondern auch ich als Interviewerin war gehemmt, um explizit danach zu fragen, was programmatisch für das Thema ist. Die diskursive Rahmung aus grenzüberschreitenden Körperberührungen und Missbrauch ist so eng mit dem Thema verknüpft, dass den Lehrkräften und mir die Thematisierung Schwierigkeiten bereitete. Ein Beispiel aus dem Interview mit Herrn T. („Sportkumpel") verdeutlicht die Befangenheit meinerseits. Als ich ihm die Videosequenz zeigte, in der er der Schülerin Ina, die nach dem 800-m-Lauf erschöpft am Boden liegt, langsam über den auf ihrer Brust verweilenden Unterarm streicht (genaue Beschreibung siehe Kap. 10), passierte etwas für meine Interviewtechnik Ungewöhnliches beziehungsweise Ungewolltes. Unmittelbar nach dem Abspielen der Sequenz ließ ich ihn zunächst gar nicht zwecks freier Kommentierung, die eigentlich grundlegendes Prinzip der Interviews war, zu Wort kommen. Statt dessen erzählte ich ihm, dass mir aufgefallen sei, dass er oftmals seine Schülerinnen anfasse und liebevoll mit ihnen umgehe. Ich fragte, ob die Schülerinnen das auch von ihm einforderten. Kritisch ausgelegt beging ich damit einen Fehler in meiner Fragetechnik, weil ich einen Sachverhalt bereits unterstellte (vgl. Richartz, 2008, S. 39). Indem ich aber hierdurch die Berührung der Schülerin sogleich einem fürsorglichen Kontext zuordnete, gab ich Herrn T. eine unbedenkliche Lesart der Sequenz vor und signalisierte, dass ich die Berührung nicht als grenzüberschreitend wahrgenommen hätte.

Um sich den Redehemmungen hier noch einmal theoretisch anzunähern, die offenkundig beim Sprechen über das Thema Berührungen bestehen, muss ein

8.1 Methodenkritische Reflexion

Rückbezug auf den ersten Teil der vorliegenden Arbeit, in dem schon einmal der Ausdruck Tabu im Zusammenhang mit Berührungen auftrat, vorgenommen werden (S. 10ff.). Hans Wagner (vgl. 1995; zit. n. Schröder, 1997, S. 11), der sich empirisch mit Medientabus beschäftigt, nennt als einen Bereich Sexualitätstabus. Hierunter fällt neben Homosexualität auch sexueller Missbrauch von Kindern. Da Tabus sich nicht nur in Handlungen beziehungsweise der Unterdrückung dieser ausdrücken, sondern ebenfalls in der Sprache, ist auch das Sprechen über Berührungen aufgrund der aufgezeigten Verbindung zu sexuellem Missbrauch von Kindern tabuisiert. Indem ich mit den Sportlehrkräften im Interview über Berührungen sprechen möchte, und auf beiden Seiten das Thema des sexuellen Missbrauchs von Kindern latent vorhanden ist, begehe ich als Interviewerin in gewisser Weise einen Tabubruch.

Linguistisch betrachtet wird über Tabuisiertes geschwiegen oder es wird durch Worte „kaschiert" (Rammstedt, 1964, S. 41; zit. n. Schröder, 1997, S. 1). Laut Hartmut Schröder (vgl. 1997, S. 1) konkretisiert sich durch Schweigen die Rückseite des öffentlichen Diskurses. Es werde über Solches geschwiegen, das nicht öffentlich sein soll bzw. ins Private verbannt und geheim gehalten werden soll. Da das Reden über Berührungen im Kontext Schule aufgrund seiner diskursiven Rahmung bedrohlich erscheint, wird der Vorsicht halber öffentlich erst gar nicht darüber gesprochen. Wie in Kap. 2.5.1 bereits aufgezeigt, konkretisiert sich das auch in der schulpädagogischen Ratgeberliteratur, die im Bereich der nonverbalen Kommunikation an sich als publikationsfreudig bezeichnet werden kann.

„Kaschierung" von Tabus, um in Otthein Rammstedts Worten zu bleiben, kann, vom Abbruch des Gesprächs einmal abgesehen, durch die Verwendung von Strategien, die das explizite Aussprechen vermeiden helfen, geschehen (vgl. auch Balle, 1990, S. 178ff.). Nach Ulla Günther (1992, S. 48f.; zit. n. Schröder, 1999, S. 6) stehen den Sprechenden dazu verschiedene Ebenen der Offenheit, die vom expliziten „darüber spricht man nicht" bis zur ausführlichen Diskussion reichten, zur Verfügung. Zwischen diesen beiden Polen müssten die Gesprächspartner/-innen benannte Strategien verwenden, die es ihnen ermöglichen, ihre Gedanken in Worte zu fassen. Dazu zählt Günther die Verwendung von Metaphern, Euphemismen oder Fachvokabular sowie die Wortvermeidung oder Vagheit, um einige Strategien zu benennen, die auch in den Interviews der vorliegenden Studie zum Einsatz kamen, ohne dass es mir oder den Interviewten bewusst sein konnte. Wilhelm Havers (vgl. 1946; zit. n. Schröder, 1999, S. 7) unterscheidet außerdem in Entlehnungen, stellvertretende Pronomen, satzhafte Umschreibungen oder die Flucht in die Allgemeinheit (Generalisierung, Genetiv und Adjektiv, Tabu-Plural). Letzteres ist z. B. auch anhand des Interviews mit Frau P. („Qua Alter nicht betroffen") beobachtbar, als ich danach fragte, ob Berührungen für einen Zehntklässler im Gegensatz zu einem Fünftklässler nicht auch einmal „komisch" sein könnten, womit ich ambivalent meinte. Auch im Interview mit Frau B. („Qua Geschlecht nicht betroffen"), in dessen Verlauf es zur Schilderung einer grenzüberschreitenden Männerberührung kam, sprachen wir beide nie explizit von Grenzüberschreitung, sondern bedienten uns nach Havers der Umschreibung dessen, was wir meinten (vgl. S. 69f.). So fragte ich Frau B. beispielsweise nach ihrer Schilderung der missbräuchlichen Situation, ob sie sich bei der rhythmischen Sportgymnastik, die sie als Jugendliche ebenfalls betrieb, an „Ähnliches" erinnern könne. Mit Ähnliches spreche ich nicht aus, dass ich eigentlich die erfahrene körperliche Grenzüberschreitung meine. Die angeführten Beispiele zeigen, wie programmatisch eine gewisse Hemmung für das Reden über ein tabuisiertes Thema wie Berührungen in der Schule ist.

8.2 Fazit

Das Anliegen dieser Studie war es, Deutungsmuster von Sportlehrkräften zu Schüler/-innen-Berührungen zu rekonstruieren. Zentral dabei sollte sein, inwiefern die befragten Lehrkräfte ihre Berührungen als prekär wahrnehmen. Theoretisch wurde dabei die Leitthese entworfen, dass Berührungen außerhalb ritualisierter Interaktionskontexte oder privater Beziehungen potenziell sexuell gedeutet werden. Um diese leitende These zu verifizieren, wurden zum einen psychologische Befunde zu Berührungen als Mittel nonverbaler Kommunikation bemüht (Kap. 2.3.1). Unter einem soziologischen Zugriff, der mittels des Zivilisationsprozesses nach Elias und der Foucaultschen machtanalytischen Diskurstheorie erfolgte, konnte auch eine gesellschaftstheoretische historische Herleitung der Ambivalenz von Berührungen und des sie begleitenden Diskurses erfolgen (Kap. 2.3.2/2.3.3). Alle theoretischen Ansätze wiesen darauf hin, dass Berührungen außerhalb der eingangs beschriebenen Kontexte potenziell sexualisiert und deswegen in der Alltagskommunikation als nicht unproblematisch wahrgenommen werden. Dass nun gerade Lehrkräfte und Sportlehrkräfte von dieser Problematik betroffen sind, liegt unter anderem an der institutionellen Rahmung von Berührungen durch das Setting Schule und Sportunterricht, in dem Berührungen oftmals vor dem Hintergrund des Missbrauchsdiskurses gedeutet werden. Hier kommt hinzu, dass Erwachsene in einem berufsbedingten Machtgefälle Kinder und Jugendliche unterrichten. Dadurch, dass Berührungen an dieser Stelle diskursiv in das Thema des sexuellen Missbrauchs von Kindern eingebettet werden (Kap. 2.3.3), gewinnt die Thematik besondere Brisanz, obwohl Sportlehrkräfte zu der Gruppe der so genannten „Berufsberührenden" gehören. Das hat auch zur Folge, dass die positiven Aspekte von Berührungen in der Lehrkräfte-Schüler/-

8.2 Fazit

innen-Beziehung oftmals gänzlich verloren gehen (Kap. 2.5.2), insbesondere für Männer im Lehrberuf (Kap. 2.3.4), denen qua Geschlecht allgemein die Täterrolle bei körperlichen Grenzüberschreitungen beziehungsweise Missbrauch zugeschrieben wird. Das lässt sich zwar unter Anführung von Zahlen statistisch auch belegen, aber ebenso führt dies zu einer unangebrachten generellen Stigmatisierung qua Geschlecht. Die Brücke zum Berührungsthema wurde an dieser Stelle geschlagen, indem die nach Geschlechtern stereotype Sicht auf Berührungen und die Bedeutung von Berührungen im Prozess der Geschlechterkonstruktion aufgezeigt wurde (Kap. 2.4). Betrachtet man Berührungen innerhalb des Konzepts der hegemonialen Männlichkeit, so stellt sich heraus, dass für Männer sanfte Berührungen nicht erwünscht sind, die wiederum für Frauen sozial sogar gefordert werden, wenngleich sich in der Realität Veränderungstendenzen in Bezug auf diese einseitige Stereotypisierung abzeichnen. Das Verhalten wider das männlichen Geschlechterstereotyp birgt trotz Veränderungstendenzen noch immer die Gefahr der sozialen Sanktionierung. Der wissenssoziologische Deutungsmusterbegriff wurde bewusst bemüht (Kap. 3.), um durch die Rekonstruktion von Deutungsmustern zu Berührungen einen Bogen zum eingangs herangezogenen soziologischen Zugriff zu spannen. Deutungsmuster repräsentieren kollektive Wissensbestände einer Gesellschaft, die nicht nur, aber besonders bei Handlungsproblemen als Hintergrundfolie hinter dem manifest Ausgesprochenen wirken (Kap. 3.1). In Kap. 3.2 wurde die Grundspannung der Antinomien Nähe und Distanz professionstheoretisch dargestellt. Dass die Professionstheorie Reflexion nicht nur von Nähe sondern auch von Deutungsmustern dazu vorsieht, brachte Kapitel 3.3 hervor.

Um an Deutungsmuster heranzukommen, wurden mit neun Grund- und Mittelstufenlehrkräften, die nach unterschiedlichem Lebens- und Dienstalter ausgewählt wurden (Kap. 5.3.2), problemzentrierte Interviews geführt. Damit die Interviewten ins Reflektieren über die eigenen Berührungen kommen und nicht nur über Berührungen im Allgemeinen sprechen, wurden die problemzentrierten Interviews mit offenen Videoerzählstimuli angereichert, die die Interviewten bei einer eigenen Schüler/-innen-Berührung (Kap. 5.2.2) zeigten, welche vorher im Unterricht aufgezeichnet wurde (Kap. 5.2.1). Dabei wurde auf die Methode des Nachträglichen Lauten Denkens rekurriert, die in der Studie im Sinne der Fragestellung modifiziert wurde.

Um aus dem so erhobenem Material Deutungsmuster zu rekonstruieren, musste ein Auswertungsverfahren herangezogen werden, welches auch die Rekonstruktion von latenten Wissensbeständen ermöglichte – dies geschah in Form der dokumentarischen Methode nach Bohnsack in zwei Schritten (Kap. 5.4.3). Die so rekonstruierten Deutungsmuster wurden zunächst in Fallstudien ausführlich dargestellt (Kap. 6.).

Die Studie zeigt, dass Schüler/-innen-Berührungen im Erleben von Sportlehrkräften nicht unproblematisch sind, wovon aufgrund der sozialen Normierung und Rationalisierung in beruflichprofessionellen Berührungssettings ausgegangen werden könnte. Das ließ sich in den Interviews bereits daran ablesen, wie gehemmt sowohl ich als interviewende Person wie auch die Interviewten waren, über Berührungen zu sprechen (Kap. 8.1). Aus dem Material konnten vier übergreifende Deutungsmuster rekonstruiert werden:
Reflektierte Ambivalenz (Kap. 6.1)
Nichtbetroffenheit (Kap. 6.2)
    Qua Geschlecht nicht betroffen (Kap. 6.2.1)
    Qua Alter nicht betroffen (Kap. 6.2.2)
Nähe (Kap. 6.3)
    Sportkumpel (Kap. 6.3.1)
    Mütterlichkeit (Kap. 6.3.2)
    Widersprüchliche Nähewünsche (Kap. 6.3.3)
Distanz (Kap. 6.4)
    Vermeidung (Kap. 6.4.1)
    Zweckorientierung (Kap. 6.4.2)
    Sachorientierung (Kap. 6.4.3)
In den jeweiligen Erscheinungsformen der Deutungsmuster spiegelten sich kollektive Vorstellungen und Konstruktionen dazu wider, in welchen Kontexten Berührungen legitim sind, wann nicht und welche anderen Deutungsmuster an Berührungen noch kollektiv angelegt werden.

Die Ergebnisse wurden in Kapitel 7 Fall übergreifend gebündelt und theoriegeleitet beschrieben. Dabei wurde eine grobe formale Trennung in Ergebnisse für den Bereich der Mittelstufe und der Grundschule vorgenommen (Kap. 7.1/7.2 und 7.3), zeigte sich doch im Verlauf der Studie, dass Ambivalenz von Berührungen in der Grundschule überwiegend eine geringe Rolle spielt, da andere Deutungskontexte maßgeblich sind.

Es konnten drei wesentliche Faktoren identifiziert werden, die ambivalentes Erleben bei Berührungssituationen erzeugen. Erstens ist das Lerngruppen- beziehungsweise Lehrkräfte-Alter relevant (Kap. 7.1.1). Berührungen werden für die Lehrkräfte erst ab der Pubertät, die eine Zäsur in Bezug auf die Thematik darstellt, als problematisch wahrgenommen. Vorher wird von einem vermeintlich asexuellen Kinderkörper ausgegangen, dessen Berührung nicht ambivalent sein könne, weswegen auch seine Berührung in der Grundschule nicht als prekär wahrgenommen wird. So wie das Alter aufseiten der Lerngruppen bedeutsam zu sein scheint, so scheint es das auch aufseiten der Lehrkräfte zu sein. Zwar konnte dieser Umstand nur am Beispiel des Deutungsmusters „Qua Alter nicht betroffen" veranschaulicht werden, jedoch ist die sich darin abzeichnende Dynamik als

8.2 Fazit

so grundsätzlich für das Berührungsthema zu bewerten, dass es hier aufgenommen wurde. Ein Teil alternder Frauen ordnet sich einem Deutungsmuster unter, das ihnen Attraktivität abspricht. Dieses Deutungsmuster zeigte für die Studie, dass genauso, wie es eine Untergrenze für die Ambivalenz von Berührungen in Form des Eintritts in die Pubertät gibt, auch eine Altersobergrenze zu existieren scheint.

Als zentraler Faktor im Hinblick auf die Ambivalenz, die man bei Berührungen wahrnimmt, wurde das Geschlecht identifiziert (Kap. 7.1.2). Leitend ist dabei eine heterosexuelle Normorientierung, nach der lediglich gegengeschlechtliche Berührungen als potenziell problematisch im Sportunterricht bewertet wurden. Dahinter wird Heteronormativität als wahrnehmungsstrukturierend sichtbar. Für Männerberührungen im Sportlehrberuf wurde an dieser Stelle noch eine Potenzierung deutlich. Frauenberührungen, egal ob diese Mädchen oder Jungen gegenüber passieren, werden aufgrund ihres weiblichen Geschlechts trotz der heterosexuellen Normorientierung generell als harmlos wahrgenommen. Hier wirkt ein Deutungsmuster, dass Männer aufgrund ihres Geschlechts als Täter körperlicher Grenzüberschreitungen und sexuellen Missbrauchs potenziell verdächtigt, von dem sich auch die interviewten Sportlehrer bei ihrem Berührungshandeln potenziell betroffen sehen. Für Männer in der Grundschule kommen zusätzlich homosexuelle und/oder pädophile Zuschreibungen bei Berührungshandlungen, egal ob Jungen oder Mädchen berührt werden, hinzu. Dahinter konnte zum einen das strukturierende Deutungsmuster der hegemonialen Männlichkeit identifiziert werden. Brechen Männer, zumindest im Kontext Schule, mit dem für sie herkömmlichen genderangemessenen Verhalten und zeigen große emotionale Zuwendung beispielsweise durch streichelnde Berührungen, dann werden sie anscheinend noch immer verdächtigt. Die Zuschreibungen, pädophil und/oder homosexuell zu sein, haben aber noch eine zweite Funktion: Sie bewahren die auf bipolaren Geschlechtszuschreibungen beruhende Arbeitsteilung. Diese schreibt Frauen eine minder angesehene Tätigkeit, die bevorzugt mit der Pflege und Erziehung von Kindern zu tun hat, zu.

Durch die Studie konnte ein dritter wesentlicher Faktor, der für sie Entstehung beziehungsweise Nichtentstehung ambivalenten Berührungsempfindens sorgt, identifiziert werden. Die Berührungen passieren im Sportunterricht in der Welt des Sports, in der eine spezielle Perspektive auf Körperlichkeit und Berührungen vorherrscht (Kap. 7.1.3): Körper werden im Setting Sport als technisiert und funktionalisiert betrachtet, weswegen auch die Berührungen in einem technischen Verständnis begriffen werden. In der Welt des Sports gibt es weitere Subwelten, die ihrerseits wiederum einem noch spezielleren Verständnis von Berührungen unterliegen, wie z. B. die Mannschaftsballspiele. Hier kommt ein Deutungsmuster zum Tragen, welches eine bestimmte nonverbale Codierung von

Berührungen im Rahmen eines kumpelhaften Spaßkontextes beinhaltet. Zu den entworfenen Sportwelten existieren auch Zuschreibungen darüber, wie Gegenwelten jenseits des Sports konstruiert sind. Hier gehen die nichtsportliche Alltagswelt und die religiös-muslimische Welt als Gegenkonstruktionen mit entsprechenden Zuschreibungen hervor.

Auch wenn Berührungen in der Sportwelt von den Teilhabenden dieser Welt meist als nicht ambivalent bewertet werden, so existieren im Sportunterricht trotzdem eine Reihe von problematischen Bereichen, in denen den Lehrkräften Grenzübertritte unterstellt werden könnten (Kap. 7.2.1). Das sind Situationen wie die Hilfestellung beim Turnen oder das Betreten der Umkleidekabinen. Der Grund dafür ist in der Überschneidung von Sportwelt und Schulwelt anzusiedeln. In der Schulwelt geraten Berührungen außerhalb des Kontextes von Hilfestellungen im Sportunterricht oftmals in Verbindung mit dem Missbrauchsdiskurs. Dem entgegen steht ein Zugang, der Berührungen im Setting Sport als technisch und sportlich und damit als eindeutig zielgerichtet begreift.

Neben der Identifikation der Faktoren, die für ein ambivalentes Erleben beziehungsweise Nichterleben von Berührungen im Sportunterricht sorgen, und den dahinter liegenden Deutungsmustern konnte auch gezeigt werden, dass Deutungsmuster darüber hinaus bei der Problembewältigung helfen können, indem sie entweder im Handeln oder in dessen Interpretation die potenzielle Bedrohlichkeit von Berührungen neutralisieren (Kap. 7.2.2).

Neutralisierungsstrategien, bewusst oder unbewusst, die in der Studie vorkamen, waren bei den Mittelstufenlehrkräften Berührungsvermeidung, Erklärung der Nichtbetroffenheit, öffentliche Thematisierung mit den Lerngruppen im Sportunterricht und der Einsatz von Ironie in ambivalenten Berührungssituationen. Bei einem Teil der Sportlehrkräfte werden Berührungen bereits durch die Einbettung in die Welt des Sports, in der der beschriebene technische Blick auf Berührungen vorherrscht, neutralisiert.

Wie eingangs erklärt, dominierten bei der Wahrnehmung von Berührungen aufseiten der Grundschullehrkräfte Aspekte von Beziehungsgestaltung und Disziplinierung (Kap. 7.3). Ambivalenz spielte hier überwiegend keine Rolle. Zunächst wurde der Stellenwert von Berührungen in der Lehrkräfte-Schüler/-innen-Beziehung im Rahmen von sozialen Modernisierungsproblemen deutlich (Kap. 7.3.1). Die befragten Grundschullehrkräfte erleben, dass ihre Schüler/-innen in ihren Elternhäusern weniger emotional aufgefangen werden, wodurch sich das Bedürfnis nach emotionaler und körperlicher Nähe zunehmend auf die Schule und den Unterricht verlagert. In Verbindung mit diesem sozialen Modernisierungsproblem gewinnt der Begriff des „schwierigen Elternhauses" zunehmend an Bedeutung für das Handeln der Lehrkräfte. Hier stehen sie zwischen der Antinomie aus Nähe zulassen, in Form der Bedienung emotionaler Bedürfnisse,

8.2 Fazit

beziehungsweise Distanz aus ihrer Rolle heraus zu bewahren. Die Studie zeigte Abgrenzungsprobleme auf, die entstehen können, wenn die Rollendistanz auf ein Minimum reduziert wird.

Als letztes empirisches Ergebnis wurde die Verbindung von Berührungen mit Unterrichtsorganisation und Disziplinierung deutlich (Kap. 7.3.2). Berührungen werden zur Körperdisziplinierung der Lerngruppen eingesetzt, und sind Bestandteile eines quasi „Vergesellschaftungslehrplanes", der Schüler/-innen-Körper in ritualisierte Regeln zur Disziplinierung einführt, auf denen nicht nur die Schule aufbaut.

In Kap. 7.4 wurden die Ergebnisse der Studie in eine Professionalisierungsdebatte zu Berührungen überführt. In diesem Rahmen wurde einmal zur Sensibilisierung für den Diskurs über Berührungen angeregt. Lehrkräfte sind dazu angehalten, Deutungsmuster und Zuschreibungen, die um Berührungen herum auch in einem Geflecht miteinander wirken, zu reflektieren. Damit schließt sich die vorliegende Arbeit einer Forschungslinie an, die reflexives Lernen, Denken und Handeln als Lösungsstrategie ansieht, Handlungsungewissheiten zuzulassen und für sich vielleicht nicht immer lösen zu können, sich dieser aber bewusst zu sein. Bezogen auf den Forschungsgegenstand der Berührungen bedeutet das u.a. eine Überprüfung herkömmlicher Kindheits-, Weiblichkeits- und Männlichkeitsbilder und die Bedeutung, die Berührungen im Kontext der Sportwelt zugeschrieben wird, aus einer gewissen eigenen Distanz der Sportwelt gegenüber zu reflektieren.

Weiterhin wurden Berührungen im Rahmen der Beziehungsebene thematisiert. Professionell handelt hier, wer nicht in diffuse Intimität abgleitet und die Rolle einer Mutter oder eines guten Kumpels meint einnehmen zu müssen. Professionell handelt auch, wer nicht übertrieben an einer professionell-distanzierten Beziehung verhaftet bleibt und so meint, immer die völlige Kontrolle über seine Gefühle und Bedürfnisse haben zu müssen. Der reflektierte Mittelweg erscheint auch hier, wie so oft, angebracht zu sein.

Im zweiten Teil (Kap. 7.4.2) der Professionalisierungsüberlegungen wurden pädagogische Implikationen formuliert, die Anregungen für eine reflektierte offene Praxis im Umgang mit Berührungen geben sollen. Sie enthalten Ideen, die sich zum einen auf die konkrete unterrichtliche Seite und zum anderen auf die Seite der Aus- und Fortbildung von Lehrkräften beziehen. Im Unterricht sollten Partizipationsmöglichkeiten für Schüler/-innen geschaffen werden. Wenn offen über Berührungen und deren Notwendigkeit bei Übungen im Sportunterricht gesprochen wird, können Berührungen ein Stück weit entproblematisiert werden. Im Kontext der Aus- und Fortbildung von Sportlehrkräften gilt es, zur Reflexion der eigenen Nähe- und Berührungsbedürfnisse anzuregen, die Studierende und Lehrkräfte nur im geschützten privaten Raum für sich überdenken können.

Die vorliegende Studie endet mit kritischen Überlegungen bezüglich der verwendeten Forschungsmethode, um u.a. die Reichweite der Aussagen und Interpretationen noch einmal einzugrenzen (Kap. 8.1). Dennoch konnten grundsätzliche Dynamiken zu Berührungen im Sportunterricht beschrieben und identifiziert werden. In diesem Rahmen wurde auch noch einmal die Interviewführung diskutiert, an der sich bereits die Tabuisierung des Themas abzeichnete.

Berührungen im Sportunterricht sind für einen Teil der Lehrkräfte problematisch und werden problematisch bleiben. Weiterhin sind sie ein Kristallisationspunkt, an dem verschiedene Alltagsverständnisse, Interpretationen und Deutungsmuster zum Tragen kommen. Eine Bandbreite von tabuisierten Themen umgibt Berührungen in der Schule. Daran wird auch die vorliegende Studie nichts ändern. Aber es ist ein erster Schritt getan, die oft im Verdeckten stattfindenden Prozesse, die Lehrkräfte sehr belasten, über die sie zum Teil viel nachdenken und die bei ihnen ein Gefühl von großer Unsicherheit hinterlassen, zum Vorschein zu bringen. Gerade weil Berührungen in der Aus- und Fortbildungen sowohl im theoretischen Bereich als auch später bei den ersten praktischen Schritten nicht thematisiert werden, herrscht Unsicherheit im Umgang damit. Das Verständnis der vorliegenden Studie war es nicht, Vorwürfe für individuelles Handeln und Deuten zu machen, sondern es ging darum darzustellen, wie schwierig der Umgang mit dem Thema für Lehrkräfte sein kann. Es sollte ein Diskurs angeregt werden, der die Reflexion über Berührungen über eine Verquickung aus Bewusstwerdung von Faktoren der eigenen (Sport)Biografie, dem professionellen Verständnis als Lehrender und als Erwachsener versteht. Es geht nicht darum am Schluss normativ festzuschreiben, dass bestimmte Deutungsmuster naiv wären oder dergleichen, sondern es geht darum, sich bewusst und reflektiert mit den eigenen Deutungsmustern zu beschäftigen. Es geht auch nicht darum, die in den Berührungen inhärente Ambivalenz durch Reflexion aufzulösen, sondern durch die Reflexion zunehmende Sicherheit im Umgang damit zu entwickeln. Dabei ist entscheidend zu wissen, dass es vermutlich immer schwierig sein wird anzufassen. Entscheidend ist, dass bewusst angefasst wird und zur Legitimation keine Flucht in einengende Deutungsmuster geschieht. Dazu ist es wichtig, mit der Thematisierung anzufangen und die Schüler/-innen in diesen Prozess einzubeziehen, indem offen darüber gesprochen wird. Das nicht nur in der Schule häufig vorkommende Deutungsmuster der Sportwelt reicht an dieser Stelle nicht aus, sondern auch die Sportpädagogik ist angehalten in Bezug auf die angrenzenden Disziplinen zu schauen, was zu dieser Thematik erarbeitet wurde und psychologische und soziologische Perspektiven beim Blick auf Berührungen einzubeziehen. Das offensichtliche Desiderat, dass Berührungen und generell ambivalente Themen nicht in der Ausbildung thematisiert werden, zeigt, dass das Deutungsmuster der Sportwelt, das einen technisierten Blick auf den Körper und

8.2 Fazit

seine Berührungen anlegt, sich bislang bis in die akademische Welt fortgeschrieben hat. Die Argumentation, über Berührungen aufgrund ihrer Einbettung in die Sportwelt nicht explizit sprechen zu müssen, dürfte mit dieser Studie für den Bereich des Schulsports an Bedeutung verloren haben.

9 Literaturverzeichnis

ACKERMANN, H. & ROSENBUSCH, H. S. (2002). Qualitative Forschung in der Schulpädagogik. In E. König & P. Zedler (Hrsg.), Qualitative Forschung. Grundlagen und Methoden (S. 31-54). Weinheim und Basel: Beltz Verlag.
ALLAN, J. (1993). Male Elementary Teachers. Experiences and Perspectives. In C. L. Williams (Hrsg.), Doing „Women's Work". Men in nontraditional Occupations (S. 113-127). Newbury Park, London, New Dehli: Sage.
AMANN, G. & WIPPLINGER, R. (1997). Sexueller Mißbrauch – Überblick zu Forschung, Beratung und Therapie. Ein Handbuch. Tübingen: DGVT.
ANDERS, W. & WEDDEMAR, S. (2002). Häute scho(e)n berührt? Körperkontakt in Entwicklung und Erziehung. Dortmund: Borgmann publishing.
ARGYLE, M. (1979). Körpersprache und Kommunikation. Paderborn: Jungfermann-Verlag.
ARIÈS, P. (1975). Geschichte der Kindheit. München, Wien: Hanser Verlag.
ARNOLD, R. (1983). Deutungsmuster. Zu den Bedeutungselementen sowie den theoretischen und methodologischen Bezügen eines Begriffs. In Zeitschrift für Pädagogik, 29 (6), 893-912.
ATTESLANDER, P. (2003). Methoden der empirischen Sozialforschung. Berlin, New York: Walter de Gruyter.
BAACKE, D. (2003). Die 13-18-Jährigen. Einführung in die Probleme des Jugendalters. Weinheim und Basel: Beltz.
BALLE, C. (1990). Tabus in der Sprache. Frankfurt am Main, Bern, New York, Paris: Peter Lang.
BANGE, D. (2002). Definitionen und Begriffe. In D. Bange & W. Körner (Hrsg.), Handwörterbuch Sexueller Missbrauch (S. 47-52). Göttingen, Bern, Toronto, Seattle: Hogrefe.
BARNARD, A. & SPENCER, J. (Hrsg.) (1996). Encyclopedia of Social and Cultural Anthropology. London & New York: Routhledge.
BASTIAN, J. & COMBE, A. (2008). Der Lehrerberuf zwischen öffentlichen Angriffen und gesellschaftlicher Anerkennung. In N. Ricken (Hrsg.), Über die Verachtung der Pädagogik. Analysen – Materialien – Perspektiven. Wiesbaden: VS Verlag für Sozialwissenschaften.
BAUER, Y. (2002): Sexualität – Körper – Geschlecht. Befreiungsdiskurse und neue Technologien. Opladen: Leske und Budrich.
BENNEWITZ, H. (2005): Handlungskrise Schulreform. Deutungsmuster von Lehrenden zur Einführung der Förderstufe in Sachsen-Anhalt. Wiesbaden: VS Verlag für Sozialwissenschaften.

BIERHOFF-ALFERMANN, D., RÜCKER, F., WELTER, R. & HOFMANN, S. (1984). Geschlechtstypische Interaktion im koedukativen Sportunterricht: Wo bleibt die Koedukation? In D. Hackfort (Hrsg.), Handeln im Sportunterricht: psychologisch-didaktische Analysen (S. 67-93). Köln: bps-Verlag.
BILLSTEIN, J. & KLEIN, G. (2002). Die Durchleuchtung des Körpers. Von Disziplinierung und Inszenierung. In Friedrich-Jahresheft Körper (S. 4-8).
BIRKENBIHL, V. F. (2002). Signale des Körpers. Körpersprache verstehen (16. Aufl.). München: mvg Verlag.
BLOTZHEIM, D. & KAMPER, S. (2007): Berufsbiographische Selbstkonstruktion und Kompetenzerwerb im Sportstudium. In M. Kolb (Hrsg.), Empirische Schulsportforschung (S. 107-115). Baltmannsweiler: Schneider.
BOHNSACK, R. (2003): Rekonstruktive Sozialforschung. Einführung in Methodologie und Praxis qualitativer Forschung. Opladen: Leske und Budrich.
BOHNSACK, R. (2005): Standards nicht-standardisierter Forschung in den Erziehungs- und Sozialwissenschaften. In Zeitschrift für Erziehungswissenschaft 7, Beiheft 4 (Standards und Standardisierung in der Erziehungswissenschaft), 65-83.
BOHNSACK, R. & NOHL, A.-M. (2007): Exemplarische Textinterpretation: Die Sequenzanalyse der dokumentarischen Methode. In R. Bohnsack, I. Nentwig-Gesemann & A.-M. Nohl (Hrsg.), Die dokumentarische Methode und ihre Forschungspraxis. Grundlagen qualitativer Sozialforschung (S. 303-308). Wiesbaden: VS Verlag für Sozialwissenschaften.
BOHNSACK, R., NENTWIG-GESEMANN, I. & NOHL, A.-M. (2007). Einleitung: Die dokumentarische Methode und ihre Forschungspraxis. In diess. (Hrsg.), Die dokumentarische Methode und ihre Forschungspraxis. Grundlagen qualitativer Sozialforschung (S. 9-28). Wiesbaden: VS Verlag für Sozialwissenschaften.
BORTZ, J. & DÖRING, N. (2005). Forschungsmethoden und Evaluation für Human- und Sozialwissenschaftler. Heidelberg: Springer.
BOURDIEU, P. (1997): Die männliche Herrschaft. In I. Dölling & B. Krais (Hrsg.), Ein alltägliches Spiel. Geschlechterkonstruktion in der sozialen Praxis (S. 153-217). Frankfurt am Main: Suhrkamp.
BREIDENSTEIN, G. & KELLE, H. (1998). Geschlechteralltag in der Schulklasse. Ethnografische Studien zur Gleichaltrigenkultur. Weinheim/München: Juventa.
BREITENBACH, E. (2000): Mädchenfreundschaften in der Adoleszenz. Opladen: Leske und Budrich.
BROCKHAUS, U. & KOLSHORN, M. (1993). Sexuelle Gewalt gegen Mädchen und Jungen. Mythen, Fakten, Theorien. Frankfurt/New York: Campus Verlag.
BRODBECK, W. (2002). Körpersprache im Sportunterricht. In Lehrhilfen für den Sportunterricht, 51 (9), 7-10.
BUDDE, J. (2005): Männlichkeit und gymnasialer Alltag. Doing gender im heutigen Bildungssystem. Bielefeld: transcript.
BUDDE, J., SCHOLAND, B. & FAULSTICH-WIELAND, H. (2008). Geschlechtergerechtigkeit in der Schule. Eine Studie zu Chancen, Blockaden und Perspektiven einer gendersensiblen Schulkultur. Weinheim und München: Juventa.
BUNDESMINISTERIUM FÜR BILDUNG, WISSENSCHAFT UND KULTUR, Abteilung für geschlechtsspezifische Bildungsfragen (bm:bwk) (2005). Männer als

Volksschullehrer. Statistische Darstellung und Einblick in die erziehungswissenschaftliche Diskussion. Wien: bm:bwk.
BUTLER, J. (1997). Körper von Gewicht. Frankfurt am Main: Suhrkamp.
CALDERHEAD, E. (1981). Stimulated Recall: A Method for Research on Teaching. In British Journal of Educational Psychology, Jahrgang 51, 211-217.
CASALE, R. (2004). Bildungsarbeit als Teil der Mutterrolle. In Neue Züricher Zeitung, 20.1.2004.
CASWELL, C. & NEILL, S. (2003). Körpersprache im Unterricht. Techniken nonverbaler Kommunikation in Schule und Weiterbildung. Münster: Daedalus.
CHODOROW, N. (1985). Das Erbe der Mütter. Psychoanalyse und Soziologie der Geschlechter. München: Frauenoffensive.
COMBE, A. (2002). Interpretative Schulbegleitforschung – konzeptionelle Überlegungen. In G. Breidenstein, A. Combe, W. Helsper & B. Srelmaszyk (Hrsg.), Forum Qualitative Schulforschung 2. Interpretative Unterrichts- und Schulbegleitforschung (S. 29-37). Opladen: Leske und Budrich.
COMBE, A. & HELSPER, W. (Hrsg.) (1996), Pädagogische Professionalität. Untersuchungen zum Typus pädagogischen Handelns. Frankfurt am Main: Suhrkamp.
CONNELL, R. (1999). Der gemachte Mann: Konstruktion und Krise von Männlichkeiten. Opladen: Leske und Budrich.
DAßLER, H. (1999). Emotion und pädagogische Professionalität: Die Bedeutung des Umgangs mit Gefühlen für sozialpädagogische Berufe. Dissertation an der Technischen Universität Braunschweig. Online im Internet unter http://bib1lp1.rz. tu-bs.de/docportal/servlets/MCRFileNodeServlet/DocPortal_derivate_00001104/ Document .pdf;jsessionid=0000V5oclrnEYdOyyGftcrxk05p?hosts=local/ Aufruf vom 27.03.2009.
DOUGLAS, M. (1974). Ritual, Tabu und Körpersymbolik. Frankfurt am Main: S. Fischer Verlag.
DUDEN, B. (1987). Geschichte unter der Haut. Ein Eisenacher Arzt und seine Patientinnen um 1730. Stuttgart: Klett-Cotta.
ELIAS, N. (1969). Über den Prozess der Zivilisation: soziogenetische und psychogenetische Untersuchungen. Bern: Francke.
EDER, F. X. (1994). „Sexualunterdrückung" oder „Sexualisierung"? Zu den theoretischen Ansätzen der „Sexualitätsgeschichte". In D. Erlach, M. Reisenleitner & K. Vocelka (Hrsg.), Privatisierung der Triebe? Sexualität in der Frühen Neuzeit (S. 7-30). Frankfurt am Main: Peter Lang.
EKMAN, P. & FRIESEN, W. V. (1969). The Repertoire of Nonverbal Behaviour: Categories, Origins, Usage and Coding. In Semiotica, 1, 46-98.
ELLGRING, H. (2004). Nonverbale Kommunikation. Einführung und Überblick. In H. S. Rosenbusch & O. Schober (Hrsg.), Körpersprache und Pädagogik. Das Handbuch (S. 7-67). Baltmannsweiler: Schneider Verlag Hohengehren.
ENDERS-DRAGÄSSER, U. & FUCHS, C. (1989). Interaktionen der Geschlechter. Sexismusstrukturen in der Schule. Weinheim und München: Juventa Verlag.
ERZIEHUNGSDEPARTMENT DES KANTONS ST. GALLEN. AMT FÜR MITTELSCHULEN UND LEHRERBILDUNG (2003). Rechtsauskunft und Empfehlungen Geschlechtergemischte Begleitteams in Schullagern. Online im Internet unter

http://www.schule.sg.ch/home/schulverwaltung/mittelschule/handbuchmittelschlen.
Par.0090.DownloadListPar.0100.File.tmp/5.2.305%20RA0172%20Geschlechterge
mischte%20Begleitteams%20in%20Schullagern.pdf/ Aufruf vom 21.09.08.

FABEL-LAMLA, M., HEINZEL, F. & KLOMFAß, S. (2008). Schule. In H. Faulstich-Wieland & P. Faulstich (Hrsg.), Erziehungswissenschaft. Ein Grundkurs. Reinbek bei Hamburg: Rowohlt.

FAULSTICH-WIELAND, H., WEBER, M. & WILLEMS, K. (2004). Doing Gender im heutigen Schulalltag. Empirische Studien zur sozialen Konstruktion von Geschlecht in schulischen Interaktionen. Weinheim/München: Juventa.

FEND, H. (2001). Qualität im Bildungswesen. Schulforschung zu Systembedingungen, Schulprofilen und Lehrerleistung. Weinheim und München: Juventa.

FLAAKE, K. & KING, V. (2005). Männliche Adoleszenz – Sozialisation und Bildungsprozesse zwischen Kindheit und Erwachsensein. Frankfurt, New York: Campus.

FLICK, U. (1991). Fallanalysen: Geltungsbegründung durch Systematische Perspektiven – Triangulation. In G. Jüttemann (Hrsg.), Komparative Kasuistik (S. 184-203). Heidelberg: Roland Asanger Verlag.

FLICK, U. (2002). Qualitative Sozialforschung. Eine Einführung. Reinbek bei Hamburg: Rowohlt Taschenbuch Verlag.

FOUCAULT, M. (1977). Sexualität und Wahrheit. Erster Band: Der Wille zum Wissen. Frankfurt am Main: suhrkamp.

FREUD, S. (1984). Das Ich und die Abwehrmechanismen. Frankfurt am Main: Fischer.

FREUD, S. (1940). Totem und Tabu. Sigm. Freud Gesammelte Werke Bd. IX. Frankfurt am Main: Fischer.

FRIED, L. (2008). Sexualität in Kindertagesstätten – immer noch ein Tabu? Online im Internet unter http://www.familienhandbuch.de/cmain/fAktuelles/a_Kindertagesbetreuung/s_304.html/ Aufruf vom 20.09.2008.

GIESECKE, H. (1996). Wozu ist die Schule da? Die neue Rolle von Eltern und Lehrern. Stuttgart: Klett.

GILLIGAN, C., LYONS, N. P. & HAMNER, T. J. (Hrsg.) (1990). Making Connections. The Relational Worlds of Adolescent Girls at Emma Willard School. Cambridge, MA: Harvard University Press.

GÜTING, D. (2004). Soziale Konstruktion von Geschlecht im Unterricht. Ethnografische Analysen alltäglicher Inszenierungspraktiken. Bad Heilbrunn: Klinkhardt.

GUZY, L. (2008). Tabu – Die kulturelle Grenze im Körper. In U. Frietsch, K. Hanitzsch, J. John & B. Michaelis (Hrsg.), Geschlecht als Tabu. Orte, Dynamiken und Funktionen der De/Thematisierung von Geschlecht (S. 17-22). Bielefeld: transcript.

HALL, E. T. (1976). Die Sprache des Raumes. Düsseldorf: Pädagogischer Verlag Schwann.

HARLOW, H. F. (1958). The Nature of Love. In American Psychologist, Jahrgang 13, 673-685.

HARTMANN, J. & KLESSE, C. (2007). Heteronormativität. Empirische Studien zu Geschlecht, Sexualität und Macht – eine Einführung. In J. Hartmann, C. Klesse, P. Wagenknecht, B. Fritzsche & K. Hackmann (Hrsg.), Heteronormativität. Empirische Studien zu Geschlecht, Sexualität und Macht (S. 9-16). Wiesbaden: VS Verlag für Sozialwissenschaften.

HEILIGER, A. & ENGELFRIED, C. (1995). Sexuelle Gewalt. Männliche Sozialisation und potenzielle Täterschaft. Frankfurt am Main, New York: Campus.
HEIDEMANN, R. (1999). Körpersprache im Unterricht: ein praxisorientierter Ratgeber. 6. Aufl. Wiebelsheim: Quelle und Meyer Verlag.
HEINEMANN, P. (1976). Grundriss einer Pädagogik der nonverbalen Kommunikation. Saarbrücken: Universitäts- und Schulbuchverlag.
HELSPER, W. (1996). Antinomien des Lehrerhandelns in modernisierten pädagogischen Kulturen. Paradoxe Verwendungsweisen von Autonomie und Selbstverantwortlichkeit. In A. Combe & W. Helsper (Hrsg.), Pädagogische Professionalität. Untersuchungen zum Typus pädagogischen Handelns (S. 521-569). Frankfurt am Main: Suhrkamp.
HELSPER, W. (2000). Pädagogisches Handeln in den Antinomien der Moderne. In H.-H. Krüger & W. Helsper (Hrsg.), Einführung in Grundbegriffe und Grundfragen der Erziehungswissenschaft (S. 15-34). Opladen: Leske und Budrich.
HELSPER, W., BUSSE, S., HUMMRICH, M. & KRAMER, R.-T. (Hrsg.), Pädagogische Professionalität in Organisationen: Neue Verhältnisbestimmungen am Beispiel der Schule. Wiesbaden: VS Verlag für Sozialwissenschaften.
HENLEY, N. (1991). Körperstrategien. Geschlecht, Macht und nonverbale Kommunikation. Frankfurt am Main: S. Fischer Verlag.
HESLIN, R. & BOSS, D. (1980). Nonverbal Intimacy in Airport Arrival and Departure. In Personality and Social Psychology Bulletin, 6 (2), 248-252.
HESSISCHES KULTUSMINISTERIUM (2006) (Hrsg.). Lehrplan Sport. Bildungsgang Realschule, Jahrgangsstufen 5 bis 10. Online im Internet unter www.hessischeskultusministerium.de/ Aufruf vom 14.06.2008.
HÖFFLING, C., PLASS, C. & SCHETSCHE, M. (2002). Deutungsmusteranalyse in der kriminologischen Forschung [31 Absätze]. Forum Qualitative Sozialforschung/ Forum: Qualitative Social Research [Online Journal], 3 (1). Online im Internet unter: http://www.qualitativeresearch.net/fqs/fqs.htm/ Aufruf vom 09.11.2006.
HOFFMANN-RIEM, C. (1980). Die Sozialforschung einer interpretativen Soziologie. In KZfSS, 32, 339-372.
HOLLITSCHER, W. (1973). Sexualität und Revolution. Frankfurt am Main: Verlag Marxistische Blätter.
HUHN, N., DITTRICH, G., DÖRFLER, M. & SCHNEIDER, K. (2000). Videografieren als Beobachtungsmethode in der Sozialforschung am Beispiel eines Feldforschungsprojekts zum Konfliktverhalten von Kindern. In F. Heinzel (Hrsg.), Methoden der Kindheitsforschung. Ein Überblick über Forschungszugänge zur kindlichen Perspektive (S. 185-202). Weinheim und München: Juventa Verlag.
JANSSEN, D. F. (2008). Sexueller Kindesmissbrauch und die Wirkmacht der Kultur. In Zeitschrift für Sexualforschung 21 (1), 56-75.
JOURARD, S. M. (1966). An exploratory study of body-accessibility. In British Journal of Social and Clinical Psychology, 5 (3), 221-231.
KALBERMATTEN, U. (1984). Selbstkonfrontation. Eine Methode zur Erhebung kognitiver Handlungsrepräsentationen. In H. Lenk (Hrsg.), Handlungstheorien interdisziplinär III. Verhaltenswissenschaftliche und psychologische Handlungstheorien. München: Wilhelm Fink Verlag.

KAVEMANN, B. (1991). Die Angst ist immer da – Sexuelle Gewalt gegen Mädchen. In U. Büscher, M. Gegenfurtner, W. Keukens & H. Heid (Hrsg.), Sexueller Mißbrauch von Kindern und Jugendlichen: Beiträge zu Ursachen und Prävention (S. 9-16). Essen: Westarp.

KERSCHER, I. (1985). Sexualtabus: Gesellschaftliche Perspektiven in Vergangenheit und Gegenwart. In R. Gindorf & E. J. Haeberle (Hrsg.), Sexualität als sozialer Tatbestand. Theoretische und empirische Beiträge zu einer Soziologie der Sexualitäten. Berlin, New York: Walter de Gruyter.

KLEWIN, G. (2006). Alltagstheorien über Schülergewalt. Perspektiven von LehrerInnen und SchülerInnen. Wiesbaden: VS Verlag für Sozialwissenschaften.

KRAUL, M., MAROTZKI, W. & SCHWEPPE, C. (2002). Biographie und Profession. Eine Einleitung. In diess. (Hrsg.), Biographie und Profession. Bad Heilbrunn/Obb.: Klinkhardt.

HERZOG, W. (1995). Reflexive Praktika in der Lehrerinnen- und Lehrerbildung. In Beiträge zur Lehrerbildung, 3, 253-273.

HITZLER, R. & HONER, A. (2005). Körperkontrolle. Formen des sozialen Umgangs mit physischen Befindlichkeiten. In M. Schroer (Hrsg.), Soziologie des Körpers (S. 356-370). Frankfurt am Main: Suhrkamp.

KLEIN, M. & PALZKILL, B. (1998). „Gewalt gegen Mädchen und Frauen im Sport". Pilotstudie im Auftrag des Ministeriums für Frauen, Jugend, Familie und Gesundheit des Landes Nordrhein-Westfalen. Düsseldorf: Ministerium für Frauen, Jugend, Familie und Gesundheit des Landes Nordrhein-Westfalen.

KRAPPMANN, L. & OSWALD, H. (1995). Unsichtbar durch Sichtbarkeit. Die teilnehmende Beobachtung im Klassenzimmer. In I. Behnken & O. Jaumann (Hrsg.), Kindheit und Schule. Kinderleben im Blick von Grundschulpädagogik und Kindheitsforschung (S. 39-50). Weinheim/München: Juventa Verlag.

KROMREY, H. (2002). Empirische Sozialforschung. Modelle und Methoden der standardisierten Datenerhebung und Datenauswertung. Opladen: Leske und Budrich.

KROMREY, H. (2005). „Qualitativ" versus „quantitativ" – Ideologie oder Realität? Symposium: Qualitative und quantitative Methoden in der Sozialforschung: Differenz und/oder Einheit? 1. Berliner Methodentreffen Qualitative Forschung, 24.-25. Juni 2005. Verfügbar über: http://www.berliner-methodentreffen.de/material/2005/ kromrey.pdf/ Aufruf vom 15.01.2006.

KRON, F. W. (1999). Wissenschaftstheorie für Pädagogen. München, Basel: Ernst Reinhardt Verlag.

KÜHN, C. (2002). Körper – Sprache. Elemente einer sprachwissenschaftlichen Explikation nonverbaler Kommunikation. Frankfurt am Main: Peter Lang.

LAMNEK, P. (1988). Qualitative Sozialforschung. Band 1. München: juventa.

LANGER, A. (2008). Disziplinieren und entspannen. Körper in der Schule – eine diskursanalytische Ethnographie. Bielefeld: transcript.

LAZARUS, R. S. (1966). Psychological Stress and the Coping Process. New York: Mc Graw-Hill.

LEWIS, E., BUTCHER, J. & DONNAN, P. (*). Men in Primary Teaching: an endangered species? Paper presented at the Australian Association for Research in Education

Conference. Online im Internet unter http://www.aare.edu.au/99pap/but99238.htm/ Aufruf vom 20.09.2008.
LÜDERS, C. (1991). Deutungsmusteranalyse. Annäherungen an ein risikoreiches Konzept. In D. Garz & K. Kraimer (Hrsg.), Qualitativempirische Sozialforschung (S. 377-408). Opladen: Leske und Budrich.
LÜDERS, C. & MEUSER, M. (1997). Deutungsmusteranalyse. In R. Hitzler & A. Honer (Hrsg.), Sozialwissenschaftliche Hermeneutik (S. 57-79). Opladen: Leske und Budrich.
MAROTZKI, W. (1995). Forschungsmethoden der erziehungswissenschaftlichen Biographieforschung. In H.-H. Krüger & W. Marotzki (Hrsg.), Handbuch erziehungswissenschaftliche Biographieforschung (S. 109-133). Opladen: Leske und Budrich.
MAYRING, P. (1990). Qualitative Inhaltsanalyse. Grundlagen und Techniken. Weinheim: Deutscher Studien Verlag.
MEHRABIAN, A. (1971). Silent messages. Belmont, CA: Wadsworth.
MERKENS, H. (2004). Auswahlverfahren, Sampling, Fallkonstruktion. In U. Flick, E. v. Kardorff & I. Steinke (Hrsg.), Qualitative Forschung. Ein Handbuch (S. 286-299). Reinbek bei Hamburg: Rowohlt Taschenbuch Verlag.
MEUSER, M. (2001). Männerwelten. Zur kollektiven Konstruktion hegemonialer Männlichkeit. Schriften des Essener Kollegs für Geschlechterforschung 2 (1). Online im Internet unter http://www.uni-duisburg-essen.de/imperia/md/content/ekfg/michael_ meuser_maennerwelten.pdf/ Aufruf vom 02.02.09.
MEUSER, M. & SACKMANN, R. (1991). Analyse sozialer Deutungsmuster. Beiträge zur empirischen Wissenssoziologie. Pfaffenweiler: Centaurus.
MEYER, H. & PARADIES, L. (1997). Körpersprache im Unterricht. Oldenburg: Didaktisches Zentrum Universität Oldenburg.
MIEG, H. A. (2006). Professioalisierung. In F. Rauner (Hrsg.), Handbuch Berufsbildungsforschung (S. 343-349). Bielefeld: W. Bertelsmann Verlag.
MOLCHO, S. (2005). Körpersprache des Erfolgs. Kreuzlingen: Ariston.
MÜHLEN ACHS, G. (2003). Wer führt? Körpersprache und die Ordnung der Geschlechter. München: Frauenoffensive.
NADAI, E., SOMMERFELD, P., BÜHLMANN, F. & KRATTIGER, B. (2005). Fürsorgliche Verstrickung. Soziale Arbeit zwischen Profession und Freiwilligenarbeit. Wiesbaden: VS Verlag für Sozialwissenschaften.
NAGEL, U. (2000). Professionalität als biographisches Projekt. In K. Kraimer (Hrsg.), Die Fallrekonstruktion: Sinnverstehen in der sozialwissenschaftlichen Forschung (S. 360-378). Frankfurt am Main: Suhrkamp.
NENTWIG-GESEMANN, I. (2007). Die Typenbildung der dokumentarischen Methode. In R. Bohnsack, I. Nentwig-Gesemann & A.-M. Nohl (Hrsg.), Die dokumentarische Methode und ihre Forschungspraxis. Grundlagen qualitativer Sozialforschung (S. 277-302). Wiesbaden: VS Verlag für Sozialwissenschaften.
NEUBER, N. (2007): Entwicklungsförderung im Jugendalter. Theoretische Grundlagen und empirische Befunde aus sportpädagogischer Perspektive. Schorndorf: hofmann.
NGUYEN, T., HESLIN, R. & NGUYEN, M. L. (1975). The meanings of touch: Sex differences. In Journal of Communication, Jahrgang 25, 92-103.

NITSCHE, P (2008). Nonverbale Intelligenz im Klassenzimmer. We have to reach them to teach them. Untermeitingen: Inge Reichardt Verlag.
NOHL, H. (1963). Die pädagogische Bewegung in Deutschland und ihre Theorie. Frankfurt am Main: Verlag G. Schulte-Bulmke.
NOHL, A.-M. (2006). Interview und dokumentarische Methode. Anleitungen für die Forschungspraxis. Wiesbaden: VS Verlag für Sozialwissenschaften.
OEVERMANN, U. u.a. (1979). Methodologie einer objektiven Hermeneutik und ihre allgemeine forschungslogische Bedeutung in den Sozialwissenschaften. In H. G. Soeffner (Hrsg.), Interpretative Verfahren in den Sozial- und Textwissenschaften. Stuttgart: Metzler.
OEVERMANN, U. (1996). Theoretische Skizze einer revidierten Theorie professionalisierten Handelns. In A. Combe & W. Helsper (Hrsg.), Pädagogische Professionalität. Untersuchungen zum Typus pädagogischen Handelns (S. 70-182). Frankfurt am Main: Suhrkamp.
OEVERMANN, U. (2001). Zur Analyse der Struktur von sozialen Deutungsmustern. In sozialersinn, Zeitschrift für hermeneutische Sozialforschung, 2 (1), 3-33.
OTT, C. (2000). Zum Verhältnis von Geschlecht und Sexualität. In C. Schmerl, S. Soine, M. Stein-Hilbers & B. Wrede (Hrsg.), Sexuelle Szenen. Inszenierungen von Geschlecht und Sexualität in modernen Gesellschaften (S. 183-193). Opladen: Leske und Budrich.
PLAß, C. & SCHETSCHE, M. (2001). Grundzüge einer wissenssoziologischen Theorie sozialer Deutungsmuster. In sozialersinn, Zeitschrift für hermeneutische Sozialforschung, 2 (3), 511-536.
PLAßMANN, A. M. (2003). Macht und Erziehung – Erziehungsmacht: Über die Machtanwendung in der Erziehung. Dissertation zur Erlangung des Doktorgrades der Philosophischen Fakultät der Christian-Albrechts-Universität zu Kiel. Online im Internet unter http://deposit.ddb.de/cgi-bin/dokserv?idn=973453044&dok_var=d1&dok_ext= pdf&filename=973453044.pdf/ Aufruf vom 03.03.2009.
PRADEL, F. (2005). Aufsichtspflicht von Sportlehrerinnen und Sportlehrern in Umkleidekabinen. Online im Internet unter http://www.bezreg-arnsberg.nrw.de/ dieBezirksregierung/aufbau/abteilungen/abteilung/ Aufruf vom 24.04.2008.
PROJEKTBESCHREIBUNG (2008). Vierte Projektphase (2008-2010). Online im Internet unter http://www.sfb-performativ.de/seiten/b5_schule.html/ Aufruf vom 17.04.2008.
REH, S. (2004). Abschied von der Profession, von Professionalität oder vom Professionellen? Theorien und Forschungen zur Lehrerprofessionalität. In Zeitschrift für Pädagogik 50 (3), 358-372.
REH, S. (2008). „Reflexivität der Organisation" und Bekenntnis. Perspektiven der Lehrerkooperation. In W. Helsper, S. Busse, M. Hummrich & R.-T. Kramer (Hrsg.), Pädagogische Professionalität in Organisationen: Neue Verhältnisbestimmungen am Beispiel der Schule (S. 163-183). Wiesbaden: VS Verlag für Sozialwissenschaften.
REHBEIN, E. (1980). Möglichkeiten und Grenzen der audiovisuellen Dokumentation von Sportunterricht. In W. Baur & G. Schilling (Hrsg.), Audio-visuelle Medien im Sport (S. 371-396). Basel, Boston, Stuttgart: Birkhäuser Verlag.

REICHERTZ, J. (1986). Probleme qualitativer Sozialforschung. Zur Entwicklungsgeschichte der Objektiven Hermeneutik. Frankfurt/New York: Campus Verlag.
RIEDEL, M. (2008). Alltagsberührungen in Paarbeziehungen Empirische Bestandsaufnahme eines sozialwissenschaftlich vernachlässigten Kommunikationsmediums. Wiesbaden: VS.
RICHARTZ, A. (2008). Wie man bekommt, was man verdient. Faustregeln zum Führen qualitativer Interviews. In W.-D. Miethling & M. Schierz (Hrsg.), Qualitative Forschungsmethoden in der Sportpädagogik (S. 15-44). Schorndorf: Hofmann.
ROSENBUSCH, H. S. & SCHOBER, O. (Hrsg.) (2004). Körpersprache und Pädagogik. Das Handbuch. Hohengehren: Schneider.
SADER, M. (1993). Anfassen und Angefaßtwerden in der dyadischen Interaktion. In Gruppendynamik. Zeitschrift für angewandte Sozialpsychologie, 24 (1), 37-52.
SANDERS, M. R. & DADDS, M. R. (1992). Children's and parents' cognistions about family interaction: An evaluation of video-mediated recall ans thought listing procedures in the assessment of conduct-disordered children. In Journal of Clinical Child Psychology, 21 (4), 371-379.
SCHARENBERG, S. (2003): Körperkontakt im Gerätturnen – Hilfeleistung oder „legitimierte Anmache"? In Sportpraxis, 44 (3), 33-36.
SCHEPENS, A., AELTERMAN, A. & VAN KEER, H. (2007). Studying Learning Processes of Student Teachers with Stimulated Recall interviews through Changes in Interactive Cognitions. In Teaching and Teacher Education: An International Journal of Research and Studies, (23), 457-472.
SCHERLER, K. (2002). Zur Mehrfachverwendung von Unterrichtsdokumenten. In G. Friedrich (Hrsg.), Sportpädagogische Forschung. Konzepte-Ergebnisse-Perspektiven. Hamburg: Czwalina.
SCHERLER, K. & SCHIERZ, M. (1987). Interpretative Unterrichtsforschung in der Sportpädagogik. In W. Brehm & D. Kurz (Hrsg.), Forschungskonzepte in der Sportpädagogik (dvs-Protokolle, 28) (S. 74-102). Clausthal-Zellerfeld.
SCHETSCHE, N. & LAUTMANN, R. (1995). Sexualität. In J. Ritter, K. Gründer (Hrsg.), Historisches Wörterbuch der Philosophie (S. 725-742). Basel: Schwabe.
SCHMAUCH, U. (1996). Körperberührung unter Generalverdacht? Zur Skandalisierung und Tabuisierung von sexuellem Kindesmißbrauch. In Zeitschrift für Sozialisationsforschung und Erziehungssoziologie, 16 (3), 284-298.
SCHMINCKE, I. (2007). Außergewöhnliche Körper. Körpertheorie als Gesellschaftstheorie. In T. Junge & I. Schmincke (Hrsg.), Marginalisierte Körper. Beiträge zur Soziologie und Geschichte des anderen Körpers (S. 11-26). Münster: Unrast-Verlag.
SCHMIDT, G. (1983). Motivationale Grundlagen sexuellen Verhaltens. In H. Thomae (Hrsg.), Psychologie der Motive, Bd. 2 der Serie Motivation und Emotion der Enzyklopädie der Psychologie (S. 70-109). Göttingen, Toronto, Zürich: Hogrefe.
SCHMIDT, G. (1996). Das Verschwinden der Sexualmoral. Über sexuelle Verhältnisse. Hamburg: Klein.
SCHMID-SINNS, J. (2004). „Angefasst" – Sichern und Helfen im Zwielicht von Wahrnehmung, Auslegung und sachlicher Notwendigkeit. In Sportunterricht, 53 (1), 11-19.

SCHÖN, D. A. (1983). The Reflective Practitioner. How Professionals think in Action. New York: Basic Books.
SCHÖN, D. A. (1987). Educating the Reflective Practitioner. San Francisco: Jossey-Bass.
SCHRÖDER, H. (1997). Tabus, interkulturelle Kommunikation und Fremdsprachenunterricht. – Überlegungen zur Relevanz der Tabuforschung für die Fremdsprachendidaktik –. Online im Internet unter http://tabu.sw2.euv-frankfurt-o.de/Tabu_pdf/tabu_artikel_1997.pdf/ Aufruf vom 20.09.2008.
SCHRÖDER, H. (1999). Tabu. Online im Internet unter http://tabu.sw2.euv-frankfurt-o.de/Tabu_pdf/tabu_artikel_1999.pdf/ Aufruf vom 20.09.2008
SCHÜTZE, F. (1996). Organisationszwänge und hoheitsstaatliche Rahmenbedingungen im Sozialwesen. Ihre Auswirkungen auf die Paradoxie des professionellen Handels. In A. Combe & W. Helsper (Hrsg.), Pädagogische Professionalität. Untersuchungen zum Typus pädagogischen Handelns (S. 183-276). Frankfurt am Main: Suhrkamp.
SENATORIN FÜR BILDUNG UND WISSENSCHAFT BREMEN (2006). Ergänzende Richtlinien für die Schulen der Stadtgemeinde Bremen zum Verbot der sexuellen Diskriminierung und Gewalt gegenüber Kindern und Jugendlichen. Online im Internet unter http://www2.bildung.bremen.de/sfb/behoerde/gesetze/html/740_02.htm#740_02/ Aufruf vom 21.07.08.
SHUTER, R. (1984). Communicating: concepts and skills. New York: CBS College Publishing.
SIGUSCH, V. (1989). Kritik der disziplinierten Sexualität: Aufsätze 1986-1989. Frankfurt/Main: Campus.
SIGUSCH, V. (2005). Neosexualitäten. Über den kulturellen Wandel von Liebe und Perversion. Frankfurt/New York: Campus Verlag.
SMAUS, G. (2003). Die Mann-von-Mann-Vergewaltigung als Mittel zur Herstellung von Ordnungen. In S. Lamnek & M. Boatca (Hrsg.), Geschlecht – Gewalt – Gesellschaft (S. 100-122). Opladen: Leske und Budrich.
SMITH, J. (2004). Male primary teachers: Disadvantaged or advantaged? Online im Internet unter http://www.aare.edu.au/04pap/smi04051.pdf/ Aufruf vom 23.08.08 (Paper presented to the Australian Association for Research in Education Conference, Melbourne).
SONTAG, S. (1977). The double standard of aging. In L. R. Allmann & D. T. Jaffe (Hrsg.), Readings in adult psychology. New York: Harper & Row.
STANZEL, F. K. (1982). Theorie des Erzählens. Göttingen: UTB.
STAUDT, C. (1994). Lehrerinnen – Nur Opfer oder auch Täter? Ein Bericht aus der Schülerperspektive. In Pädagogik, 46 (3), 17-20.
STEINKE, I. (2005). Gütekriterien qualitativer Forschung. In U. Flick, E. v. Kardorff & I. Steinke (Hrsg.), Qualitative Forschung. Ein Handbuch (S. 319-331). Reinbek bei Hamburg: Rowohlts Enzyklopädie.
STRAUSS, A. L. & CORBIN, J. (1996). Grundlagen Qualitativer Sozialforschung. Weinheim: Beltz, Psychologie Verlags Union.
STROTZKA, H. (1985). Macht. Ein psychoanalytischer Essay. Frankfurt am Main: Suhrkamp.
SÜDDEUTSCHE ZEITUNG (30.08.2004). Küssen ja, Sex nein. Kuschelpartys sind der letzte Schrei in New York.

9 Literaturverzeichnis

SWR 2 WISSEN – MANUSKRIPTDIENST (2007). „Vom Fühlen zum Begreifen – Wissenschaftler untersuchen den Tastsinn" – Interview mit Martin Grunwald. Online im Internet unter www.swr.de/swr2/programm/sendungen/wissen/ id=2227858/property=download/nid=660374/fc2ee0/swr2-wissen20070718.rtf/ Aufruf vom 20.10.2008.

SYDOW, K. v. (2003). Sexuelle Realitäten älterer Frauen. Online im Internet unter http://forum.sexualaufklaerung.de/index.php?docid=709/ Aufruf vom 24.08.08.

TAEGER, A. (1999). Intime Machtverhältnisse. Moralstrafrecht und administrative Kontrolle der Sexualität im ausgehenden Ancien Régime. München: Oldenbourg.

TERHART, E. (1995). Lehrerbiographien. In E. König & P. Zedler (Hrsg.), Bilanz qualitativer Forschung (S. 125-164). Weinheim: Deutscher Studienverlag.

TERVOOREN, A. (2006). Im Spielraum von Geschlecht und Begehren. Ethnografie der ausgehenden Kindheit. Weinheim/München: Juventa.

THAYER, S. (1988). Berührung – Die andere Sprache. In Psychologie Heute, 15(9), 20-27.

TIEFER, L. (1981). Die menschliche Sexualität. Einstellungen und Verhaltensweisen. Weinheim: Beltz.

TOPPE, S. (2001). Kinderarmut in der Grundschule. Wahrnehmungs- und Umgangsformen von LehrerInnen und SchülerInnen – Erste Ergebnisse eines Forschungsprojekts an Grundschulen in Oldenburg. Online im Internet unter http://www.gesundheitberlin.de/index.php4?request=search&topic=768&type=infotext/ Aufruf vom 16.10.2008.

VAN USSEL, J. (1984). Der Prozess der Verbürgerlichung. In H. Kentler (Hrsg.), Sexualwesen Mensch. Texte zur Erfassung der Sexualität (S. 191-200). Hamburg: Hoffmann und Campe.

VANDERSTRAETEN, R. (2008). Quasi-Professionalität. In N. Ricken (Hrsg.), Über die Verachtung der Pädagogik. Analysen – Materialien – Perspektiven (S. 275-290). Wiesbaden: VS Verlag für Sozialwissenschaften.

WAGENER, U. (2000). Fühlen, Tasten, Begreifen: Berührung als Wahrnehmung und Kommunikation. Oldenburg: BIS-Verlag.

WAGNER, A. C., UTTENDORFER-MAREK, I. & WEIDLE, R. (1977). Die Analyse von Unterrichtsstrategien mit der Methode des „Nachträglichen Lauten Denkens" von Lehrerin und Schülern zu ihrem unterrichtlichen Handeln. In Unterrichtswissenschaft, 5, 244-250.

WAGENKNECHT, P. (2007). Was ist Heteronormativität? Zu Geschichte und Gehalt des Begriffs. In J. Hartmann, C. Klesse, P. Wagenknecht, B. Fritzsche & K. Hackmann (Hrsg.), Heteronormativität. Empirische Studien zu Geschlecht, Sexualität und Macht. Wiesbaden: VS Verlag für Sozialwissenschaften.

WAGNER-WILLI, M. (2001). Videoanalysen des Schulalltags. Die dokumentarische Interpretation schulischer Übergangsrituale. In R. Bohnsack, I. Nentwig-Gesemann & A.-M. Nohl (Hrsg.), Die dokumentarische Methode und ihre Forschungspraxis (S. 121-140). Opladen: Leske und Budrich.

WAGNER-WILLI, M. (2005). Kinder-Rituale zwischen Vorder- und Hinterbühne. Der Übergang von der Pause zum Unterricht. Wiesbaden: VS Verlag für Sozialwissenschaften.

WEBER, M. (2003). Heterogenität im Schulalltag. Konstruktion ethnischer und geschlechtlicher Unterschiede. Opladen: Leske und Budrich.
WEIDLE, R. & WAGNER, A. C. (1982). Die Methode des Lauten Denkens. In G. L. Huber & H. Mandl (Hrsg.), Verbale Daten. Eine Einführung in die Grundlagen und Methoden der Erhebung und Auswertung (S. 81-103). Weinheim und Basel: Beltz Verlag.
WEIDMANN, R. (1996). Rituale im Krankenhaus. 2. Aufl. Berlin, Wiesbaden: Ullstein Mosby.
WEIGELT, L. (2008). „Ich fass' doch kein Mädchen an!" – Körperberührungen im Sportunterricht thematisieren. In sportpädagogik 32 (6), 15-19.
WEST, C. & ZIMMERMANN, D. H. (1991). Doing gender. In J. Lorber & S. A. Farell (Hrsg.), The social construction of gender (S. 13-37). London, New Dehli: Routhledge.
WIDMER, K. (1982). Zur Spezifität der Lehrer-Schüler-Interaktion im Sportunterricht. In H. Allmer & J. Bielefeld (Hrsg.), Sportlehrerverhalten (S. 47-55). Schorndorf: Hofmann.
WIESEMANN, C., HOTTELET, T. & SADER, M. (1993). Bitte Abstand halten?! In Gruppendynamik. Zeitschrift für angewandte Sozialpsychologie, 24 (1), 23-35.
WIPF, R. (2003). Klare Berührungssprache. In mobileplus, Heft 1, 11. Online im Internet unter http://www.mobile-sport.ch/upload/pdf/d_10-11UnterrichtTraining.pdf/ Aufruf vom 09.09.2008.
WITZEL, A. (1982). Verfahren der qualitativen Sozialforschung. Überblick und Alternativen. Frankfurt am Main: Campus Verlag.
WITZEL, A. (2000). Das problemzentrierte Interview [25 Absätze]. Forum Qualitative Sozialforschung/Forum Qualitative Social Research, 1 (1), Art. 22. Online im Internet unter http://nbn-resolving.de/urn:nbn:de:0114-fqs0001228/ Aufruf vom 02.02.02008.
WOLTERS, P. (2002 a). Bewegungskorrektur im Sportunterricht. Schorndorf: Hofmann.
WOLTERS, P. (2002 b). Fälle – Zufälle? In G. Friedrich (Hrsg.), Sportpädagogische Forschung. Konzepte – Ergebnisse – Perspektiven (S. 77-82). Hamburg: Czwalina.
WOLTERS, P. (2005). Vom Video zum Text. In Spectrum der Sportwissenschaften, 17 (1), 24-37.
WREDE, B. (2000). Was ist Sexualität? Sexualität als Natur, als Kultur und als Diskursprodukt. In C. Schmerl, S. Soine, M. Stein-Hilbers & B. Wrede (Hrsg.), Sexuelle Szenen. Inszenierung von Geschlecht und Sexualität in modernen Gesellschaften. Opladen: Leske und Budrich.
ZEITSCHRIFT FÜR QUALITATIVE BILDUNGS-, BERATUNGS- UND SOZIALFORSCHUNG, Heft 2, 2005.

10 Weitere Sequenzbeschreibungen

„Demonstration mit Peter" (Frau E.)

Frau E. hockt seitlich an der grünen Bodenmatte, auf der Peter im Vierfüßlerstand verweilt. Sie legt ihre rechte Hand mittig auf dessen Rücken. Durch eine leichte Auf- und Abwärtsbewegung ihrer Hand demonstriert sie, dass der Rücken eines Knienden bei Akrobatikübungen straff angespannt sein muss und auf gar keinen Fall im Hohlkreuz hängen darf. Die restlichen Schüler/-innen sitzen hufeisenförmig um die Beiden auf Sitzbänken. Sie lachen und witzeln scheinbar über Peters Funktion als Demonstrationsobjekt. Frau E. kommentiert das Gelächter der Schüler/-innen ironisch „Na, das ist ja unheimlich witzig!" Peter zuckt und schwankt ein wenig unruhig hin und her, während seine Lehrerin in ihrer seitlichen Position verharrt. „Ganz wichtig ist, dass der Rücken nicht im Hohlkreuz ist. Geh mal ins Hohlkreuz!" Frau E. drückt Peters Rücken mit ihrer Hand nach unten. „Beim Katzenbuckel, da wölbt sich der Rücken nach außen." Sie malt mit ihrer rechten Hand ein liegendes S nach. „Peter, kannst du das vormachen?" Peter macht, was von ihm verlangt wird, und wölbt den Rücken nach oben. „Genau du gehst einfach mit dem Kopf runter. Genau." Frau E. legt ihren Kopf auf die Brust. „So ist es falsch. Wir wollen weder einen Katzenbuckel haben, noch wollen wir ein Hohlkreuz haben. Und zwar ist das deshalb ganz besonders wichtig", sie legt ihre rechte Hand erneut auf Peters Schulter, „weil die Wirbelsäule in dem Moment, wo sich jemand auf uns draufstellt ... Leise! ... die Wirbelsäule natürlich beschädigt werden kann, wenn wir keine wirklich gute Haltung haben." Frau E. wechselt eine Hand aus der Position auf der Schulter auf Peters Po. Dabei stemmt sie sich auf ihre Arme und übt Druck auf beide Punkte – Schulter und Gesäß – aus. Kurz darauf zeigt sie noch an ihm, dass die hockende Position stabil sein muss, um Leute auf dem Rücken zu tragen. „Geht das?" Sie schubst ihn seitlich an. Peter schwankt stark nach rechts. „Junger Mann, Sie wären jetzt gerade fast umgefallen!" Sie schubst ihn weiter in alle möglichen Richtungen. Nach rechts, nach links ... Dabei berührt sie unterschiedliche Teile von Peters Rücken. Dieser schwankt jedes Mal. Seine Mitschüler/-innen lachen darüber. Mit der Zeit stabilisiert Peter seinen Stand ein wenig. „Ganz stabil. Der Kopf ist in der Verlängerung der Wirbelsäule." Sie streicht Peter mit der rechten Hand über die Länge der Wirbelsäule von unten aufwärts bis über die Nackenwirbel. Ihre linke Hand ruht auf Peters Kopf. „Die Knie sind hüftbreit auseinander", sie berührt Peters linkes Knie „die Arme schulterbreit." Frau E. lehnt sich erneut zurück, um die Arme schulterbreit nach vorne zu strecken. „Und dann dürfte er eigentlich nicht umkippen, wenn ich ihn hier so ein bisschen schubse." Sie schubst ihn erneut in alle möglichen Richtungen. „Wunderbar."

Begründung Sequenzauswahl

In dieser Doppelstunde Akrobatik haben viele Berührungen von Frau E. stattgefunden. Sie ist oft zu Schüler/-innengruppen hingegangen und hat bei der Hilfestellung nachgeholfen. Es gab in dieser Stunde zwei Berührungen beim Schüler Peter, die mir besonders aufgefallen sind. Hier handelte es sich um die erste. Sie ereignete sich gleich zu Beginn der Stunde im Rahmen der Begrüßungsrunde.

„Mit Lukas und Konstantin auf der Bank" (Frau A.)

Frau A. sitzt am Rand der Halle auf der Bank und guckt der Lerngruppe beim Abwurfspiel „Zombieball" zu, welches sie gerade gestartet hat. Lukas wird als erster Schüler in diesem Spiel abgeworfen und läuft zu ihr auf die Bank. Dort setzt er sich links neben sie. Seine ausgestreckten Beine sind übergeschlagen und seine Hände hat er rechts und links unter seine Oberschenkel gesteckt. Frau A. schaut auf die Uhr. Der zweite Schüler wird abgeworfen. Es ist Konstantin. Auch er läuft zur Bank. Lukas klopft mit seiner linken Hand auf den leeren Platz, so als wolle er Konstantin andeuten, sich neben ihn zu setzen. Während er sich neben Lukas setzt, rückt der ein Stück mehr nach rechts zu Frau A., um die kleine Lücke zwischen den beiden zu schließen. Die beiden Schüler unterhalten sich mit Frau A. Es wird gelacht. Währenddessen sind die anderen Schüler/-innen auf dem Spielfeld in das Spiel vertieft. Konstantin hampelt unruhig mit Füßen und Armen herum, während Lukas ruhig neben Frau A. sitzt. Mittlerweile hat er die Arme gefaltet zwischen seine Oberschenkelinnenseiten gelegt. Erst nach einer Weile setzt sich ein dritter Schüler, der gerade abgeworfen wurde, links ein Stück von Konstantin entfernt auf die Bank. Konstantin springt mit einem Satz aufs Spielfeld, da er von diesem Schüler vorher abgeworfen wurde. Frau A. sagt etwas zu Lukas, der noch immer ruhig neben ihr sitzt und das Spielfeldgeschehen beobachtet. Ein weiterer Schüler und eine Schülerin werden abgeworfen und setzen sich neben Lukas und Frau A. auf die Bank. Es dauert nicht lange, da springt die Schülerin wieder aufs Spielfeld. Frau A. stützt sich mit ihren Ellenbogen auf ihren Oberschenkeln ab und faltet die Hände. Lukas nimmt dieselbe Körperhaltung ein. Plötzlich richtet sich Frau A. auf, legt die linke Hand auf Lukas Schulter und redet auf ihn ein. Daraufhin erhebt er sich von der Bank und läuft auf das Spielfeld. Frau A. schiebt ihn mit der Hand für einen kurzen Moment lang hinterher.

Begründung Sequenzauswahl

Diese Situation ist eine der ganz wenigen, in denen eine Berührung von Frau A. ausging. Ich hatte beim nachträglichen Betrachten der Sequenz das Gefühl, dass Lukas, einmal direkt zu Beginn des Spiels abgeworfen, gar nicht mehr zurück aufs Spielfeld wollte. Er erweckte bei mir den Anschein, nicht mehr am Spiel teilnehmen zu wollen, sondern lieber neben seiner Lehrerin den Rest des Spiels auf der Bank verweilen und zugucken zu wollen. Dafür spricht, dass Frau A. ihn nach einer Weile dadurch, dass sie ihm die linke Hand auf die Schulter legt und ihn anspricht, scheinbar auffordert, wieder am Spiel teilzunehmen, auch wenn diese Aufforderung im Sinne des Spiels nicht regelkonform war.

„Gruppeneinteilung" (Herr H.)

Herr H. hockt auf den Unterschenkeln sitzend an der Kreislinie in der Hallenmitte. Um ihn herum sitzen die Schüler/-innen im Sitzkreis. Unmittelbar neben ihm sitzen nur Schülerinnen mit Ausnahme eines Schülers. Herr H. hebt die rechte Hand an seine Schläfe, um sie sogleich wieder auf seinen rechten Oberschenkel fallen zulassen. „24, das geht ja genau durch drei." Die Schülerin links neben ihm hockt als einzige auch auf den Unterschenkeln, wodurch ihr Kopf ein ganzes Stück höher aus dem Sitzkreis hervorsticht als von den andern Schülerinnen um sie herum. Unruhe entsteht. Die Schülerinnen zu Herrn H.s linker Seite nehmen sich in die Arme, um in einer Gruppe zu sein. Dann fängt er bei ihnen an die Gruppen abzuzählen. „Ihr drei geht an Station eins", Herr H. tippt der ersten Schülerin auf die rechte Schulter und den anderen beiden mit dem linken Zeigefinger vorne auf die T-Shirts. Anschließend zeigt er mit dem demselben Arm auf Station eins, die in einiger Entfernung aufgebaut ist. Die Schülerinnen springen auf und laufen zu ihrer Station. Dann wendet Herr H. sich den Sitzenden zu seiner Rechten zu. Er tippt der Schülerin, dem Schüler neben ihr und einer dritten Schülerin daneben auf den Kopf. Beim Antippen des Schülers hockt die Schülerin neben Herrn Hackmann unter dessen ausgestrecktem Arm. „Ihr drei geht an Station zwei." Herr H. öffnet seine hockende Position nach rechts, indem er den rechten Fuß, auf dem er hockt, nach außen dreht. Er zeigt mit seinem ausgestreckten rechten Arm in die Richtung der Station zwei. Die drei erheben sich aus dem Kreis und laufen zur Station. Jetzt beugt sich Herr H. nach vorne auf die Knie um die nächsten Schüler/-innen rechts von ihm zu erreichen. Eine Schülerin kommt von der rechten Seite vorne auf dem Po durch den Kreis gerutscht und setzt sich vor Herrn H. Prompt tickt er ihr auf den Kopf und weist sie in die nächste Gruppe mit ein.

„800-m-Lauf" (Herr T.)

Herr T. geht zu Dörte, die nach dem 800m-Lauf am Boden liegt, gibt ihr die Hand und zieht sie hoch. Dörte steht über die Knie auf. Als sie zum Stehen kommt, tippt Herr T. sie leicht an, um sie von sich wegzustupsen. Er geht zurück zur Aschenbahn, an der immer mehr Mädchen durch das Ziel laufen. Hier bleibt er bei den fünf Mädchen stehen, die es sich am Rand der Bahn gemütlich gemacht haben und im Sitzen die Zeiten ihrer Mitschülerinnen notieren. Jetzt kommt auch Ina eingelaufen. Sie sinkt vor Erschöpfung mit großer Geste auf den Rasen am Rand der Aschenbahn. Auf dem Rücken liegend, winkelt sie beide Beine an und kreuzt ihre Hände über dem Gesicht, sodass es verdeckt ist. Herr T. kommt zu ihr. Er beugt sich hinunter und legt seine linke Hand auf ihren rechten Ellenbogen. Dort verweilt seine Hand kurz, bevor er über ihren Ellenbogen streicht. Ina lässt die Hände auf ihre Brust sinken. Er streicht über ihren Oberarm und redet auf sie ein. Schließlich packt er sie am Handgelenk und zieht sie nach oben. Ina richtet sich zunächst zum Sitzen auf und steht dann auf. Herr T. stupst auch sie von sich weg. Mit auf den Kopf abgestützten Händen geht sie sichtlich erschöpft weg. Eine Mitschülerin eilt ihr hinterher. Herr T. kehrt zurück zu den sitzenden Schülerinnen am Rand der Aschenbahn.

Begründung Sequenzauswahl

Hierbei handelt es sich um eine Videosequenz aus derselben Stunde, wie die Sequenz „Begrüßungssituation". Erneut war die Schülerin Ina in die Berührungssituation involviert. Die Situation selber zwischen Herrn T. und Ina schein so vertraut, dass ich mir über die Sequenz eine Anregung in Richtung Reflexion der scheinbar besonderen Beziehung zu dieser Schülerin erhoffte.

Interkulturelle Pädagogik

Georg Auernheimer (Hrsg.)
Schieflagen im Bildungssystem
Die Benachteiligung der Migrantenkinder
4. Aufl. 2009. 230 S. (Interkulturelle Studien Bd. 16) Br. EUR 24,95
ISBN 978-3-531-17069-5
Die ‚Schieflagen im Bildungssystem', Interpretationen der PISA-Studien und bildungspolitische Schlussfolgerungen, werden in dieser überarbeiteten und aktualisierten Textsammlung diskutiert. Vor allem die Bildungssituation von Migrantenkindern wird ergänzend beleuchtet und verschiedene Erklärungsansätze geboten, um bildungspolitische und pädagogische Handlungsalternativen aufzuzeigen.

Georg Auernheimer (Hrsg.)
Interkulturelle Kompetenz und pädagogische Professionalität
2., akt. u. erw. Aufl. 2008. (Interkulturelle Studien Bd. 13) Br. EUR 24,90
ISBN 978-3-531-15821-1

Ingrid Gogolin / Ursula Neumann (Hrsg.)
Streitfall Zweisprachigkeit – The Bilingualism Controversy
2009. 338 S. Br. EUR 29,90
ISBN 978-3-531-15886-0
Die Frage, ob die Zweisprachigkeit von Migranten eine positive, individuelle wie gesellschaftlich nützliche Kompetenz ist, war und ist umstritten. Der Band dokumentiert den interdisziplinären und internationalen Austausch über neueste Forschungsergebnisse zu dieser Frage – und bietet die Chance zur Versachlichung der Auseinandersetzungen über den ‚Streitfall Zweisprachigkeit'.

Sara Fürstenau / Mechtild Gomolla (Hrsg.)
Migration und schulischer Wandel: Elternbeteiligung
2009. 182 S. Br. EUR 16,90
ISBN 978-3-531-15378-0
‚Elternbeteiligung' thematisiert die Bedeutung der Zusammenarbeit mit Eltern im sprachlich und sozio-kulturell heterogenen Kontext. Es geht u.a. um die strukturellen Rahmenbedingungen des Verhältnisses von Schule und Familien, die Rolle der Eltern für Schulerfolg, unterschiedliche Formen und professionelle Kompetenzen für eine erfolgreiche Kooperation, Bildungsstrategien zugewanderter Eltern und den Wandel von Elternpartizipation im Kontext aktueller Bildungsreformen.

Sara Fürstenau / Mechtild Gomolla (Hrsg.)
Migration und schulischer Wandel: Unterricht
2009. 174 S. Br. EUR 16,90
ISBN 978-3-531-15376-6
Der Band ‚Unterricht' konzentriert sich auf eine aktuelle Einführung zur Unterrichtsentwicklung im Umgang mit Heterogenität und gibt einen Überblick über leistungsfördernde und egalisierende Unterrichtsformen.

Erhältlich im Buchhandel oder beim Verlag.
Änderungen vorbehalten. Stand: Januar 2010.

www.vs-verlag.de

Abraham-Lincoln-Straße 46
65189 Wiesbaden
Tel. 0611.7878-722
Fax 0611.7878-400

VS Forschung | VS Research
Neu im Programm Erziehungswissenschaft

Marion Aicher-Jakob
Identitätskonstruktionen türkischer Jugendlicher
Ein Leben mit oder zwischen zwei Kulturen
2010. 210 S. Br. EUR 29,95
ISBN 978-3-531-17216-3

Dorit Bosse / Peter Posch (Hrsg.)
Schule 2020 aus Expertensicht
Zur Zukunft von Schule, Unterricht und Lehrerbildung
2009. 396 S. Br. EUR 49,90
ISBN 978-3-531-16678-0

Andrea Felbinger
Kohärenzorientierte Lernkultur
Ein Modell für die Erwachsenenbildung
2010. 241 S. Br. EUR 39,95
ISBN 978-3-531-17202-6

Gundula Gwenn Hiller / Stefanie Vogler-Lipp (Hrsg.)
Schlüsselqualifikation Interkulturelle Kompetenz an Hochschulen
Grundlagen, Konzepte, Methoden
2010. 410 S. (Key Competences for Higher Education and Employability) Br. EUR 34,95
ISBN 978-3-531-17233-0

Tobias Brändle
10 Jahre Bologna Prozess
Chancen, Herausforderungen und Problematiken
2010. 164 S. Br. EUR 34,95
ISBN 978-3-531-17300-9

Ute Lange / Sylvia Rahn / Wolfgang Seitter / Randolf Körzel (Hrsg.)
Steuerungsprobleme im Bildungssystem
Theoretische Probleme, strategische Ansätze, empirische Befunde
2010. 413 S. Br. EUR 49,90
ISBN 978-3-531-17145-6

Charlotte Röhner / Claudia Henrichwark / Michaela Hopf (Hrsg.)
Europäisierung der Bildung
Konsequenzen und Herausforderungen für die Grundschulpädagogik
2009. 305 S. (Jahrbuch Grundschulforschung Bd. 13) Br. EUR 34,90
ISBN 978-3-531-16929-3

Wolfgang Seitter (Hrsg.)
Professionalitätsentwicklung in der Weiterbildung
2009. 248 S. (Theorie und Empirie Lebenslangen Lernens) Br. EUR 39,90
ISBN 978-3-531-16643-8

Erhältlich im Buchhandel oder beim Verlag.
Änderungen vorbehalten. Stand: Januar 2010.

www.vs-verlag.de

VS VERLAG FÜR SOZIALWISSENSCHAFTEN

Abraham-Lincoln-Straße 46
65189 Wiesbaden
Tel. 0611.7878-722
Fax 0611.7878-400